民主主義は可能か？

――新しい政治的討議のための原則について――

ロナルド・ドゥオーキン

水谷英夫〔訳〕

IS DEMOCRACY POSSIBLE HERE?
by Ronald Dworkin
Copyright © 2006 by Ronald Dworkin

Japanese translation published by arrangement with Princeton University Press through The English Agency(Japan) Ltd., Tokyo.

All rights reserved.

No part of this book may be reproduced or transmitted in any form or by any means, electronic or mechanical, including photocopying, recording or by any information storage and retrieval system, without permission in writing from the Publisher.

はじめに
Preface

　本書は，アメリカ合州国がとりわけ政治的に危難の時代に書かれたものであり，私が取り上げる事例や引用はその時代のものである。本書は，21世紀初頭におけるアメリカ合州国の政治的な議論（argument）— 或はむしろ政治的な議論の欠如 — について書かれたものであるが，本書のテーマは，取り上げられている事例や事柄が示唆する以上に，遙かに持続性のあるものでありかつ一国の政治文化に止まるものではない。経済的に発展しかつ多元的政治文化の社会 — 新しい民主主義と極めて意欲的な民主主義を含む — はどこでも，人権の性質と力，政治における宗教の役割，社会の経済的富の配分，並びにこれらの決定がなされる政治の特質と形態に関して，相対抗するさまざまな信念の中のいずれかを選択しなければならない。本書が取り上げている諸問題は国際的なものであり，特定の時代に限定されるものではないのである。

　これらの諸問題について，我々は相互に戦う方法 — あたかも政治が（ラグビーやサッカーのような）コンタクトスポーツであるかのように — のみならず，これらの諸問題について全ての人々が尊重することのできる，より深い個人的政治的道徳の諸原則にもとづいて議論する方法を見出す必要がある。私の希望は，これらの諸原則を見出すと共に，現在解決不可能な政治的分裂と考えられているテーマにおいてさえも，これらの諸原則にもとづいた議論が可能となるような方法で述べることである。私が詳述するこれらの諸原則は，そのような観点に立って，アメリカ政治にお

けるリベラリズムの伝統の新たな構築と伝統——それはここ数十年に亘って反対者によって誤って解釈され，そればかりか，ある程度はその擁護者によっても誤って解釈されてきていると私には思われる——を発展させることによって練り上げられるものなのである。言うまでもなく，私はこのリベラリズムの新たな形成発展の魅力を，可能な限り多くの読者に納得させることを望んでいる。しかし私のより根本的な目標は，それ以外のできるだけ多くの人々に，彼らは答を持っている——その答えとは，仮に彼らが，我々の最善の民主主義の伝統を，我々全ての者を包摂する自己統治（self-government）におけるパートナーシップとして擁護するならば，回答可能でありかつ回答すべきものである——，と説得することなのである。

　私は，本書で述べられているテーマのいくつかについて，既により理論的哲学的な方法で述べたことがある——特に経済的正義については，私の著作である『平等とは何か（Sovereign Virtue: The Theory and Practice of Equality）』で述べられている。本書では，これらのテーマについての私の見解——例えば配分的正義に関する保険アプローチ——を，一般の読者によりわかりやすく説明し，かつ，一般の政治的な議論においてより適切な役割を果たすことが試みられている。したがって，現代の非常に重要な多くの政治的諸問題が，本書ではほとんど言及されていない——何故ならば，それらは私が焦点を当てている，人間の尊厳に関する個々の原則には基本的に関わりがないと思われるからである。例えば地球の温暖化について，アメリカ人の間では意見の一致がみられていないが，このテーマはおそらくは，我々が直面している最も緊急かつ重要な問題の1つであることが，やがて明らかとされるであろう——しかし，その議論において中心的とされている

はじめに

テーマは，我々が直面している危機を全ての人が共有しているが故に，道具的（instrumental）な問題であり，正義や公平の問題ではないのである。私の議論はむしろ，人々の明らかな自己利益と個人的な関わりが相対立するように思われるテーマに集中しており，それ故生起する問題は，単に論争をたきつけるのではなく，人々の議論形成を可能とする，より深い利益や関わりを共有するか否かということなのである。

 2006年3月

              R. ドゥオーキン

―― 目　　次 ――

はじめに〔Preface〕(iii)

◆ 第1章　一　致　点〔Common Ground〕 …………………1
・討論を求めて（3）
・本書の検討課題（11）
・人間の尊厳の2つの側面（15）
・人間の生の本来的価値（19）
・人間の生に関する個人の責任（28）
・一致点と論争点（34）

◆ 第2章　テロリズムと人権
　　　　　　〔Terrorism and Human Rights〕 ……………39
・テロリズム・権利・安全（41）
・人権とは何か？（50）
・ベースライン（Baseline）の侵害（60）
・悪意（Bad-Faith）の侵害（69）
・安全と名誉（74）

◆ 第3章　宗教と尊厳〔Religion and Dignity〕…………85
・政治と宗教（87）
・2つのモデル（92）
・国教の樹立（96）
・宗教活動の自由（99）

目　次

- ・我々は今何処に立っているのだろうか？（102）
- ・宗教と狭義の政治的リベラリズム（105）
- ・なぜ宗教の自由なのだろうか？（109）
- ・自由の構造（114）
- ・自由と文化（120）
- ・諸問題（127）

◆ 第4章　税金と正統（当）性
　　　　〔Taxes and Legitimacy〕 …………………147
- ・税金と消費（Tax and Spend）（149）
- ・政治的正統（当）性と平等な配慮（156）
- ・レッセ・フェールと小さな政府（162）
- ・個人的責任（168）
- ・事前の平等と事後の平等（174）
- ・正義のイメージ（182）
- ・仮想保険（Hypothetical Insurance）（187）
- ・正統性と反論（192）
- ・挑　戦（205）

◆ 第5章　民主主義は可能か？
　　　　〔Is Democracy Possible?〕 ……………209
- ・アメリカは民主主義国家なのだろうか？（211）
- ・民主主義とは何か？（217）
- ・多数決ルールには何らかの価値があるのだろうか？（229）
- ・パートナーシップ民主主義 ── その概略的なスケッチ（236）

- ・我々は何ができるのだろうか？――まず，教育（241）
- ・選　挙（246）
- ・憲法と最高司令官（252）

エピローグ〔Epilogue〕（259）
訳者あとがき（267）
参考文献（277）
索　引（279）

凡　例

1．本書は *Ronald Dworkin*, Is Democracy Possible Here? ; Principles for a New Political Debate（Princeton University Press, 2006）の全訳と要約（各章冒頭の要約は訳者による）である。

2．文中での（※　）は訳者による注である。

3．原著のイタリックの部分は太明朝体とした。なお書名は『　』で示した。

4．[　]内は訳者による注である。

5．参考文献，索引は，原著巻末のものを参考としながら，訳者が新たに作成した。

第1章
一 致 点

Common Ground

――――――― 〈第1章の要約〉 ―――――――

　アメリカの政治的分裂は，今日異常なほど深く憎悪に満ちたものとなっており，かつこれらの分裂があたかも通常リベラルと保守の政治文化と表現される断層帯に沿って形成されていると言われている。しかし近年支持を集めるようになってきたこの2つの政治文化という物語（story）は，我々の政治の産物以上のものではない。民主主義は深く厳しい分裂と真の討論が欠如している場合，健全性を持続することができない。その場合民主主義は単なる数の専制になるからである。2つの敵対する政治文化の塹壕の間に見出されるべき真の一致点はないのだろうか？

　真の討論のために本書で私は2つの課題を探求している。まず第1の課題は，政治的討論を可能かつ有意義なものとするために我々が共有することのできる原則を見出すことであり，第2の課題は，これらの共有される原則が，我々を分断している人権，公的生活における宗教の地位，社会正義，更には民主主義の性格と価値といった具体的諸問題に果たす影響力と関連性を明らかにすることである。

　大多数の人々は，倫理的価値に関する極めて基本的な2つの原則を共有している。第1の原則は，人間の生（human life）はそれぞれが特別な客観的価値（objective value）を有しているということであり，第2の原則は，各人は，自らの生において，このような価値を実現すべき特別な責任を負っており，その責任の中には，自らにとってどのような種類の生が成功となるのかを判断することも含まれているということである。我々が他者の人格を否定するとき，それはただ単に他者の人格のみを傷つけているのではなく，我々自身をも傷つけているのである —— 何故ならば，他者の本来的価値を貶めるとき，我々は自らの価値をも貶めているのであり，我々は，尊厳（dignity）と自尊心（self-respect）とを天秤にかけていることになるのである（訳者要約，以下同様）。

第1章　一　致　点

● 討論を求めて

　アメリカの政治はぞっとする段階にある。我々は，ほとんど全ての分野について恐ろしく意見を異にしている。テロリズムと安全，社会的正義，政治と宗教，誰が裁判官にふさわしいか，そして民主主義とは何かについて。しかもこれらの不一致は穏やかなものではない —— お互いに相手側の意見を一顧だにしない。我々はもはや民主政治のパートナーではあり得ない —— 我々の政治はむしろ戦争の一形態なのである。

　2004年大統領選挙は吐き気がするほどの対立となった。共和党は，民主党の候補者が勝利すれば，国家の存続どころか生存をもおびやかすと主張した。チェイニー副大統領は，ジョン・ケリー（※民主党の大統領候補）の勝利は，オサマ・ビン・ラディンといったアメリカにとって不倶戴天の宿敵どもの勝利を意味すると主張した。ケリーに投票することは，カトリック教徒が翌日告解すべき罪悪であると説教したローマ・カトリックの司教たちもいる。リベラルは，（選挙の）掛け率は同じように高いが，危険の全ては反対方向に向かうと主張した。彼らは，ブッシュ政権は史上最悪で最も無能な政権であった —— 貧者に無慈悲な戦時減税（soak-the-poor tax cut）と膨大な財政赤字は，何十年にも亘ってアメリカ経済を疲弊させ，イラク侵略は不正義で非人道的かつ稚拙な行為であり，その結果，我々をテロからより安全にするどころか，計り知れない危難をもたらしてきた —— と主張した。彼らは，選挙の結果に失望しただけではなく，うんざりするもので

(※は訳者注)

あったと告白したのである。

　選挙は極めて接戦となり，ある州の比較的少数の選挙民によって最終的には決定された —— そして選挙結果は，地理的に群れをなして分布することになった。全米のテレビ局は，選挙結果が判明した夜のテレビ画面で，共和党勝利の諸州を赤で，民主党勝利の諸州を青で色分けしたが，それはアメリカを巨大な連続した2つの色のブロックに分断していた —— 共和党はより田園地帯の中西部，南部，そして南西部の諸州で勝利し，民主党は都市中心部，海岸地帯と北部の一連の工業地帯の諸州で勝利した。コメンテーターたちは，この色分けは，全体としてみれば国家の中に走る深く分裂した断層 —— そして，その亀裂は，両立しえない包括的文化（all-embracing cultures）間の分裂 —— を示していると言ったものである。即ち，赤の文化（共和党）は，公的生活においてより宗教的なものを要求し，青（民主党）はより非宗教的なものを求める。青の文化は，アメリカの富のより平等な分配を望み，富裕層やそれに近い人々に対してより高額の税金を求めることに賛意を示し，赤の文化は，高額の税金は富裕層の成功に対する処罰であり，経済を滅ぼすものであると主張し，より一層低い税金を望むのである。青の文化は，経営におけるより少ない自由と，性に対するより多くの自由を主張し，赤の文化はそれとは全く反対の方向を主張する。青の文化は，地球の温暖化は，深刻な脅威であり，絶滅の危機に瀕している資源として森林の保護を主張し，赤の文化は，経済の繁栄を樹木の保護に調和させるというのは馬鹿げていると考えている。赤の文化は，如何なる意味でも，テロリストである我々の敵と戦う政府の権力を制限するなどということは狂気の沙汰と考えており，国際的に支援活動をする組織に疑惑の目を向け，訴追されたテロリストの人権を引き合いに出す批

第1章　一致点

判者たちに苛立ちを隠そうとしない。青の文化は，テロリストたちが我々の祖国に対して未曾有の危険をもたらしていることは認めつつも，国際的な法の充実と国際的組織に支援をすることを切望し，犯罪を犯した人々を保護する法律や伝統を弱め，恐るべき処罰によって脅すことよりも，増加する安全に対するリスクに身をさらすことを厭おうとしないのである。

　これらの政治的相違が示唆する以上に，我々は遙かに深く内面的に分裂していると主張するコメンテーターたちもいる —— 彼らの主張によれば，激しい政治的分裂は，人間性と自己像について，相互に軽蔑し合っている2つの世界の間のより一層深く，より明確さの欠ける相違から生じているというわけである。即ち，青の文化に属するアメリカ人たちは教養を渇望し，輸入されたワインに関する趣味を磨いたり分厚い新聞を読むことを好み，宗教的信念を仮にでも持っているとしても，それは哲学的で，希薄化されかつ普遍的なものである。赤の文化のアメリカ人たちは，ぶっきらぼうな誠実さを擁護し，ビールを飲み，テレビでカーレースを観，彼らの宗教が単純で福音的かつ攻撃的であることを望むというのである。この説明(story)によるならば，ブッシュの第1期の業績がめざましいものではなかったにも関わらず，彼は2004年の選挙で勝利したということになる —— 何故ならば，赤の文化が，その（選挙）時点では僅かに青の文化よりも数的に勝ったにすぎず，ブッシュは，（第1期の任期中）赤の文化の政治的選好(preferences)を取り込むだけでなく，そのモラルと美学をも取り入れることに熱心に努めていたからである。

　アメリカの政治的分裂が，今日異常なほど深く憎悪に満ちたものであり，かつこれらの分裂が，通常赤と青の政治を分離するものと表現することのできる断層帯に沿って形成されていることを

否定するのは，馬鹿げたことであろう。しかし近年支持を集めるようになってきた，この2つの包括的文化という物語（story）は，少なくとも誇張である。2004年大統領選挙の結果が示す地理的分断は，地域的相違が重要な役割を果たしたということを示唆するものであるが，2つの包括的文化という物語は，それ以上のことを主張しているのである。即ち，人々の何らかの性格や世界観に関する深い一般的価値が，2組の政治的立場と態度のそれぞれを貫流しており，それが信念や趣味や態度の統一された1つの文化を形成しているというわけである。しかしながら，何がそのような統一された価値なのかを見出すことは困難である。例えば，自らの共同体の公的な世界において，キリスト教を祝福することにより熱心な人々が，同時に，極めて富裕な人のためにより少ない税金を望むとか，訴追されているテロリストの人権侵害により鈍感であるべきであるとか，汚染を防止する法規制に抵抗することにより熱心になることが当然である，という根拠は見当たらないように思われる。私にはケリーに投票した大多数の人々が，シュリッツ（Schlitz，※ビールのブランド）よりもシャルドネ（Chardonnay，※ワインのブランド）を好むとはとても思えない。おそらく2つの文化論は，それ自体が我々の政治の産物であるということを説明する以上のものではない。最近の選挙における1つの支配的な勢力は，福音派宗教と強力な広告資本との政治的な連合だったのであり，その連合は，底流に流れている深い文化的同一性の結果というよりは，政治的戦略の成功例 ── 同性愛結婚を憎む人々に，それ故にこそ同時に累進所得税を憎むべきであると説得するように ── といえよう[注1]。

注1）R.Dworkin "The Election and America's Future" *The New York Review of Books*（2004年11月4日）参照。

第 1 章　一 致 点

　しかしながら，コメンテーターたちが考えているように，2つの文化論が，国家の政治的支配をめぐって相争う2つの時代精神間の真に深い分裂を述べているか否か，或はそれは単に驚くほど成功した政治的作り話に過ぎないか否かはともかく，これらの文化論は，今日それ自身の政治的な生命力を有している。保守リベラル双方共に，その政治的効果をねらってこのような主張に飛びついてきたのである。以下に引用するものは，かつて影響力を持っていた前下院議長ニュート・ギングリッチ（Newt Gingrich）による，このような主張の一種である。

　「過去40年間に亘って，アメリカはこれらの2つの陣営に分裂してきた。前者の陣営には，神を公的な世界から放遂することを容認し，概して同時にアメリカの歴史を侮蔑し，自由と競争に対する経済的規制を支持し，国連によってリードされる"洗練された（sophisticated）"外交政策を好み，ニューヨークタイムズの論調に賛意を示すエリートたちがいる。しかしながらもう一方の陣営に属し我々の歴史に誇りを持っているアメリカ人たちは，アメリカが卓越した存在であることを理解することが，如何に神が完全無欠であるかを知ることであり，そしてアメリカ人であることが如何に創造的で競争的な精神の持ち主であるかを知ることであり，そして例えアメリカが，我々の価値観を共有できない外国人達を悩ますことがあろうとも，アメリカには守るべき価値があると信じている人々なのである[注2]」。

　アメリカが今日如何に分断しているかということに関するこのばかげた説明は，悲しむべきことには，それが我が国の半分の人々のために述べる憎悪という点では何ら特別なものではないと

注2）Newt Gingrich, *Winning the Future*（Regnery, 2005年）xiv.

いうことである。多くのリベラルも，同じように馬鹿げた考えを持っている点では同罪である —— 彼らは，ブッシュの支持者を馬鹿で妄想にとらわれているか，或は単に巧妙で貪欲な政治屋たちのなすがままになっている，永遠にだまされやすい召使いのようなものとして描いている。しかしながら，この包括的かつ調整不能な文化的分裂という想定がもたらす最も深刻な結果は，相互に他陣営をステレオタイプ化したり，或は侮蔑を示したりすることですらない。それは，アメリカの政治の世界における，まっとうな討論（decent argument）の欠落ということなのである。

　私は"討論（argument）"というものを，極めて基本的な政治的諸原則に関して何らかの一致点を共有する人々が，具体的な諸政策のどちらがより良くこれらの共通の諸原則を反映しているかに関して行う討論，という古風な（old-fashioned）意味で用いている。前回の大統領選挙の公式の選挙運動で用いられた言辞 —— 候補指名大会の演説や繰り返して流されたテレビコマーシャル —— 中には，その種の議論は全くなかった。3回の大統領候補者同士の討論会はかつてなく啓発的であったと賞賛するジャーナリストもいるが，それは事実に反する。討論のルールはいつものように，問題点に関する議論の持続を抑制し，討論を報道するジャーナリストたちは，討論の内容についてではなく，候補者の態度や身振りについて書いたり述べたりするのがもっぱらであった。

　アメリカ合州国においては，公式の選挙キャンペーンの言辞というものは，非常に長い間，恐らくはリンカーンとダグラスの論争以来それほど重きをおかれてこなかった。しかしながら，公式選挙キャンペーンから著名な知識人や他のコメンテーターたちの発言に目を移してみても，変わり映えしないものである。双方の

第 1 章　一　致　点

陣営の知識人たちは，自らの信念をしばしば極めて明快かつ雄弁に述べ，他の陣営の見解が根本的に非人間的であり，かつ危険なものであるということを断定的に描き出してみせる。しかしながらどちらの陣営も，人々の間で相互に尊重することを可能にし，かつ解決をもたらす真の討論を作り出すような一致点を見出すことには，何らまともな努力をしようとしない。

　ここに今日の我々の政治が完全に討論不能な状態に陥っていることを示す——私はその典型例と考える——1つの具体例がある。同性婚は，候補者やメディアによって極めて多く議論され，選挙の際の出口調査によれば，社会にとって注目すべき重要な問題と受けとめられてきた。どちらの候補者も同性婚を弁護することはなく，どちらの陣営の見解も，真の結婚は男性と女性間のものであることでは一致しており，同性婚を憲法修正によって禁止することが適切か否かということについてのみ意見が分かれていた——もっともどちらの候補者も，いずれにせよ憲法修正がほとんど見込みがないということは理解していたが。それでも同性婚は政治的な問題となり，同性婚は忌むべきものと考える人々の大半が，ブッシュに投票したことは明らかであった。しかしながらこれほどこの問題に対して関心が払われたにも関わらず，どちらの候補者も，マサチューセッツ州最高裁判所のマーガレット・マーシャル（Margaret Marshall）首席判事によって注意深くなされた判決に，応答はおろか気がついたとすら思えないのである。即ち，彼女が下した判決は，同性婚が多くの人々に如何に不快なものに思われようとも許されるべきものであり，それは州憲法によって広く共有されている諸原則が求めているということなのである。彼女の下した判決は，単に一方の陣営からは利用可能なものとして，また他方の陣営からは妨害可能なものとして取り扱われたに

すぎなかった。確立された諸原則がそのような判決を求めている，という彼女の主張が正しいのか否かということについては，双方の陣営共に何ら明確な関心を示さなかったのである。大騒ぎとののしり合いの後には，法的な議論が何についてのものであったのかということを考える，ほんの一握りのアメリカ人が存在し得たのみである（※2015年6月，連邦最高裁は2013年 U.S. v. Windsor 判決に次いで，Obergefell v. Hodges 事件で，同性カップルに連邦憲法上の「婚姻する基本的権利」を認める判決を下した）。

　仮に2つの文化という考えが正しいとするならば，アメリカの政治における討論の欠如は理解できるし不可避なものである。2つの文化の間の分裂帯は，アメリカの包括的かつ全面的に衝突する2つの世界観を分離している調整不能な割れ目（gulf）なのかも知れない。もしそうだとするなら，2つの文化の間の分裂は深いだけではなく底なしということであり，もはや見つけるべき一致点も持つべき真の討論もないということになる。政治は今までそうであった戦争の一種にすぎないことになる。現代の多くの政治学者はそれが我々のおかれた状況であると考えており，彼らは正しいのかも知れない。しかしながらそれは驚くべきことでありかつ悲劇的なことであろう。**民主主義は，真剣な政治的討論がなくとも，それにも関わらず，仮に何をなすべきかについて幅広い合意があるならば健全であり得る。仮に合意がなくとも，討論の文化があるならば，民主主義は健全であり得る。しかしながら深く厳しい分裂と真の討論が欠如している場合，民主主義は健全性を持続することができない。何故ならばその場合，民主主義は単なる数の専制になるからである。**

　このような悲観的な診断は正しいのだろうか？　2つの敵対する政治陣営の塹壕の間に，見出されるべき真の一致点はないのだ

第1章　一致点

ろうか？　真の討論はもはやなし得ないのだろうか。

● 本書の検討課題

　本書で私は2つの課題を探求することになるが，それらについてこの段階で明らかにしておこう——何故ならば，これら2つの課題のうち，検討が開始された場合に，第2の課題については，例え大半の読者が私の意見に不同意であるとしても，第1の課題については，大多数の読者は私の意見に賛意を示すことを希望するからである。まず第1の課題として，前節で述べたようなよく知られた説の存在にも関わらず，我々は，実際には一国の政治的議論を可能かつ有意義なものとするのに十分な，実質的内容に関して共有する諸原則を見出すことが可能である，ということを私は明らかにしようと思う。これらは，人間の生 (a human life) の価値と中核的責任に関する極めて抽象的な —— それどころか哲学的な —— 原則なのである。私は，アメリカ人が直ちにこれらの諸原則を承認するとは思わないが，仮に修復不能と言われるまでに分裂した双方の側が，それらの諸原則を理解することに十分な配慮を払うならば，大抵の人々がこれらの原則を承認することになると思われる。私はその上で第2の課題として，これらの共有されている諸原則が，我々を分断している大きな諸問題 —— 人権，公的生活における宗教の地位，社会正義，更には民主主義の性格と価値といった諸問題 —— に果たす影響力と関連性を明らかにすることを試みようと思う。本書においては，私の主たる関心事がアメリカの政治世界に向けられていることから，本書の大部分が，これらの諸原則をアメリカ人の共有財産として述べることに充てられているが，言うまでもなくこれらの諸原則は，他の世界の大

多数の人々——特に，アメリカ人たちが彼らの国家の政治的同胞（siblings）とみなしている成熟した民主主義諸国の人々——によっても共有されているものなのである。

　この第2の実質的な課題に関する私の結論が，赤と青とされている文化間の相違に妥協点を見出し，双方の陣営の信念に何らかの好ましい結論を提供するものとなるということを述べることができるならば，それは素晴らしいもの——或は少なくとも論争において有益なもの——となったかもしれない。しかし私の結論はそのようなものではない——我々が共有する諸原則から導き出されると思われる政治的見解は，事実上極めて深い青（※民主党色の強い）の色合いをおびたものとして読者には印象づけられるだろう。私はそれらが全て，伝統的なリベラルの見解であるとは考えておらず，実際それらの中にはリベラルには全く馴染みがないと思われるものがあろう。リベラルは未だに彼らの基本原則に関する現代的な提言に成功しておらず，それ故近年の選挙において必要以上に防御的になってきたのである。リベラリズムの構造を述べることは本書の目的の一部ではあるが，それは単に消極的なプログラムを提示するものとしてではなく，アメリカ人の間の一致点と私が考えている事柄に確固とした基礎をおく積極的なものなのである。私の見解によれば，本書で提示されるリベラリズムは，今日リベラリズムが重要と考えかつ要求しているものなのである。

　しかしながら，私の信念が政治的なものと全く同種のものであるということは何ら驚くことではなく，それは本書の提言が，我々の共有する諸原則について述べることから始まることに何ら疑念を抱かせるものでもない。反対にそれは，我々の共有する諸原則が如何に深遠なものであるかということを示すものなのであ

第1章 一致点

る。それらは極めて基本的な事柄なので，基本的諸原則に関するリベラルや保守派の解釈というものは，自ずと政治的な立場の全領域に亘って細分化されたものとなるであろう。したがって私の希望は，本書における私の意見に賛成しない読者たち —— 大多数がそうかもしれない —— が，私の見解を1つの挑戦と見なすことなのである。仮に読者諸君が，私がこれから論じようとする前提を承認した上で，なおかつ私のより具体的な政治的信念に同意しない場合，私の間違いの根拠を示す方法は，これらの前提の解釈を通してはじめて可能となることを納得してもらう必要がある。もし諸君にそれが可能である場合，我々は真の政治的討論をする基盤を有していることになる。その場合我々は，共有する前提について，諸君の解釈と私の解釈のどちらが一貫しているかに関して討論することが可能となり，双方共に一貫性があるならば，どちらかがより成功を収めることになる。

　我々はこれらの原則的諸問題を真に論じ合うことができるということを，私が証明しなければならないことは言うまでもない。私は前述した一致点として描き出した人間の価値に関する深い諸原則の中には，十分な内容が備わっているということを証明しなければならないが，それは，社会的，外交的，或は経済的，政治的政策という方法によって，これらの諸原則から如何なる事柄が導き出されることになるのかに関する議論を持続するためなのである。しかしながら，多くのアメリカ人たち —— 或は他の国の人々 —— が，これらの深い価値に関するこの種の哲学的議論に引き込まれる可能性があるとは思われない。今日分裂している双方の陣営の大多数の人々は，他の陣営の人々と議論を試みたり，或は理解したりすることさえ無意味なものと信じ込まされているように見えるからである。例えば福音派キリスト教徒たち

(Evangelical Christians) が，彼らからみると世俗的人道主義者 (secular humanists) であり，したがって取り返しのつかない過ちに固執している人々と議論しようとすることは稀なことである。私の希望は，より穏やかなものであるが極めて高いところにある。私の希望は，このようなよく知られた見解が間違っていること——より哲学的なレベルでは，我々のこのような最高度に盛り上がった政治的論争を研究することは有益ではあるが——を多くの人々に理解してもらい，我々の政治分野において，やがて議論の幅が広がり活性化するプロセスの開始を支援することなのである。

本書では，我々が共有する基本的な諸原則に関して，私自身の解釈によって支持される法律や制度の詳細を論じる予定はないが，それらのいくつかを例証として，一般的な方法で説明することにしよう。例えば本書において私は，我が国の勾留に関する法律的，軍事的手続が，市民と外国人の間で区別して適用されることは許されるべきではなく，テレビによる政治コマーシャルは，全米の国政選挙前の一定期間は禁止されるべきであり，最貧困層は，少数民族や障害者たちと同様に特別な憲法上の保障を受けるべき階層と見なされるべきであると提言している。これらや他の私のあまり評判の良くない提案の政治的実現可能性については，本書ではそれほど考慮されることはない。少なくともそれらのあるものは政治的にはユートピアに属し——今日大多数のアメリカ人たちにそれらを承認するように説得することはほとんど不可能であろうし，少なくともその日が到来するには長い時間かかる——，またあるものは憲法修正が必要であろう。私は法律家であるので，特に最終章において憲法についてなにがしかのことを言おうと考えているが，本書における私の主たる関心事は，政治的原則にあり法律にあるのではない。ユートピアにはそれ自身の価値がある

── それらは可能性の真の限界というものに人々の関心を集中させることができる。いずれにせよ国民の生活にとっては，── 或は私自身にとっては（※ドゥオーキンは本書出版時75才）── 警告に費す猶予はないのである。

● 人間の尊厳の2つの側面

　疑いなく大多数のアメリカ人たちは，かなり具体的な政治的諸原則には賛同する ── 例えば我々は，新聞編集者が政府を批判したというだけで投獄されることが誤りであるという点では一致している。しかしながら我々を分断している事柄について，真に広範な議論を展開するために必要とされる一致点は，このような具体的な事例のレベルに関する諸原則の中に見出すことはできない。我々はより広い考察が必要であり，個々の政治的あるいは道徳的な諸原則ではなく，むしろ人間がおかれた状況に関するより抽象的な価値を同定する諸原則を探究すべきなのである。私の考えでは，大多数の人々は，我々の間には大きくかつ明らかな相違点があるにも関わらず，そのような極めて基本的な2つの原則を共有しているのである。これらの原則はそれぞれ外見よりも遙かに複雑なものであり，私は本書の全体を通して，それらが政治的決定に与えるインプリケーションを議論する中で詳述することになるが，さしあたり最も抽象的な形で述べることにしよう(注3)。

　第1の原則 ── 本来的価値（intrinsic value）に関する原則と名付けることにしよう ── は，各人の生（each human life）はそれぞれが特別な客観的価値（objective value）を有しているとい

注3）本書全体を通して特に断りがない限り，私は，男性名詞（he／they）を性中立的な意味で用いている。

うものである。その価値は，潜在的なものである —— 人の生がひとたび開始された場合，それがどのようなものとなるかが重要な問題なのである。人の生が成功をおさめその潜在能力が現実化される場合，善（good）とされ，人の生が失敗しその潜在能力が毀損される（wasted）場合，悪（bad）とされる。このことは，客観的な価値に関する事柄であり，単に主観的な事柄に留まるものではない —— この意味するところは，人の生の成功や失敗は，その生の担い手である個人にとって重要であるとか，その人の願望が前提とされたり根拠とされることに価値がある，ということに留まるものではないということである。如何なる人の生の成功や失敗も，それ自体が重要なことであり，我々全ての者が，それを望んだり嘆いたりすべき**理由**（reason）を持っているのである。我々は他の多くの価値についても，同じような観点から客観的なものとして意味づけをしている。例えば我々は，不正義（injustice）はそれがどこで起ころうとも，それ自体悪とみなし，皆が嘆くべきものと考える。したがって第1の原則に従えば，人の生が毀損されることは，その生が我々自身のものであるか他者のものであるかに関わりなく，それ自体が悪とみなされ，皆が後悔すべきものとされるのである。

第2の原則 —— 個人的責任（personal responsibility）**に関する原則 —— は，各人は，自らの生の成功を実現すべき特別な責任を負っており，その責任の中には，自らにとってどのような種類の生が成功となるのかを判断することも含まれるというものである。**したがって何人たりとも，これらの個人的な価値を，他者の承諾なしに指示したり強制したりする権利が認められるべきではない。我々が，特定の宗教的伝統に体系化された判断や，宗教的指導者や教典，それどころか世俗的な道徳や倫理的指導者の判断に従う

第1章 一致点

ことがあるかもしれないが，それに対する服従は，個々人自らの決定によるものでなければならない——それは，自らの生に対する至高の責任を如何に果たすかということに関する，自らのより深い判断が反映されたものでなければならない。

　これらの2つの原則——全ての人間の生は，本来的潜在的価値を有しており，かつ全ての人は，自らの生においてその価値を実現すべき個人的責任を負っている——は，人間の尊厳の基礎と条件を共に規定するものであり，したがって私はこれらを，人間の尊厳に関する諸原則若しくは側面として言及することになる。これらの諸原則は，形式的な意味では個人的なものである——それらは，個々人相互に価値付けし責任が付与されるものだからである。しかしながらそれらは，他の意味では必ずしも個人的なものに尽きるものではない。それらの原則は，抽象的原則のままで，個々人の生の成功は，自らが属する共同体や伝統の成功から独立して実現したり理解することが可能であるとか，個々人は，自らの共同体や伝統の価値を否定する場合のみ，独力で自らの価値を同定すべき責任を果すことになる，ということを想定していない。2つの原則が，そのような異なったより実質的な意味で個人的であるとするならば，これらの原則を全てのアメリカ人の共有すべき一致点とすることは不適切なものと見なされることになろう。

　読者は，人間の尊厳に関するこれらの諸側面は，従来西欧社会の政治理論において重要とされてきた2つの政治的価値を反映しているとの印象を受けるであろう。即ち，第1の原則は平等という理念を，第2の原則は自由という理念を抽象的には想起させるように思われる。私がここでこのことに言及したのは，従来しばしば特に政治哲学者たちによって，次のように——平等と自由は競合する価値であり，同時には常に満足することができず，した

がって政治社会はどちらか一方を犠牲にすると共に，その時期を選択しなければならない —— 指摘されてきたからである。仮にその指摘が真実であるとするならば，ここで述べられている2つの諸原則もまた相争うことが必然ということになろう。しかしながら私は，平等と自由の間で考えられている矛盾の存在を認めない —— それどころか私は反対に，政治共同体はこれらの価値の各々が共存可能であり，実際はそれぞれが他の価値の一側面の表現であるという理解を見出すべきであると考えている。それが，同じく人間の尊厳に関する2つの原則についての私の大きな望みなのである(注4)。

既に述べたとおり，私はこれらの原則に関して2つの検討課題を設定している。第1の課題は，これらの原則は極めて深くかつ普遍性を持ったものであり，したがって，今日アメリカにおいて分断されているように見える双方の政治文化に一致点を提供することを可能とするというものである。本章においてはこれらの諸原則についてより詳細な叙述を行ない，第1の課題を擁護することに努力が払われよう。第2の課題は，これらの諸原則はその深さと普遍性にも関わらず十分に実質を持つものであり，したがって我々は政治的諸制度と政策の解釈や結論に関して，分別を持ってこれらを識別し議論を展開することができるというものである。この課題は本書の残りの章で探求されることになる。

注4) 私は自由と平等の関係に関するこの理解を，私の書である *Sovereign Virtue* (Harvard University Press, 2000年, 小林公他訳『平等とは何か』木鐸社, 2002年), *Justice in Robes* (同, 2006年, 宇佐美誠訳『裁判の正義』木鐸社, 2009年) 第4章で詳述している。

第 1 章　一 致 点

● 人間の生の本来的価値

　人間の尊厳に関する第 1 の原則は，人の生が如何に送られるかということの本来的かつ客観的な重要性を主張するものであるが，それは極めて抽象的かつ崇高なものであることから，多くの人々の支持を得ることが困難なように思われよう。しかしながら私は，ほとんどの人々は，熟慮するならばこの原則を承認するということを，次の事実 —— それは第 1 に，ほとんどの人々は，自らの生がどのように送られるかということを本来的かつ客観的に重要なことと考えており，第 2 にその場合，これらの人々は，他者の生がどのように送られるかということを客観的でないとかより重要でないと考える理由は全くないということである —— を指摘することによって諸君に納得してもらおうと考えている。

　あなた自身のことを考えてみよう。あなたは自らの生を充実して送り，何かを成し遂げることが価値あることとは考えていないだろうか？　やりがいのある良い仕事をしていると思うとき，それはあなたにとって満足と共に誇りすら感じ，他方やりがいのないひどい仕事をしていると思うとき，後悔と共に恥ずべきこととすら感じているのではないだろうか？　あなたは，実際には良き生などというおおげさなものを全く求めておらず，生きている限りそれなりにまっとうな時間と楽しみを望んでいるに過ぎない，と言うかもしれない。しかしながらあなたはそのように主張することによって，何を言おうとしているかを決定する必要がある。あなたの主張の意味するところが，第 1 に，満足に満ちた長寿が，あなたが送りうる生の最高の形態であるということはあり得よう。その場合，例えあなたが良き生の意味を独特の快楽主義的なもの

19

と理解しているとしても，実際には良き生が価値あるものと考えているのである。或は第2に，あなたは自らの生全体が良きものであることに何ら関心がなく，ただ現在と未来における生が満足すべきものであれと望んでいるにすぎないことがあり得よう。

　実際には後者の考えをとる人はほとんどいない。人生に快楽のみを求めると言う人々も，実際には，現在と未来において得られる生の可能な限りの快楽のみを望んでいるのではない。彼らは同時に，自らの人生が快楽に満**ちたものであった**（been）ことを望んでいるのである。彼らは快楽を見逃したり過去のものとなってしまったことを悔んでいるのである —— 過去においてもっとセックスをすべきであったとか，もっと旅行をすべきであったとか，他の種類の楽しみをすべきであったといって不満を漏らすのである。これに対して，彼らは過去に経験した快楽を回想することで，現在の快楽を得ることを望んでいるのだと言ってみても，そのような悔恨の説明をしたことにはならない。彼らが現在，自らの記憶の中にそのような快楽を見出すことができるのは，そのような回想によって，過去において良き生を送ったことが裏づけられる場合のみだからである。もちろん良き生の意味について，このような極めて快楽主義的な見解を持つ人はそんなに多くはない。ほとんどの人々は，快楽が良き生の中心ではあるが，それが生の全てではなく，他者との関係や何かを達成することもまた良き生にとって価値あるものと考えている。しかし，快楽こそが唯一の価値あるものと考えている人々ですら，実際には，人間の尊厳に関する第1の原則が，自らにとって価値あるものであることを承認しているのである。彼らは，自らが送る生が全体として成功したものであることを価値あるものと考えており，それが，彼らが未来における快楽と同様に，過去の快楽についても関心を払う理由

第 1 章　一　致　点

なのである。

　したがってほとんどの人々 —— 政治的に分断された文化にいると思われている双方の陣営 —— は，刻一刻自らの生の快楽を享受するだけではなく，全体として良き生を送ることを価値あることとして承認している。ほとんどの人々はまた，良き生の基準は以下の意味 —— 我々は，ある人がやりがいのある良い仕事をしていると考える場合はいつであれ彼は良き生を送っている，と考えたりはせず，彼はこのような極めて重要な事柄について誤りを犯す可能性があると考えている —— で客観的なものと考えており，主観的なものとは考えていない。良き生は日々快楽に満ちたものに尽きると考えながら，後年になって，このような考えは良き生についての貧しい見方であったと考えるに至る人々もいる。そのような人々は，より普遍的な見方 —— 満足すべき生というものは，ある程度は親密な個人的関係やある種の重要な成果，或は宗教的側面やより多面的若しくはその種のより広い多様なレベルのものを有すべきである —— の持ち主に変わったのである。その場合彼らは，過去の生が誤ったものであったと考えている。我々を最も魅了する文学 —— 例えばトルストイの不朽の名作である『イワン・イリッチ（Ivan Illytch）』の物語（※『イワン・イリッチの死』（1884-6年）は，一官吏が不治の病にかかって肉体的にも精神的にも恐ろしい苦痛をなめ，死の恐怖と孤独にさいなまれながら，やがて諦観に達するまでの経過を描く。米川正夫新訳（1973，岩波文庫）) —— の多くが，この種の発見の特別な苦痛について述べているのは明白である。或は実際には我々が生において全く正反対の発見をしたり，少なくともそのように考える可能性もある。うんざりする仕事でわびしい生を送ってきたと考えていたにも関わらず，後年になって自らの人生の成果と生に突然誇りを持つようになる

21

人々もいる(注5)。

　大抵の人々にとって，生の成功には客観的な基準があると共に，人は良き生の意味について誤りを犯す可能性があり，したがって，そのような誤りを回避することが極めて重要であるという考えを放棄することは，極めて困難であろう —— 私には不可能と思われる。もし我々がこのような前提を放棄するならば，我々には，今日行う重要な決断の意味が，成功する生を生み出すことがどのようなことなのかという意味づけの中に見出すことは困難となろう。例えば我々が何に満足するかの予測を試みるだけでは，そのような決断をすることはできない —— 何故ならば，我々が何かに満足したり価値あるものと考えるか否かは，我々がその享受を良き生の一部と考えるか否かに極めて深く依存しているからである。あらゆる客観的価値に懐疑的な哲学者がいることは事実であり，彼らは，如何に生きるかということに関する人々の考えは客観的な事実を伝えるものではなく，ただ単に人々の最も深い感情の発露に過ぎないと主張する。しかしながらこのような懐疑的な見方は哲学的な混乱にもとづくものであり，私は既にこのことについては他の論文で説明を試みている(注6)。しかしこれらの懐疑的な哲学者すら，彼らの生にとってより良い方法とより悪い方法とがあり，より良き生を送ることが重要であると考えている。彼らは，このような信念を思考としてではなく感情の発露として描き出すことを好むが，それにも関わらずそのことによって，彼らの生に

注5）この事象については，私の著書である *Life's Dominion*（Knopf, 1993年，水谷英夫・小島妙子訳『ライフズ・ドミニオン——中絶と尊厳死そして個人の自由』信山社，1998年）でより詳細に述べている。

注6）R.Dworkin "You'd better Believe it" *Philosophy & Public Affairs*（1991年）参照。

第1章 一 致 点

おいて信念が果たす基本的な役割が変更されるものではない。病気になるや全ての決断をやめてしまう懐疑論者がいるかも知れない。しかし彼らの大部分は，あたかも我々が考えているのと同じように自らの生を続ける ── 我々は良き生が如何なるものであるかについて誤りを犯す可能性があり，そしてこれらの誤りは極めて大きな悔恨事なのである。

　ほとんどの人々 ── 再度述べるならば，2つの政治文化に属していると考えられている人々のどちらにとっても ── は，更にこれに関連する重要な信念 ── 毀損した生ではなく成功した生の価値は，我々の生に対する欲望によって左右されるものではないという考え ── を共有している。我々が良き生を望むのは，その価値を承認しているからであり，その反対ではない。確かに，たまたま我々がそれを切望するというただそれだけの理由で ── その理由など誰にも分からないが ──，我々にとって価値あるとされるものもある。例えば私は2004年に，大リーグのボストン・レッドソックスが優勝することを切望し，それが私にとって如何に重要なことであったかは驚くほどのものであった。しかし仮に私にとって，ボストン・レッドソックスの成功が**客観的に**(objective) 重要なことであり，そのように**思わない**(not) ことで私が誤りを犯していたと考えるならば，それは馬鹿げたことであろう。高山に登ったり，モーツァルトのソナタ全曲を弾く ── 例えどんなに人並みのものであろうとも ── レッスンをしたり，或は発行済みのあらゆる郵便切手蒐集に熱中する人々もいる。これらを達成することが彼らにとっては極めて重要なことであり，彼らはその為に自らの人生を賭しているかもしれないが，それらがどんなに熱心になされようとも，その成果が独立して客観的な価値を持つということはない。ある人にとって極めて重要と考え

23

ていることが達成されなかった場合，その人の生がより悪いものとなることは言うまでもない。しかしこれは，その人がそれを重要だと考え，かつそれを望んだからこそなのである。成功する生を送るということはそのようなものではない。ほとんどの人々は，自らの生がどのようなものであるのかということに関心を持たず，死ぬまでただ自らの人生の時間を浪費するだけの人々と，そのように考えない人々との間の相違点が，たまたまレッドソックスが優勝するか否かに何の関心も持たない人々がいるという程度のささいな意味の違いにすぎない，などとは考えたりはしない。**我々は，自らの生の固有の価値に関心を払わない人々は，特別のかつ自らを卑しめるという意味 —— そのような人々は尊厳を欠いている —— で，欠陥をもっていると考えるのである。**

　ここでさらに私は次の問題を提起する必要がある。もしあなたが，（私が考えているように）どのような生を送るかということに客観的価値があると考えているならば，それはどのような理由にもとづくのであろうか？　このような信念を説明し正当化するのに，あなたはどのような根拠を有しているだろうか？　人は生まれたときに死が開始されており，死の到来にそれほど長い時間がかからないにも関わらず，この恐ろしく短い生に意義づけをすることが何故に重要なのであろうか？　あなたが神の存在を信じ神の意志や目的にあなた自身を委ねているならば，その場合あなたは，神があなたにある種の生き方を望んでいるので，如何に生きるかが重要であると答えるかもしれない。しかしながらそのような前提に立たないならば，その質問に対する答えを試みなければならない —— 我々は，どのように生を送るかということの価値を説明するのに，超自然的なものの望み以外のものを見出すことを試みなければならない —— 私にはそれが可能とは思われない。

第1章　一　致　点

　我々が極めて価値あるものと考える理由として，国家，民族や少数集団あるいは人類の力や繁栄のようなものを引用しても何の役にも立たないであろう。そのようなものの価値は，それらの繁栄に我々が極めて関心を持っているという理由を説明するものではあるが，我々個々人にとってみると，その繁栄に貢献したのが個々人であるということから，何故彼の生が価値あることなのかを説明するものとはならないのである。生の価値の説明に宗教的根拠を用いない場合には，良き生を送ることの価値が自明でありかつ根本的なものであると言わざるを得ない。それは，あなたが送るべき生を有しているということ以上に理由づけを必要としない価値である。

　良き生を送ることの価値を神の意志と考えようと，それ自体を自明のことと考えようと，いずれの場合でも数節前に取り上げた第2の課題が生起する。即ち，あなたがどのような生を送るかということが，私や他の誰かが送る生よりもより客観的で価値あることと考える根拠はあるのだろうか？　――　という課題である。過去幾度となく多くの人々は，彼らの神が，一般の人々よりも彼ら若しくは彼らの集団に配慮をしていると考えたものだ――したがって，彼らが自らの生が価値あるものであり，一般の人々の生は価値がないと主張することには，一貫性があった。何百万人もの人々が，今でもそのように信じていることは明らかである――彼らの多くは，真の信仰に帰依しない者どもを彼らが殺戮することを神が望んでいると信じている。しかし私には，自らを福音主義者若しくは原理主義者と呼ぶことを厭わないアメリカ人たちですら，彼らの崇拝する神が，彼らのみ或はもっぱら彼らに関心を払っている，などと信じているとは思われない。我々アメリカ人の宗教は慈悲に満ちた宗教であり，その教えによれば，唯一の神

は全ての人々を自らの子供たちとして扱い，全ての人々に等しき配慮を示すものなのである。何らかの人格的優越主義（personal exceptionalism）のためのみに神学的根拠を求めることを認めるようなアメリカ人は，ごく稀であろう。

同様にほとんどの人々は，そのような人格的優越主義の根拠を，他の如何なるものであれ公然と求めることはあり得ないであろう。プランタジネット家（※中世イングランドの王朝で，1485年ヨーク朝のリチャード3世で断絶）やメイフラワー号（※ピルグリム・ファーザーズが，1620年イギリス南部プリマスから北アメリカに入植する際に乗船していた船）の乗組員の子孫たちの中には，同系統の家柄と考えられる人々を自らの同胞とすることを好む人々がいようし，また自らの近隣に黒人や他の少数民族がいることを望まない多くの人種差別主義者がいることは不幸なことである。これらの選好（tastes）は，如何に人々に共通したものであろうとも，公的には明らかに恥ずべきこととされてきたものであり，公然とそのような考えを認める人はほとんどいないであろう。しかしながらいずれにせよ，これらの社会的優越性や偏見のような歴史的遺物というものは，今日においては妥当なものとはされていない。それらは，人々が交際する際の選好とされるものではあるが，異なった人々の個々の生の本来的価値に関する客観的判断には，何らの根拠を提示するものでもない。

仮にあなたが──ほとんどのアメリカ人と同様に──自らの生の成功に，あなた独自の特別に客観的に重要なものとみなすべきものがないと考えたなら，その場合熟慮することによって，人間の尊厳に関する第1の原則の受容を承認すべきなのである。如何なる個人の生もそれが開始された場合，良き生が送られるべきであり毀損されてはならず，このことが客観的に重要であるという

ことが承認されるべきである。それと同時に，このことは諸個人にとって等しく重要なものであることも承認されなければならない —— 何故ならば，他者を一律に排除することに根拠がないのと同様に，他者に格差をつけることにも根拠がないからである。自らの生の成功という当人自身の関心から，全ての個人の生の平等な客観的価値の承認へのステップをたどるべきであるという要請は，言うまでもなく極めて重要な道徳的政治的帰結を意味する。しかしながら今の段階では若干異なる点を強調しておくに止めよう —— このステップのインプリケーションは，あなた自身の道徳的責任に関するものではなく，あなた自身の自尊心に関わる事柄だということである。

　私が言わんとするところは，ほとんどの人々と同様にあなたも，良き生を送ることの価値を適切に評価できない者は，個人としての尊厳を欠いていると考えているということであった。このような人々は，あなたが有する選好を欠いているだけではない —— 彼らは客観的価値，即ち彼ら自身の生が成功し，失敗しないことの意義に関する客観的価値というものを理解できていないのである。しかしながら仮に客観的価値なるものは，全ての人々に平等に帰属することによってはじめて，それが個々人の生にも帰属すると考えることが可能とされるのであれば —— 本書の読者は今やそのように考えていると思うが ——，自尊心と他者の生の価値の尊重とを区別することは不可能ということになる。自らの尊厳を侮辱することなしには，如何なる人の生の本来的価値を否定する行為も許されない。この論点は，道徳哲学においてはよく知られた洞察である。我々自身の人間性（humanity）を尊重することは，人間性をそれ自体として尊重することを意味する —— イマニュエル・カント（Immanuel Kant）の思想の中核をなすものである

── カントは，他者の生を何ら本来的価値を有しない単なる手段として扱うならば，それは自らの生をも軽蔑するものであると主張した。

したがって，どのような場合に，あなたの行動が他者の生の価値に対する侮辱を示すことになるのかを判断することは，あなたにとっては死活的に重要なことなのである。このことは，本書において一貫して探求されるべき課題である。しかしながらこの解答は明らかというにはほど遠い。確かにこの課題がアメリカ人の意見が一致しない原因かもしれないが，この基本的な課題に関する不一致点を明らかにすることによって，具体的な政治的課題に関して，彼らがどのようにそして何故一致しないのかということを説明する助けとなるのであり，それを明らかにすることが本書の課題となろう。この課題はまたアメリカ人たちが責任を持って議論することのできる事柄でもある。

● 人間の生に関する個人の責任

人間の尊厳に関する第2の原則として私が主張するのは，各個人は自らの生を支配する責任を有しており，その中には，如何なる生を送ることが良き生なのかを決定し，それを最終的に実行する責任が含まれているということである。我々は，これらの決定を他者の意思に従属させることは許されない ── 我々は，他者からの強制がなければ選択することがあり得ないような成功観を，第三者に強制するような権利を何人に対しても承認してはならない。他者が及ぼすさまざまな影響の中でも，このように定義づけされた従属と，このような従属を意味せず第2の原則に抵触しないものとは，慎重に区別されなければならない。他の人々が我々

第1章 一致点

に何らかのアドバイスをし，それに対して我々が何らかの理由でそのアドバイスに従うことがあるかもしれない。他者が抱く価値観や決定に敬服し，それを手本とすることがあるかもしれない。そのような尊敬や模倣は，自意識（self-conscious）にもとづく場合もあるが，自省的でなかったり（unreflective）慣習的な（habitual）場合すらあろう。

　他者の価値観や行動が，より広範かつ相補的（reciprocal）な方法で —— 我々全ての者が属している文化に対する影響という形を通して ——，我々に影響することもあろう。しばしばリベラルが描く人間像に対しては，それは価値観の問題全てを自己自身の内部の知的資源で決定することを可能とするような，自己充足的なアトム（atom）的存在とみなす思想だと非難する批評家たちがいる。言うまでもなくこのような思想は馬鹿げたものであり，リベラルであろうとなかろうと，優れた（competent）哲学者の中でそのように考えている人に私は思いあたらない。文化の影響は不可避なものであり，それを逃れようと望む人はなおさら稀である。例えばアメリカの文化の大半は，物質的な豊かさが良き生の極めて重要な要素をなしているという考えを反映しており，そのような考えに同意するか否かに関わりなく，我々の子供たちが職業や生活スタイルを選択する際には，おそらくそのような考えの影響を受けるものとなろう。富が成功のシンボルとしてみなされているところではどこでも，人々は富をより一層求めたがるものである。このように我々が他者の価値観や行動から如何に影響を受けているとしても，このことが他者の意思に従属していることを意味したりはしない。しかしながら政府や他の集団がその権限にもとづいて，我々に対し特定の価値観を信奉することを要求し，それに従わなかった場合には制裁を課したり，或は我々に対し結婚

29

の配偶者や職業や住居を指定したりすることを認めるならば，それこそが従属を意味する。これこそが第2の原則が排斥するものなのである。

　前述した意味での強い個人主義的意識を持つアメリカ人たちもいる。彼らは自らの意思に従い，他の誰にも従わず自らの道を歩むことを誇りとしている。或はまたある特定の宗教や少数民族の伝統若しくは家族的伝統 ── 彼らに一定の生活パターンを与え，彼らはそれに従うことに何ら再考や再検討の余地を感じない ── すら，それに従って生きることが良き生の本質的部分を成していると考える人々もいる。彼らはそれによって他者の意思に従属していると考えたりしない ── 何故ならば彼らは，第三者からそのような生き方が正しいという考えを強制されているとは思わないからである。仮にある日自らの考えを再考したり再検討することが適切と考えるに至ったならば ── 例えそのようなことがほとんど起こり得ないとしても ──，そのときには自由に再考したり再検討することができると彼らは思っている。彼らは如何なる生を送るかについて基本的な決定をする責任は自らにあり，他の誰にもないと考えている。例えば，仮に彼らが今までとは違った考えを持つに至った場合，それが適切か否かについて処罰も含む再審査権限を他者に委ねるべきであるという提案がなされたとするならば，彼らはゾッとすることであろう。彼らの考えでは，自らの生についての継続する責任を，そのような形での放棄に同意することは自らの尊厳と矛盾することなのである。

　この尊厳に関する第2の原則を認めることは，アメリカの名だたる宗教グループや伝統においては不可能なことなのだろうか？仮にそうだとするならば，この原則が我々の間の一致点を形成することはできないことになろう。教会組織の聖職者達に教義上の

第 1 章 一 致 点

特別な権威を付与する宗教もある —— 例えばカトリック教会は，宗教的事柄に関してローマ教皇の絶対的無謬性を承認する。しかしながらこの権威は，強制というよりは認識（epistemic）に関する事柄である。それに携わる聖職者たちは，神の意志に対する特別な接近方法や知識を有していると理解されており，したがってこのような特別な権威を認める信者たちは，聖職者たちを介してのこのようなお告げを疑いもなく真実なものとして受け入れる。それは第2の原則が排除する従属という類のものではない —— 何故ならば認識上の権威を承認するからといって，それによって彼らが帰依している聖職者たちに，世俗的な制裁を実行したり恐怖によって彼らを服従させたりする権限を承認したりすることはないからである。彼らが宗教的権威や教会の教えを承認するのは，そのような帰依が適切なものであるという自らの判断を通してなのである。もっとも聖職者たちがかつてヨーロッパやアメリカで行ったように，かつまた今日他の多くの宗教で行われているように，彼らの教えに従うことを拒否する人々に対して，直接の身体的制裁や経済的制裁をする権限を有しているならば，それは異なったことになろう。その種の権限というものは，第2の原則とは全く矛盾するものであろう。しかしアメリカの宗教は，かつてある保守的な宗教学者が述べたように，信念に反する宗教的行為を人々に強制することは，「宗教的行為と選択から，宗教的行為と選択の自由としての価値を剥奪をすることが明白な行為」に止まらず，「アメリカの宗教が，宗教的行為や選択として**存在すること**（being）を禁じること」を意味すると考えている(注7)。

第2の原則はまた，宗教的信念や宗教的生活を，信念や啓示の事柄として承認することを禁じたりはしない。個人的責任の原則は，科学主義（scientism）やましてや合理主義（rationalism）を

31

意味するものでもない。宗教的信念は神からの直接的な贈り物であると，極めて多くのアメリカ人たちは信じている ── 彼らは自らの信念の確認を霊的な瞬間の中に見出し，そのことについて何らの確たる証拠も求めない。しかしながらそのようにして抱く信仰というものは，それにも関わらず個人的なものなのである ── それは脅迫や洗脳や他の強制手段によって強制されるものではない。もちろん，このような手段で信仰を強制する権力を求める宗教もある。個人的責任を人間の尊厳が求めるものとして承認することを拒否したり，それを男のみに認め女には認めなかったり，或は宗教上の長老や社会的地位の高い人々のみに認めたりする数多くの文化があり，アメリカにもこのような文化を表象したりその名残をなすものがあることは確かだ。しかしこれらが宗教国家アメリカの極めて少数派に属しているに過ぎない ── 私にはそう思われる ── とするならば，それにも関わらず我々は，個人的責任の原則というものを，この国の政治的議論に適した一致点として主張することが許されよう。

再度述べるならば，我々には，ある人のみがそのような個人的責任を有しており，他の人々はそのようなものを有していないと考える如何なる理由もない。我々の中に，そのような相違を見出すことはできない ── アメリカの有力な宗教の中で，他の人々の

注7）Robert. P. George, *Making Men Moral: Civil Liberty and Public Morality* (Oxford University Press. 1993年) 106頁。R. ジョージは同書で，私がかつてイメージしたパターナリスト ── 人々の生は，祈りを強制されるならばより良き生を送ることになると考える ── を，「わら人形 (straw man)」として描き出し，「神をその様な偽り (imitation) の祈りによって騙されたり喜んだりするほど愚かなものとイメージしたり，現代人 (modern person) をそのような神を信じるほど愚か者としてイメージすることは困難である」と述べている。

第 1 章 一 致 点

意思に従属することから自由であり得るのは選挙のみであるなどと主張するものはない。重要な事柄について独力で決定する能力に欠けている人がいる，と我々は考えている。しかしこれは能力に関する事柄であり，地位の問題ではなく，しかも問題とされるべき能力は基本的には理性の問題であり，通常の技能に関する問題ですらない。我々は子供たちに対して重要な決定 —— 例えば教育について —— を強制するが，仮にそれが基本的には合理的なものであるとしても，我々はこれらの決定を，原則として子供たちが然るべき年齢になったときに再考することが可能な事柄に限定している。成人がなす選択は，仮にそれが極めて不十分なものである場合でも，我々はそれを基本的には合理的なものと考え，選択に関する基本的自由を否定したりはしない —— 彼らが選ぶ結婚や読書が間違った結果を招くことが予見できる場合でも，それを禁じたりはしない。我々は彼らが望まない仕事に就くことを強制したり，彼らが属していない宗教の慣習を強制したりはしない。

しかしながら私はここで —— 今まで述べることを保留していたに過ぎないことではあっても ——，尊厳に関する第 2 の原則について生起される特別の問題について述べておく必要がある。私が主張するこの原則は，我々が如何なる生を送るかに関してなした一連の決定の個人的な責任は，個々人に帰属するということであるが，その決定はどのような種類のものなのだろうか？　我々はこれらのいくつかについて，直ちに意見の一致を見ることができる。例えば我々は，宗教や結婚や住居について独力で決定する権利と責任を持っている。また我々は，人々には独力で．は．決定で．き．な．い．権利があるということについても，直ちに意見の一致をみることができる。どの財産が私のものであり，あなたのものでないかということや，私があなたを物理的に傷つけたり拘束したりす

ることが許されるか否かということは，私が独力では決定することができず，或いはまた今日大抵の人々が考えているように，車の運転をするときにシートベルトをすべきか否かということすら，私1人では決定することができない。国家が，我々国民全てにかわってこれらの決定を行い，その決定に従うことを我々に強制することは適切なことである。これら2つの種類の決定の相違点は，倫理（ethics）と道徳（morality）との相違である。我々の倫理観は，我々自身が良き生を送ることは如何なることかを規定し，道徳原則は，他者に対する我々の義務と責任を規定する。**個人的責任の原則は，我々が道徳原則に関する集団的決定に従うことを国家が強制することを許容するが，国家がそのような方法で倫理観を命令することは禁ずるのである。**この決定的な相違点は，このような簡潔な要約が示す以上に，より複雑なものであり，詳述すればより論争的なものであり，そのことは第3章で示そうと思う。しかしながらこの要約の中に，これら2つの事柄の相違点の本質が示されているのである。

● 一致点と論争点

　私の希望は，読者諸君が今や少なくとも次の事実 ── アメリカ人たちは政治的には右から左まで分かれていても，ごく少数の例外を除いて，私が主張してきた人間の尊厳という考えを共有していることを承認するであろう ── に賛同する気持ちになっていることである。しかしながらそれは，人間の尊厳という概念を規定する2つの原則から導き出される結論に関して，より具体的な政治的な原則と政策として，少なくとも当初は異なった理解が可能とされるからこそである。例えば税率について，全ての人の生は

第1章 一致点

平等に本来的価値を有しているという原則から導き出される人々の結論は,大抵の場合不一致であり,この問題は第4章で取り上げる予定である。中絶と同性結婚について,人は自らの生について特別な責任を負っているという原則から導き出される結論も,大抵の場合不一致であり,このテーマは第3章のテーマの1つである。より一般的に言うならば,個人の責任に関する正しい理解に従う場合,如何なる行為が他者の生の価値に対する軽蔑を示すものであり,同時に如何なる決定が個人の良心に委ねられるべきものであるかという問題に関して,おそらくは,赤の文化に属していると言われる人々は,青の文化に属していると言われる人々よりも,より制限された解答に魅力を感じる傾向にあるといえよう。2つの原則に関する最適の解釈をめぐる不一致点を理解するのに,本書で論じられている特定の政治的論争のみが適切であるなどと私は述べるつもりはない。本書では,これらの今日最も重要かつ論争的で死活的と思われる不一致点を,議論の素材として選んではいるが,他の論点を選ぶことも可能であったろう。

私は既に警告している ── アメリカ人たちが政治に関して過激に争うことに終止符を打つ日が,やがて時をおかずして到来するなどと期待するならば,それは馬鹿げたことであろう ── と。それにも関わらず,アメリカ人たちがこの果てしなく続く意見の不一致を,相互に共存することができない2つの分裂した世界観の対立として捉えるのではなく,全ての人々が共有する基本的価値の最善の解釈をめぐる論争の結果と見なすようになるならば,それは偉大な前進となるであろう。その場合アメリカの市民たちは,人権や税金や中絶に関する彼らの具体的な信念の擁護を,彼らが自らの立場を支持すると考える共有された原則に基づいて,個別的で普遍的な解釈を提示することによって促進することになろう。

これによって，我々にはおなじみの議論形態が可能となる —— 相異なる意見の人々はその場合，自らが提示する解釈が反対派の考える解釈よりも，一般的原則に関してより議論の余地のない解釈であることを示そうと試みるであろう。或はまたこれらの解釈が，彼らの論敵と共有することが目指されている他の価値により一層適したものであるとか，承認が目指されている事実 —— 例えば貧困が招来する社会的事実や，体外受精が招来する生物学的事実など —— に適合的なものであることを示そうとすることが試みられるであろう。少なくとも，我々の社会の分裂に関するこのような異なった見方によって，双方の陣営が他方に対して払う敬意の念を増進することが期待できよう —— その場合どちらの側も他方を，全員が共有する目標を達成する際のパートナーと見なすことが可能となり，そしてまた他方から見ると，十分には練り上げられていると思われていなかった戦略を開発することによって，そのプロジェクトの増進に相互に寄与することが可能となるであろう。

　今の段階では，これは途方もなく夢想的なことに思われるかもしれない。なるほど今日大多数の人々は，完全に宗教的異端若しくは政治的異端に属していると見なされている人々との議論や討論には，何らの関心も持っていない。より議論に適した異なった意見が，まずは少数の人々の間に根を下ろし，それらの意見が有益な議論の積み重ねによって広がっていき，やがてはそれによって，2つの相容れない文化を克服する態度 —— 我々には既にその受け入れ準備ができているが —— を，徐々に広げていくことぐらいしか望みようがないのが現実である。しかしながら，私はまだその始まりが可能であることすら示していない —— 何故ならば，私が今述べた類の議論を維持するためには，前述した一致点が十分に実体を持つものであるか否かという未解決の問題が残されて

いるからである。真の論争の開始を可能にするためには，我々の一致点として，全ての人間の生は本来的に潜在的な価値を有しており，個々人には，自らの生の中にそれを同定しかつその潜在的価値を実現する責任があることを確認することで良いのであろうか？　或はそれは，それ自体からは何ら価値あるものを引き出すことができない，空虚なスローガンにすぎないのだろうか？

第2章
テロリズムと人権

Terrorism and Human Rights

―――――〈第2章の要約〉―――――

　今日アメリカの安全についての論争は，監視活動，強制尋問，そして無期限勾留の3つの政府行為に集約されている。これらの政府行為が，今までになく新奇なものであり，かつ疑いもなく行き過ぎたものであるが，その論争の分岐線は，概していえばリベラルと保守派の分裂に沿ったものとなっている。

　議論の焦点は，"道徳律（morality）"が求めるもの，即ちこれらの政策が人権を侵害しているか否かということに関してなのである。我々は人権という概念を，全ての権利の中でも，最も基本的で普遍的なものという意味で用いている。憲法によって法的な権利として認められたものは，政府に対する権利であるという点で特別なものであり，このような特別な道徳上の権利は"政治的（political）"な権利と呼ぶことができ，"切り札（trump）"としての権利ということができよう。

　人権という概念は，ある種の"態度（attitude）"を伴ったものとして取り扱われる権利のことであり，個々人はその尊厳が死活的に重要な人間存在なのであるという理解の表明のことであり，そのためには2つの基本的な要件が備わっていることが必要である。第1の要件は，"ベースライン（baseline）"としての人権と呼ぶべきものであり，拷問されるべきでない権利のような，如何なる国家に対しても，その行為を制限する具体的な権利のことである。何故ならば人々の生は平等な本来的価値を有しており，かつ各人は自らの生に個人的な責任を負っており，この権利はこのような基本原則にもとづくものだからである。第2の要件は，如何なる政府に対しても，これらの価値に対する"自ら（own）"の理解に反する方法で市民を扱うことを禁ずる権利のことである。何故ならば政府が，それに反する方法で行動することは，その犠牲者の人間性に対する尊重を著しく否定するものだからである。

　「権利と安全を天秤にかける」という比喩は，極めて不適切なものであり，我々は，「安全と名誉とを天秤にかける」べきなのである。

第 2 章　テロリズムと人権

● テロリズム・権利・安全

　世界中には，西欧人 ── とりわけアメリカ人 ── を殺すことができるならば喜んで死ねると考えている狂信者たちが，何千人といる。彼らは2001年9月に信じられない惨劇を引き起こしており，そして今日，既にあの大惨劇の恐怖が小さく見えるほどの大量殺人兵器を所持しているかもしれない。我々は怒りと同時に恐怖の中にいる。情報を得ることは我々の主要な防衛手段となっている ── テロリストたちの資金源，身元や指導者或は計画が分かればそれだけ，我々は安全となる。情報源の1つは民衆だ ── 軍隊や警察などが信用している者が，テロリストかもしれないし，或は少なくともテロリストについて，我々にとって有益な情報を持っているかもしれない。どのような情報であれ，彼らが持っている情報を引き出すために，政府の権限としてどのようなことが許されるのだろうか？　この点についてアメリカ人の間では意見が対立している。論争は次の3つの政府行為に集約されている ── 監視活動，強制尋問，そして無期限勾留。

　2001年9月11日の惨劇の直後に，アメリカ連邦議会は，政府が行う新たな監視活動を承認する法律を極めて短期間に採択したが，連邦議会のほとんどの議員たちは，それを読む機会すらなかったほどだ。米国愛国者法（USA Patriot Act）と呼ばれるその法律は，連邦政府機関内の情報伝達の改善に役立つものではあったが，同時に政府に対し今までにない新しいタイプの，そして ── リベラル派にとっては ── 驚くべきプライバシー侵害の権限を付与するものであった（※同法は2015年6月1日に失効し，情報当局は広範囲に個人情報を取得することができなくなったものの，6月3日代わ

りに成立した「米国自由法」により国家安全保障局 NSA は制限された範囲での情報収集が可能とされている。2015年6月3日付 CNN）。例えばその法律によって連邦政府は, 家人に対して事後報告することすらなく家宅捜索をする権限が付与され, 図書館の司書に対しては, 人々が借り出した書籍を報告することが義務づけられた。2006年の中間選挙後の新しい議会で, 民主党と共和党中道の連合は, この法律の中でも最も反対の多いいくつかの条項を削除させたが, 個人のプライバシーを脅かすこの新しい政府の監視活動権限のいくつかは, 依然として残されたままである。2006年初めのニューヨークタイムズ紙の報道によると, ブッシュ大統領は, 連邦法が規定している捜査令状なしで, アメリカ国民と外国人の双方を密かに盗聴する広範な計画を実施に移したとのことであり, 大統領はそれが実施されていることを認めている。大統領と補佐官たちは, その合法性の根拠を —— ほかにも根拠を主張したが ——, 合州国軍隊の最高司令官としての憲法上の大統領権限に求め, それによって大統領は, 通常の法に優越することが許されると主張した —— しかしそのような見解に同意する法律家は, ほとんどいなかった（※2009年3月2日, 司法省が公開した対テロ政策秘密メモ類では, テロ容疑者に対する捜査は, "戦時"大統領の権限として, 憲法修正1条, 4条の制約を受けず随時行われてよいと記載されている。毎日新聞3月3日付）[注1]。

　ブッシュ政権は, アメリカの勾留施設でテロリストの疑いをかけられた者に対する拷問を命じたり, 彼らを拷問目的で他の国に

注1) 大統領の主張に対する批判については, 国家安全保障局（NSA）のスパイ活動を調査する連邦議会メンバーへの元政府高官と憲法学者14人の手紙, *The New York Review of Books*（2006年2月9日※ドゥオーキンら6人が執筆している。http://www.nybooks.com/articles/18650) 参照。

第 2 章　テロリズムと人権

"引き渡し（rendered）" してきたことを，公式には認めてこなかった。しかしながらこれらがなされてきたことは広く信じられており，そしてテロリストに対する勾留施設がヨーロッパの各地に建設されていたことが報じられた後，国務長官コンドリーザ・ライスは，ヨーロッパ諸国の指導者たちの批判に答えて，この事実をほぼ認めた。連邦司法省が用意し回覧に付したメモによると，これらの行為が仮に法律によって禁止されているとしても，大統領は拷問を命ずる法的権限を有しているとして，その根拠としてまたもや，大統領は最高司令官としての憲法上の権限を有しているという主張をむしかえしたのである。いずれにせよ何が拷問なのかということが論争となっている —— 目隠しをされている囚人に，溺死しそうな感覚を与える目的でその頭に繰り返し水を浴びせるような，ある種の恐怖を与える行為が拷問に該当するということは，当局によって明白に否定されている（※ちなみに現オバマ政権のエリック・ホルダー司法長官は，この種の「水ぜめ」による尋問手法は拷問に該当するという見解を発表している。2009年4月23日付 AFP）。

　グァンタナモ基地や世界中の他の場所では，今日数百人の囚人たちが，起訴も裁判にもかけられることなく合州国政府によって無期限に拘束されている。ブッシュ政権によれば，これらの被拘束者たちは敵の戦闘員であるということだが，当局は彼らを裁判にかけたり，ましてやそのような主張を裏づける証拠を彼らに提示したり公表しようとすらしない。我々は，国内における通常の刑事犯罪人の中でも最も危険とされる者たち —— 例えば連続殺人や麻薬密売一味の嫌疑をかけられた者たち —— に対してすら，そのような取り扱いをしない。我々の憲法は，そのような人々が単に危険であるとか，殺人や他の犯罪を予防する情報を持っている

43

というそれだけの理由で拘禁することを禁じている。我々は何世紀にも亘って，刑事裁判の法域を発展させてきたのであり，それによれば，警察は逮捕した被勾留者を起訴する予定やその可能性がない場合には，直ちに釈放しなければならないとされている。また，刑事裁判の原則によれば，起訴された者は可能な限り，不当判決を排除する刑事手続によって保護されなければならない。我々は，1人の無辜の者が処罰されるよりも，1,000人の犯罪者が逃れることの方を善と考えている。しかしながらブッシュ政権は，これらの憲法上の制約や刑事手続上の保障を，アメリカ人たちを将来のテロリストたちによる攻撃から守るという口実によって，全て反古にしてしまったのである。

これらの監視活動，強制尋問そして拘禁政策全てが，今までになく新奇なものであり，かつそれらは疑いもなく行き過ぎたものである。それらは全て論争の的となっており，かつその論争の分岐線は，概していえば ── 完全にではないが ── 本書で検討が加えられている，リベラルと保守派の分裂に沿ったものである。多くのアメリカ人たちが，政府の強硬な新しい政策に賛同している。彼らの主張によれば，今日我々の安全は以前よりも遙かに深刻な脅威にさらされており，しばしば言われてきたように，安全と自由との間（between security and freedom）に新たな均衡策（a new balance）を講ずる必要があるというのである。この主張には，これまた多くのアメリカ人たちが反対している ── 彼らの主張によれば，政府が打ち出した新しい均衡策は，自由に対してあまりに大きな代償を求めるものであり，しかも政府が実施しかつ依然として実施している政策を正当化するほど，危機は深刻ではないというものである。

この論争はある程度は，アメリカ法と，アメリカが署名し批准

した条約の最適な解釈をめぐるものである。米国愛国者法の中には，違憲とすべきより行き過ぎた条項があると主張するリベラル派もおり，そして捜査令状なしの盗聴を命じる大統領の行為は違法であるというのが，大多数の法律家たちの見解だ。テロリストの嫌疑をかけられた者に対する無期限の拘束は違憲であるというのが，多くの批評家たちの見解だ —— 何故ならば，アメリカ国内の通常の刑事犯罪人に保障されている伝統的な手続と保護を求める憲法上の権利は，外国人であっても認められているからである。連邦最高裁は2004年，グァンタナモ基地に収容されている外国人たちに，適切な裁判を受けることなく拘束を認めることは憲法違反である，という重要な判決を下している(注2)。

しかしながら法的な問題が，アメリカ人たちの意見対立の中心を占めているわけではない。何故ならばブッシュ政権の支持者たちから見れば，法律というものは所詮は時代遅れのものであり，変更すべきものだからである。彼らの主張によれば，アメリカ法が何世紀にも亘って発展させてきた憲法秩序と法的権利は，9.11の攻撃によって廃棄されてしまったのであり，私が先に述べた言葉に従えば，安全と被疑者の権利との間に新たな法的均衡を必要としているということになる。したがって真の議論は，道徳に関わる問題であり，法的な問題ではないことになる。

新しい均衡策を構築するという構想は，人々には評判が良いが，同時にそれは異様なほど未熟なものである。その構想によると，"我々(we)" —— 大抵のアメリカ人たち —— は，自らのために望む安全と個人の自由の組み合わせを，次のような方法 —— 我々が望む都市間の高速道路のネットワーク構想を決める際に，道路

注2) R. Dworkin "What The Court Really Said," *The New York Review of Books*（2004年8月24日）参照。

建設費用とそれが住民に与える効果がどの程度のものであるかを知った上で決定するが，それとほぼ同様の手続 —— で決定しなければならないことになる。しかしながら，我々が現実に直面している問題は，全く異なった性質のものであり，均衡策に関する上述の比喩は，これらの問題点を曖昧にしてしまうものである。我々が決定しなければならないのは，これらを比較衡量した上で，我々自身の利益をどこに求めるのかということではなく，道徳律（morality）が求めるもの —— それは例え我々自身の利益を犠牲にしてでも払うべきもの —— は何なのか，という全く異なった問題であり，したがってそれに対する解答は，我々の政策によってもたらされる利益が負担するコストを上回っているか否か，という問題設定から得られるものではない。

　保守派の人々の多くは，アメリカはかつてなかった脅威にさらされているのであるから，それに対する闘いには，かつて用いたことのない武器を用いる道徳上の資格を有していると考えている。彼らによれば，テロリストたちは彼らの野蛮な行為と意図によって，我々に配慮を求める一切の権利を放棄したのであり，したがって大統領は，アメリカ人の安全を第一にする義務と権利を有しており，更にその目的達成のために，彼若しくは彼の助言者たちにとって有益と考えられるあらゆる行為を行う義務と権利があるということになる。しかしながら彼らの主張には，間違いや疑わしい事実にもとづくものが含まれている —— 例えば彼らは，イラクが恐るべき大量破壊兵器を持っているという大統領の主張を認めて，それを根拠にイラク戦争を支持したが，それが真実でなかったことは，今日では彼らの知るところとなっている（※ブッシュ前大統領は任期最後に，ＡＢＣニュースのインタビューで，「大統領の職にあった中で，最大の痛恨事はイラクの情報の誤りだった」

第2章 テロリズムと人権

として，イラク戦争開戦の大義とされた大量破壊兵器が見つからなかったことを悔やんでいる。もっとも彼は，開戦という判断自体を誤りとしているわけではなく，また開戦当日いち早く，「アメリカの武力行為を理解し支援いたします」との声明を出した日本政府の小泉元首相は，この点について何らコメントをしていない。2008年12月2日付朝日新聞）。そしてまた，イラクが2001年の攻撃をしたテロリストを匿っていたという大統領の主張は，今日では同様に誤りであることが明らかとなっているが，保守派の人々の多くは依然として真実であったと考えている。しかしながらアメリカの反テロリスト政策に関する深刻な議論は，このような事実に関する不一致点にその中心があるわけではない。議論の焦点は，これらの政策が人権を侵害しているか否かということに関してなのである。仮にそれらの政策が人権を侵害しているとすれば，例えそれが合法的であり，アメリカ人をより安全にするものだとしても，それらの政策は，擁護する余地のないもの（indefensible）ということになる。

　我々は人権という概念を，全ての権利の中でも最も基本的で普遍的なものという意味で用いている —— したがって我々は，政府が人権侵害をした場合，最も真剣に異議申立をしてきたのである。アメリカ合州国や他の諸国は，極端な制裁を正当化する場合には，このような考えを引き合いに出す —— 人権侵害をしていると非難された国に対しては，我々は財政的援助や経済的恩恵の付与を拒否し，その上でそれらの諸国に対する支援の中止を，他の諸国や政府機関に働きかける。そしてまた我々は，状況次第では，そのような侵害行為を阻止するためには，これらの諸国を侵略することすら正当化されると考えている。我々は，人権が9.11によって時代遅れになってしまった，などと主張することはできない

47

—— 何故ならば，我々はそのような権利を永遠のものと考えているからである。我々は，自身の安全が脅かされていると考えた場合，そのような権利を無視することが許される，などと主張することはできない —— 何故ならば我々は，国家はそのような権利を侵害する如何なる理由があろうとも，これらの権利を尊重しなければならないと考えているからである。したがって大多数の民衆が，法的権利に無関心であるように見える場合でも，政府を批判する人々が，人権に訴えるということは当然のことなのである。

しかしながら，批評家たちの主張の中に含まれている2つの異なった事柄は，慎重に区別すべきである。第2次世界大戦後大多数の国では，人権条項が含まれそれを尊重することが規定されたさまざまなタイプの国際条約や，憲章，規約が締結されるようになってきた。これらの中には，例えば国連人権宣言（United Nations Declaration of Human Rights）や，ヨーロッパ人権条約（European Convention on Human Rights），そして戦争の定義と戦時捕虜の取扱いを定めたジュネーブ条約（Geneva Conventions）がある。テロリスト容疑者に対するアメリカの取扱いは，これらの条約のあれこれが規定する義務に違反している，と批判する批評家たちがおり，その批判が妥当かどうかに関しては国際法学者の間で多くの論争がなされている。ブッシュ政権の主張によれば，例えばアフガニスタンのタリバンやアルカイダのために戦闘したことで責任を追及されている囚人たちは，"違法な戦闘員（illegal combatants）" であり，したがって彼らはジュネーブ条約の保護を受ける資格がないというのである。連邦控訴裁判所はその主張を認めたが，指導的な国際法学者の大半はそれに反対しており，私も彼らと同意見である[注3]。

人権に関するこの論争は，国際条約や他の文書の正しい解釈に

第2章 テロリズムと人権

よって定まるものであり，したがって本質的には法的なものである。ところが，それとは異なったより本質的な批判を加える批評家たちもいる。それによれば，アメリカ政府の拘禁政策は，我々が真の或は真実の人権と見なしているもの —— 即ち全ての人間が，人間というただそれだけの理由で保持している権利であり，その権利は，条約によって保護されるべきものとされ，如何なる国家も，例え安全という理由によってもそれを侵害することが許されない権利 —— を侵害しているというのである。国際条約は，これらの極めて基本的な人権を同定し保障することを目指してきた。しかしながら条約は，異なった伝統と利害を有するさまざまな国家間の妥協の産物であることを免れなかったのであり，したがって条約が，真の人権を十二分若しくは正確に条約に盛り込むことができなかった場合には，しばしば批判にさらされることになる。大半の条約には欠陥がある，と考えている国やグループ —— 特に第三世界 —— もある。彼らによれば，大半の条約は例えば経済的権利を軽視しており，それと同時に，条約で言及されている人権の中には，西欧のわずか数カ国の列強諸国の伝統の中で承認されてきた偏狭な考え ——（第三世界の多くの意見によれば）その中には，言論の自由と出版の自由が含まれる —— にすぎないものが含まれているから，ということになる。したがって，仮にブッシュ政権の主張 —— ジュネーブ条約や他の条約は，技術的にはグァンタナモ基地の囚人たちには適用されない —— が法的に正しいとし

注3) *Hamdan v. Rumsfeld*, 415 F.3d 33（2005）。※その後連邦最高裁は同事件につき2006年，連邦法並びにジュネーブ条約違反と判示し（548U.S.557（2006），2008年にも同様の判決を下し（*Boumediene v. Bush*, 128 S.Ct.2229），オバマ政権のもとで2009年軍事委員会法により連邦司法での救済が確立されている（68，73頁参照）。

ても，世界中のあちこちで行っている我が国の政策が，囚人が有する基本的人権 —— 合州国政府がその権利を侵害することは，仮に法的に違法でないとしても，不道徳的なこととみなされる —— を侵害しているのではないか，という道徳上の問題が依然として残されている。

　この第2の道徳上の問題が，今日我々が解決を迫られている問題なのである。その問題に対する解答をめぐって，アメリカ人たちが鋭く対立していることは明らかであり，その不一致点は，少なくとも今日よく知られた，赤と青のラインに沿って概ね走っているように思われる。リベラル派は，政府が行う拘束や他の反テロリスト政策を非難し，保守派はそれを擁護する。これが，我々が現在分裂した国家であると批評家たちが言いたがる深い亀裂の1つなのである。**しかし我々はこのように，大いに意見を異にしているにも関わらず，それに関する論争が我々の間には不在なのである。囚人には如何なる人権があるのだろうかとか，或は人権とは何かということをめぐってすら，国民的な論争が一切ない。**

● 人権とは何か？

　政治的に敏感な人々は，人権という概念を自由に（freely）用いている —— 既に述べたとおり，彼らは人権を用いて，激しい政治的非難をしたり，重大な政治的制裁を正当化したりしており，しかもその中にはしばしば戦争も含まれる。しかしながら，人権は何かということを述べるのは困難であることに，彼らの多くは気づくだろう。人権のリストにどのようなものを含めるのが適切か？ —— 例えば経済的権利を含めるべきか，或は表現の自由を含めるべきか？ —— について，彼らの意見は一致しないだけではな

く，リストに含めるべき権利をどのように決定するかという根拠づけをめぐっても，その適切さを検証する手段を設定することすら困難なことに，彼らは気づく。これらは，人権という概念そのものについて，我々により注意深い省察を迫る重要な問題である。仮に我々が，反テロリスト政策の道徳律（morality）に関する国民的な議論の形成に何らかの前進をもたらそうとするならば，直ちにこの哲学的な問題に対峙することを迫られる。我々はそれによって，次節以下に述べるような政治的な議論に復帰することが可能となろう。

〈**法的な権利と政治的な権利**〉

人権とはどのようなものなのだろうか？　人権は，法的な権利やそれほど基本的ではないとされる道徳上の権利と，どのような点で異なるのだろうか？　我々は，法的な権利という概念は十分に理解している。政府はさまざまな理由にもとづいて，法的な権利を創造しそれを実施する。例えば国家は，法律を制定して所有権という法的権利を創造し，かつそれを人々に保障することによって，人々が労働や商売によって得た物を所有することを可能にするが，仮にそのような方策を講じないならば，国家は経済を機能的に運営することができないのである。我々が憲法上の権利と呼んでいる，特別な力と役割を持った法的な権利もある —— それらの権利によって，政府は憲法違反という点を除けば，人々にとって魅力的に思われるような法律でも，それを執行したり政策を採用することを禁じられている。アメリカ憲法修正１条が創造した法的な権利は，そのような種類のものである —— それによって，市民は自由に発言する権利が認められているが，その権利は，政府からみれば一般的な利益に沿う場合であっても，制限することが許されない。我々はそのような憲法上の権利を，しばしば次

のような説明によって正当化する —— 憲法によって法的な権利として認められたものは，人々が既に持っている道徳上の権利のことなのである —— と。我々が観念する道徳上の権利は，個人としての他者に対するものでなく，政府に対する権利であるという点で特別なものであり，したがって私は，このような特別な道徳上の権利を，"**政治的**（political）"な権利と呼ぶことにしよう。

凡そどのような政府の正当な行為であれ，大抵の場合，異なった人々の間の利害のトレードオフ（代償）を伴うものである —— これらの，全体として共同体の福利を増進させる目的でなされる行為も，ある市民には便益をもたらし，他の市民には不利益をもたらすことがある。議会が特定の輸入品に関税をかけたり，特定の高級品に税金を課したり，特定の穀物を栽培する農家に補助金を出したりする法規を制定する場合や，州や市が空港を建設したり，スポーツジムを建設したり，或は新しい高速道路を建設する場所を選定する場合，その決定はある市民にとっては有益なものでも，他の市民にとっては有害なものとなることがある。ある市民の得るものと他の市民の損失とを考慮した上で，それらの全体の効果が利益をもたらすものであるならば，その決定は正当化されるのである。仮にあなたの家よりも私の家の近くに空港を建てることが，全体としてみれば全ての人にとって真に最善であるならば，私がその決定に異議を述べてみても，何らの正当性がないということになる。

しかしながら，個々人のある種の利益が死活的に重要である場合には，全体の利益を確保するために，共同体がこれらの利益を犠牲にすることは，誤り —— 道徳上の誤り —— ということになろう。政治的な権利は，これらの特別に死活的な利益を抽出し擁護するものなのである。政治的な権利は，前述した類の通常の政治

的な行為を正当化するようなトレードオフの議論に優越する，**"切り札（trump）"** ということができよう。修正1条により，アメリカ人は政治的な検閲をされない法的な権利を有しているが，そのような法的な権利が何故望ましいかということは，次のようなことを考えれば理解できる —— 人々が自らの考えを述べる政治的な権利を有しているということは，そのような方法で法的に保障されることが，極めて重要なことだからなのである（人々には政治的な権利が付与されていると考えられる理由については，第5章で検討する）。憲法はまた，アメリカ人が犯罪を犯したとして訴追される場合，公正な裁判を受ける法的な権利を保障している —— 我々はここでもまた，これらの法的な権利を，仮に犯罪人を拘束することが，何らかの意味で共同体の全体の利益に奉仕することがあるとしても，人々は既に公正な裁判なしに投獄されることのない政治的な権利を有している，と主張することによってこれらを正当化する。我々が政治的な権利に訴えるのは，このような方法で，法的な権利を説明し正当化する場合だけではなく，我々が採用すべきであると考える法的な権利を，政府が採用しないとして批判する場合にもある。アファーマティブ・アクション（affirmative action）—— マイノリティの人々に，大学入学や採用に際しての優先枠を付与する —— は間違いであると考えているアメリカ人たちは，彼らの反対の理由を正当化するために，しばしば政治的な権利に訴える。彼らの主張によれば，仮にアファーマティブ・アクションが，コミュニティー全体にとって便益をもたらすものであるとしても，マジョリティに属している学生や求職者たちは，そのような方法で不利な立場に置かれるべきでない権利を有していることになる。アファーマティブ・アクションが不公正であることを否定する人々は，彼らにはそのような権利など

ないと主張する(注4)。

　政府は共同体の最善の利益が何であるかなどということを適切に決めることはできないとして、このような政治的な権利を極めて強力に主張する人もいる。このような人は、個人の利益が何故それほど重要であり、したがって何故そのような強力な主張を正当化できるのかを示さなければならない。これについては、前章で私が述べた、人間の尊厳に関する2つの原則が承認されるならば、我々はこれらの原則をその正当化のために用いることができるであろう。この原則によれば、人々は、彼らの生の平等な価値の尊重と、彼らの生における価値を同定し創造する至高の責任の尊重のために、それに必要とされる一切の保障を求める政治的権利を有している、と主張することができるのである。この根拠にもとづくならば、人々は例えば、自らの属する人種がかつて侮辱されてきたことを理由として差別されてはならない、という政治的な権利を有しており、また公的な議論の事柄について自らの考えを表現する政治的な権利を有している、と主張することができる。仮に政府が彼らを差別したり、彼らの政治的な発言を検閲したりすることが、何らかの理由で共同体の他の人々に便益をもたらすものだとしても、そのような行為は誤りということになろう。私の見解によれば、アメリカ憲法における憲法上の権利のリスト——それらは最近の何十年間に亘って、裁判所によって解釈されてきたものであるが——は、これらの尊厳に関する2つの原則から抽出された政治的な権利を同定しかつ擁護し、さらにこれらの権利を法的な権利に転化するということに、かなりの程度良き役割を果たしてきた。他の多くの国や国際的な共同体の憲法的文書

注4）これは私の見解であり、R.Dworkin *Sovereign Virtue* (前掲) 11, 12章参照。

や国際的規約もまた，同じような役割を果たしているが，その理由の1つは，今日アメリカがそれらから学んでいるのと同様に，それらもまたある程度は，アメリカにおける憲法実践から学ぶことができたからなのである。

それにも関わらず，我々は今日如何なる政治的な権利を，そのような意味で承認するかということについて，国家によって驚くほど相違があるということに注意を払う必要がある。我々と同じ普遍的な政治的文化に属している国ですら，この重要な事柄については，我々と意見を異にしている。例えばイギリスや他のいくつかのヨーロッパの国々では，公衆の面前で人種を理由として侮辱されないということが，法的な権利として認められている――その権利は，法律によって"憎悪表現（hate speech）"として犯罪とされることによって保護されている。反対にアメリカにおいては，公衆の面前で第三者を侮蔑することは，それが騒動を誘発したり犯罪行為をそそのかしたりするものでない限り，人種や他の属しているグループについて侮辱しても，それは憲法上の権利として許されている。これは尊厳に関する2つの原則の理解に関して，善意（a good faith）に基づく意見の相違を反映している――アメリカにおいては，彼ら自身の価値に関する個人の責任を尊重するということは，民主的な社会の最も基本的な前提について挑戦することすら許されるということを意味しており，その前提には，人々の生には平等な本来的価値と重要性を有していることも含まれているというのが支配的な意見である――ヨーロッパにおいてはそのような意見は支配的ではない。

道徳的にも宗教的にも全く違う文化を持つ諸国においては，承認されている政治的権利の相違がそれよりも大きいことは言うまでもない。多くの政治共同体においては，女性たちはさまざまな

法的制約や障害に服しており，これらはアメリカ人から見れば，女性たちが平等な価値を有しているものとは見なされていない徴表のように思われる。多くの共同体では，我々が当然と考えている政治参加の権利がなく，形式的にも民主的でない多くの国があり，民主的であると主張する国でも，唯一の政党しか認めず，我々から見れば真の民主主義にとって不可欠な，出版の自由や言論の自由を否定している国も多数ある。他方では既に述べたとおり，合州国は，他の多くの（特に新興国の）国の憲法で確固として認められている権利——いわゆる社会的・経済的権利と呼ばれる権利であり，居住や医療や職業の権利——が認められていないとして，広範な批判にさらされている。

〈人　権〉

　ここで我々は，今までまさに検討してきた重要な政治的な権利というものが，人権とどのような点で異なっているかを問うことが可能となろう。もっとも私は，特定のどの権利を人権と見なすべきかを問おうというのではない。私の意図はむしろ別のところにあり，それは，我々は人権という概念をどのように理解するならば，人権が単なる政治的な権利に留まらず，特別かつ極めて重要な種類の政治的な権利であることを，我々の共通の理解として人々に納得させることができるだろうかということである。ある国が重要な政治的な権利を侵害している場合でさえ，通常はその国を侵略したり意図的な経済制裁が正当化されたりすることはない。例えばドイツでは今日，ホロコースト（Holocaust）は大抵ユダヤ人の創り話であるなどと非難する物を出版をした場合，その著者は投獄される。言論の自由は，アメリカ人にとっては極めて重要な政治的な権利とみなされており，したがってアメリカ人は，ドイツはそのような方法で重要な政治的権利を侵害していると批

第2章 テロリズムと人権

判するかもしれないが，しかしこれによって，アメリカ合州国がドイツに侵略する根拠を有するに至ったとか，ドイツに対して貿易上の制裁を加える根拠ができたなどと考える者は誰もいないであろう。しかしながら，他国の政府が，我々にとって政治的な権利であると共に人権と考えられている権利を侵害した場合 ── 他国の政府が，彼らの批判者を投獄して拷問したり，少数宗派や人種のメンバーを組織的に摘発して殺害した場合 ──，我々は少なくとも，これらの犯罪の阻止を試みるために，重大な制裁の可能性を熟慮するのである。

したがって，政治的な権利と人権との間の相違は，実際上は極めて重要なものであり，その区別をどのようにつけるべきかをめぐっては，政治哲学者たちの間でも意見が一致しない。判断テスト（judgmental test）よりも経験テスト（empirical test）を推奨する人々がいる ── 彼らの主張によれば，我々は，全ての主要な宗教や政治的文化を持つ国々の法実践の中でも，極めて広範に承認されている政治的権利のみを人権と考えているということになる。このアプローチの魅力は明白である ── それは，人権概念は偏狭であるとか，唯一の文化的伝統から導き出されたものであるなどという非難に対しては，有効な反論となる。しかしながらその欠点も同じように明白である。それによれば，マイノリティーや女性に対して加えられる，大規模かつ致命的な差別のようなあからさまな不正 ── 一部の文化において伝統的な ── を，人権侵害と批判することが困難になろう。それは，人権概念から批判的な力の大半を削ぐものとなろう。

もし我々が，人権概念の国内政治と国際政治において果たすべき特別な役割を擁護しようとするならば，我々は人権をより批判的に（critically）定義しなければならない。したがって，人権が

通常の政治的権利と異なるのは，それが人々にとって何らかの意味で通常の政治的な権利よりも価値があるからである，と主張する哲学者たちもいる。しかしながら，その主張は別の種類の困難に直面することになる。我々は政治的な議論においては，それに関わりのある権利全てを極めて重要なものとして扱っている——我々の主張によれば，それらの権利は，通常の政治的な行為の正当化に優越する，切り札の働きをするものなのである——更に我々は，それらの政治的な権利が重要な価値を有しているのは，その侵害が，我々が人間の尊厳と考えている原則に対する攻撃となるからであると説明している。果たしてそれ以上にいったい，何が重要な要素になり得るのであろうか？　仮に我々が，言論の自由を侵害するドイツの法は，ドイツ市民の尊厳を侵していると考えるのならば，その場合何故我々はそれらを人権侵害と見なさないのであろうか？　その場合何故これらの行為を阻止するために，ドイツを侵略することが正当なことだと見なされないのであろうか？

　既に述べたとおり，人権という概念は，政府が善意で（good-faith）人々の道徳上の権利の同定を誤った場合に，人々が受ける損害に等級（grades）付けを試みることによって説明できるものではない——それは，人間の尊厳を原理上尊重する政府が，善意に基づく過誤によって行った行為と，人間の尊厳に対する単なる軽蔑や無関心を示す政府の行為とを区別をすることによって，よりよく説明できるものなのである。**基本的人権というものは，ある種の"態度（attitude）"を伴ったものとし取り扱われる権利というべきなのである——その態度というのは，個々人はその尊厳が死活的に重要な人間存在なのである，という理解の表明のことである。**例え政府が，尊重すべきより具体的な政治的権利を同定

第2章　テロリズムと人権

することに誤りがあったとしても，その誤りが誠実なもの（honest）である限り，政府は人権を尊重しているということが可能である。我々が同定した2つの原則は，このよく知られた考えに，最低限の内容を付与するものである。ある人にとって最も基本的な人権──他の全ての人権がそこから派生する──は，以下のような方法──国家権力は，彼（彼女）の生が本来的価値を有しており，かつ彼（彼女）が自らの生において，その価値を実現すべき個人的責任を有していることを承認する場合，それとは矛盾することのない方法で，当該権利を取り扱われなければならない──で，国家権力によって取り扱われるべき権利のことである。言うまでもなく，これらの原則を認めるということは，その原則によって知的に容認されていると考えられものには限界がある，ということを理解することでもある。仮にジェノサイド（genocide）によって虐殺された人々にとって，天国で真の信仰に改宗させられるために死ぬのならばそれは善である，と一国の指導者が考えたとしても，それによって国家によるジェノサイドが免責されるわけはない。自らの生に責任を持つということの意味を理解するならば，誰もが，そのような政策が前述した原則を尊重するものであるなどと考えることはできない。

　このような人権に対する説明は，これまでのところ極めて抽象的なものにならざるを得なかったので，今からはそれをより具体的な例で示す必要がある。政府が人間の尊厳に対して尊重するという基本的な要件は，2つの意味で機能することになるが，これらの区別は極めて重要である。**第1の基本的要件は，"ベースライン（baseline）"としての人権と呼ぶべき資源（source）のことである──それは拷問されるべきでない権利のような，如何なる国家に対しても，その行為を制限する具体的な権利のことである。**

59

人々の生は平等な本来的価値を有しており，人々は自らの生に個人的な責任を負っている，という考えに対する如何なる知的解釈によっても正当化することのできない行為が，この権利によって禁じられる。これらの権利は，人権規約や条約によって同定することが試みられている具体的な権利のことである。

しかし第2の基本的要件は，さらに持続的かつ明白な力を持っている。それは，如何なる政府に対しても，これらの価値に対する"自ら（own）"の理解 ── 政府自身の法や実践活動の中に組み込まれている理解 ── に反する方法で，市民を扱うことを禁ずる。何故ならば政府が，それに反する方法で行動することは，その犠牲者の人間性に対する尊重を著しく否定するものだからである。

● ベースライン（Baseline）の侵害

人々や国家の間には，人間の尊厳の2つの原則に関する最適な解釈をめぐって，広範ではあるがしかしそれにも関わらず，善意の不一致点を見出すことができる。それはさまざまな国家が，ある程度は異なった政治的な権利を，法的若しくは憲法上の権利として制定することを承認するからなのである。個人的な責任の要件に関するアメリカ人の理解は，連邦最高裁が述べているように，ヨーロッパ人の理解とは異なっており，それよりも隔たった文化の理解との相違はより顕著なものとなる。ホロコーストを否定する者を処罰することは，例えアメリカ人の伝統からは誤りであるとしても，ドイツにとっては誠実な行動なのである。アメリカの法律家たちの考えでは，ドイツは政治的な権利について誤りを犯しているということになる。しかし人々の平等な価値と個人的な

第2章 テロリズムと人権

責任を尊重するために達成すべきものに関して，ドイツが少なくともそのことを知的に理解した上で行動していることを，アメリカの法律家たちが否定するならば，それは理に適ったものとは言えないであろう。

しかしながら，人間の尊厳という原則に明白に矛盾しており，これらの原則の知的な理解にもとづく概念からは，全く正当化できない政府の行為もある。したがって我々はそのような性質の侵害行為を制限するために，人権の中核リストとなるものを作成しなければならない。言うまでもなくそのベースラインをどこに引くかをめぐっては意見が不一致となる余地が残されている ── 機械的（mechanical）テストなどというものは存在しない。したがって例えば，人権には経済的権利が含まれるかどうかということに関するテストをした場合，人々の間に意見の相違があらわれる。しかしながら同時にそれは，我々が少なくとも，人権侵害が明白な行為を同定する場合に達成してきた意見の一致点の大きな尺度の説明にはなる。

人間の尊厳に関する第1の原則 ── 全ての人間の生は本来的で平等な価値を有している ── とその原則の明らかなケースから，検討を開始しよう。この原則に対する侮辱のもっとも顕著な例は，露骨な偏見や差別に見られる ── 優越しているという思い込みにもとづくものであり，例えばある社会的階級から他の階級に対するもの，ある宗教から異教徒に対するもの，アーリア人からセム人に対するものや，白人から黒人に対するものなどがある。ジェノサイドの野望はそのもっとも恐ろしい例証である。しばしば侮蔑はより個人的な動機にもとづくことがある ── 権力者は時々，侮辱半分或は同じように気晴らし半分に，被疑者を公衆の面前で辱めたり，強姦をしたり，拷問をしたりすることがある。それは

61

(アメリカ軍が占領中のイラクの) アブグレイブ (Abu Ghraib) 刑務所でのアメリカ軍捕虜に対して起こった出来事である。ある人々が劣等人種であると考えたり，気晴らしのために侮辱をしたり拷問したりすることが許される国は，人間の尊厳の知的概念を理解し信奉しているなどと主張を始めることすらできない。

　ここで第2の原則に若干触れておくならば，人は自らの生において成功とされる価値を決定する個人的な責任を負っているというものである。この原則は，大抵の人権に関する文書に含まれているものであり，表現や出版の自由，良心の自由，政治活動や宗教の自由という，伝統的でリベラルな権利を擁護するものである。既に述べたとおり，これらのリベラルな権利の定義と保障をめぐっては，国家や文化によってさまざまな見解がある。いわゆるパターナリズム (surface paternalism) についてもまた，社会によって異なった理解がある。パターナリズムの形態として，10代後半に達するまでの義務教育や，シートベルトの強制は許されるものと大抵の人は考えている。何故ならば，広く認められている不十分さという契機にも関わらず，前者は，その人自身の生を遂行する能力を減退させるのではなく，むしろ無条件に増進させるものであり，後者は，人々が実際に望んでいることを成し遂げる援助をしているにすぎないからである。仮に介入のレベルが，そのような意味で理解してもさしつかえないとされるならば，人権侵害にはならないものとして，よりパターナリスティックな介入をする社会もある。これらの政治文化の相違は，個人に対する責任をどのように擁護するかに関する異なった見方をもたらすものと言えよう。

　しかし再度述べるが，そのような責任を規定したり執行することに誠実な努力をすることなく，それどころか個人的責任を全面

第2章　テロリズムと人権

的に否定するような政府の行為もある —— 特定の宗教以外の宗教活動を禁止したり，異端や支配者に対する不敬行為を処罰したり，或は表現の自由や出版の自由の権利を原則として否定したりする政府は，それ故に人権を侵害している。政府が憎む人々や反対派の政治的意見を変更させるために，そのような人々を侮辱したり，殺したり，拷問したりする政府もそれと同じである。ジョージ・オーウェル（G. Orwell）の小説『1984年』は，自らの生を規定すべき個々人の判断を侵害し，全ての人々に集団の唯一の倫理的判断を強制する政府に関する，古典的な説明の残滓である。オーウェルの描写した悪夢の日から20数年を経た今もなお，同じ権威を要求している国もある。それらの国もまた，自国民や市民たちの人権を否定しているのである。

　拷問されないという権利は，長い間，全ての人権リストの第1の人権のパラダイムと考えられてきた。苦痛は恐怖であるが，拷問は単に苦痛を与えるという問題に止まらない。それはしばしば，力と支配の醜悪な象徴として人々に課されるものであり，それ故に人権を侵害するものなのである。しかしながら拷問はまた，安全を確保する手段としても用いられ，その場合には拷問に対する問題はより複雑なものとならざるを得ない。ブッシュ政権の司法長官であるアルベルト・ゴンザレス（Alberto Gonzales）は，長官就任の承認を求める議会聴聞会で，さまざまなレベルの拷問の可能性を伴った強制尋問は，アメリカ人の生命救済に必要とされる情報発見手段として極めて有効なものであると主張した。この主張は論争を呼ぶものである —— 尋問に関する専門家たちの多くは，拷問によって得られた情報というものはほとんどの場合使い物にならないと考えている。しかしながら仮にゴンザレスの主張が正しいとしても，それにも関わらず，拷問が人権を侵害するものな

のか否かということが依然として問われるべきなのである。そのとおり，拷問は人権を侵害するものである ── 何故ならば，拷問の目的は，人を傷つけることに止まらず，人が自らの忠誠心や信念にもとづいて，独力で決定すべき能力を破壊することでもあるからだ。嫌疑をかけられた囚人に対して，情報提供の代わりに減刑を持ちかけるような誘惑の提供は，他の根拠にもとづくならば如何に合目的なものにみえようとも，拷問の負担と情報提供の結果の完全さとの衡量を，囚人個人の能力に委ねるものである。拷問は囚人からその能力を奪い去り，その犠牲者を，もはや決定が不可能な泣き叫ぶ動物の状態にするようにデザインされているものであり，囚人の人間性に対する最も根源的な侮辱であり，その人権に対する最も根源的な攻撃である。

　さてここではそれより遙かに論争となっている例を検討してみよう。死刑は，アメリカの大多数の州で実施されている制度である。私は死刑は道徳的に間違っていると考えているが，それと同時に（アメリカの憲法学者の大多数が反対であるのは知っているが），連邦最高裁が，死刑は残虐で異常な刑罰であり，したがって修正8条に違反するとした初期の判決 ── 後に覆されたが ── は正しかったと考えている。しかしながら，死刑制度は道徳上誤りであり違憲であるというだけではなく，人権侵害ではないのだろうか？　多くの人がそのように考えている ── 死刑は多くの国の憲法によって違憲とされており，ＥＵの法は如何なる犯罪者も，死刑を執行される可能性のある国に移送されることを禁じている。

　しかしながら死刑が人権を侵害しているという問題は，ベースライン（baseline）テストでは結着がつきそうにない ── 何故ならば，人間の尊厳が死刑と両立し得るとする，別個の2つの主張が考えられるからである。第1の主張は，死刑制度は殺人に対す

第2章　テロリズムと人権

る重要な抑止になるというものである。仮にそうであるならば，死刑制度は無辜の者を救うためだけに犯罪人を殺害するものであり，人間の生の平等な本来的価値を否定するものではない，という法実践の適切なケースということになり得る。しかしながら，死刑が殺人に対する重要な抑止的効果を持っているという，この主張に対しては，何ら説得的な証拠がないという反駁がなされることになろう。私はこの反論に賛成である。しかしながらそれだからといって，死刑制度は殺人の抑止力になっているという考えを主張する人は偽善者に違いない，などということを意味はしない。第2の主張は，仮に抑止力がないとしても，共同体は殺人者に対して報復する資格があり，それ故死刑制度は正当化されるべきものであり，そしてまた殺人者を殺すということは，殺人の犠牲者の親類と社会一般に対して，しばしば言うところの──いやな言葉で言うならば──"終結宣言（closure）"をもたらすというものである。人間の尊厳に関して鋭敏なことで名を成している著名なモラリストの中にも，このような考えに賛同する者がいる。私はこのような考えには全く魅力を感じないが，だからといって，このような考えを承認する人は誰でも，人間の尊厳や人間の生に関する本来的価値に対して深い侮蔑を示しているなどと見なすことはできない。しかしながら，この第2の主張に対しても重要な反論がある。即ち，どんなに公正で慎重な裁判官であろうと，無実の人に死刑判決を下す可能性を全く否定することはできないのであり，そのようなリスクを冒すことは，人間の生に対する侮辱と考えられるのではなかろうかというものである。アメリカの法実践においては，死刑の実施は黒人の被告人に偏っており，死刑の決定に人種差別主義の汚点があることに疑いを差し挟まずにいることは困難である。しかし既に述べたとおり，死刑が人権を侵

害しているという問題は，ベースラインとしては論争の余地があるように思われる。我々は，死刑は人権侵害と考える人々の意見を理解することができるが，そのような人々もまた，このような法実践を阻止するために他の国がテキサス州やフロリダ州を侵略することは，仮に可能であるとしても，それが馬鹿げたことであるということに賛成するのは疑いない。

　さてここで最後に，我々が直ちに関心を呼ぶテーマに戻ることにしよう。アメリカが実施しているテロリストの脅威に対する政策は，ベースラインとしての人権 —— その伝統や法実践がどのようなものであれ，如何なる国においても尊重されるべき権利 —— を侵害しているのだろうか？　拷問がベースラインとしての権利を侵害するものであることは，ブッシュ政権の司法官たちが何と言おうと明らかである。大抵のアメリカ人たちはこの見解に同意するであろうし，ブッシュ政権は公式には囚人たちを拷問しているということを否定している。そこで，今度はブッシュ政権が認め，かつ大多数のアメリカ人たちが擁護していると思われる拘禁政策に焦点を移す必要がある。我々の政府は，これらの人々が危険な敵であるという政府の決定のみにもとづいて，起訴も裁判もすることなく，無期限に何百人もの人々を拘束しており，しかもその決定は，裁判所による通常の審理を経ていないものなのである。この政策は，これらの拘束者たちのベースラインとしての人権を侵害していないのであろうか？

　そこで，このような拘禁政策は人権を侵害していないと考える人々の側に立って，議論を組み立ててみよう。これらのアメリカ人によれば，我々の政府の拘禁政策は，後述するとおり，その事実が本当ならば拘禁政策は正当なものと見なされ，かつ合理的な人から見ると，受け入れることが不可能なほど明らかに誤ってい

第 2 章　テロリズムと人権

るものではない，という事実を前提としている。即ちその前提事実とは，アメリカは，大量殺人をもたらすテロリストたちによる攻撃の脅威に絶えずさらされており，かつ政府の考えによれば，拘禁者を解放するならば，この危険を増すことになるか，さもなくば脅威を減らすような情報をもたらさないことになるか，或はそのどちらかだというものである。それには該当しない拘禁者がいるかもしれない。彼らは無実であり，何の脅威ももたらさないかもしれない。しかしながら，その決定を通常の刑事手続において裁判官に認めることは余りにも危険である —— 何故ならば我々の知るところによれば，そのような手続がしばしば，危険な人物を野に放つことを許してきたからである。

　確かにアメリカは，それにも関わらず拘禁者の人間としての尊厳に対する尊重を示すべきであることは，この主張も認めてはいる。しかし我々の軍隊は，グァンタナモ基地に拘禁されている囚人たちの身分を審理する手続を行なっている —— 軍隊は審理を行ない，その中で軍事裁判官たちは，拘禁者 1 人ひとりに対して，彼が本当に敵の戦闘員だったのか否か，仮にそうである場合，依然として合州国に危険をもたらすか否かという問題を審理している。彼らに有利となる方法でなされていることが明らかな審理によっても，釈放された拘束者は実際上ほとんどいない。実際その手続には，国内における通常の刑事裁判において，合州国市民のために用いられている保障や保護のようなものは全く無い。拘禁者たちは，自らの選択によって弁護人を選任することが許されていない。彼らには，自らに不利な証拠の情報提供がなされず，したがってその証拠に対する異議申立をする機会が付与されていない。裁判官や政府の行政機関以外の第三者による裁判手続の機会が付与されていない —— 事実上軍人が，検察官と裁判官と陪審員

67

を務めるのである。それにも関わらずこの主張からすると，この程度のわずかな手続ですら，ベースラインとしての人権を満たしていることになる —— 何故ならば仮に国家が，安全に対して恐怖をもたらしていると見なした拘束者たちを，人格ある人間として認めたり，その尊厳を擁護するために，個人の責任を認めたりする必要がないならば，国家には，彼らのためにその種の審理手続すら提供する必要がないということになるからである（※オバマ政権の下で，2009年軍事委員会法により，テロ容疑者に対し，通常の連邦裁判所へ人身保護令状発出を求めて訴訟提起が認められることとなった。第1章注3，73-74頁参照）。

このような主張を説得的なものと考えている多くのアメリカ人たちがいる。彼らの考えによれば，政府の拘禁政策は，全ての国家が道徳的に至高のものとして尊重しなければならないベースラインとしての人権を侵害していないことになる。彼らは，政府が主張するように，唯一の重要な問題は，拘禁政策がジュネーブ条約その他の条約にもとづいた法的義務に違反しているかどうかということであり，かつそれに違反していないという政府の保証を，彼らはいずれも認めるのである。既に述べたとおり，私は後者の政府の保証には同意できない —— 私は，ブッシュ政権の拘禁政策は国際条約における義務に違反していると考えている。しかしながらより深い道徳上の問題はないのだろうか？　我々は，今まで述べた彼らの主張を支持すべきなのであろうか？　或は我々の政府の拘禁政策は，あらゆる国 —— その歴史がどのようなものであれ —— が尊重しなければならないベースラインとしての人権を侵害するものなのであろうか？

アメリカ合州国が通常の刑事被告人に払うのと同程度の安全を，通常の刑事手続の審理において提供していない国があるからと

いって，これらの国が，刑事被告人が有する生の価値に対して侮蔑を示していると見なすことはできない。我々の国と異なった刑事手続を有している多くの国がある。これらの国の中のある国が，我々の国の刑事手続と同程度には効果的に無実の者を保護していないからといって，ただそれだけの理由で，それらの国の手続がベースラインとしての人権を侵害していると言うことはできない。しかしながら，グァンタナモ基地で行なわれている手続は，我々が尊重する刑事手続の中でも最もずさんな手続を採用している国のものよりも，安全面で劣り，そしてまた多くの国際的な人権会議が要求する刑事手続よりも劣るものである。2006年初めに，国連人権委員会の5人の視察官たちは，グァンタナモ基地は人権侵害を理由として閉鎖すべきであると提言している。イギリスのトニー・ブレア首相はイラク戦争におけるアメリカの強力な同盟者であったが，基地を"異常（anomaly）"と呼び，イギリスの法務長官であるゴールドスミス卿は，テロリストの活動に対する適切な対処方法は"公正な裁判"であり，合州国政府が提唱してきた軍事裁判は，"我々が容認できる基準にもとづいた公正な裁判"を提供していないと述べている。したがって，アメリカの拘禁手続がベースラインとしての人権を満足すべき人間の尊厳を十二分に尊重しているという主張は，弱々しくかつ説得力に欠けるように思われる。しかしながらいずれにせよこの問題が，これらの手続が直面しなければならない唯一の人権課題ではない。

● 悪意（Bad-Faith）の侵害

既に述べたとおり最も基本的な人権は，政府によってある特定の態度を伴って取り扱われるべき権利である —— それは，人間に

対して当然払われるべき尊重を伴う態度のことである。我々はベースラインとしての人権 —— どのような文化や伝統を持っていようとも、あらゆる国が尊重しなければならないこれらのより具体的な権利 —— について検討してきた。しかしながら基本的人権というものは、このようなベースラインとしての権利で言い尽くせるものではない —— 基本的人権は、個々の国に対しベースラインとしての権利以上のことを求める。何故ならば他国ではそうでないとしても、国によってはある種の取り扱いを侮辱的なものと見なす法実践をしていることもあるからである。その場合、このような法実践をしている国の政府が、他国と同様の方法で人を侮辱的に扱った場合、その政府は人間の尊厳を否定しているということになる。表現の自由の制度を確立してきており、それに特別な保障を与えている社会のことを考えてみよう。仮にこの原則が、人間の尊厳という要請に対する社会の熟慮された見解を示すものであるならば、その社会において、表現の自由の平等な保障が国内の少数グループ —— 或は実際には外国人 —— に拒否されている場合、後者の人権を尊重する善意ある試みがなされているとしてその取り扱いを擁護することは、不可能となろう。仮にある国の法実践において、他国がその国の国民に認めるものよりも寛大な保護を、無実の罪で収容されている者に対して払うことが基本的人権の原則の尊重として要請されている場合、その信念はその国の主権に属する全ての人に対して貫かなければならない。もしそうでないとするならば、その国は、特別扱いしているこれらの人々を、人格ある完全な人間として取り扱っていないということになる。

　このように人権概念が提示する第2のテスト —— 人間の尊厳の尊重に関する一貫性テスト —— は、第1のテスト以上に、合州国

にとって遙かに厳しいものである。政府は第2のテストによって、国家が採用してきた尊厳概念では正当化することのできない方法の行為が禁止される。合州国において、通常の刑事裁判手続として確立されている制度は、犯罪者の人間の尊厳に対して我々が集団的に払うべきであると考えているものであり、したがってテロ容疑者に対してその尊厳の尊重が払われない場合、彼らは侮辱を受けているということになる。仮に警察が第三者の安全に危険を及ぼすと思った場合に、裁判手続の費用や遅延、そして起こり得る煩わしさ（embarrassment）を経ることなく普通の市民を拘禁できるならば、疑いなく極めて有益なことであろう —— その結果、我々の集団の安全が大幅に改善されることはおそらくは確かなことであろう。とりわけ麻薬戦争においては、特段の容疑があるわけでもないにも関わらず、麻薬取引に関して情報をもたらす可能性ありとみなされた者を拘束できるならば、それは極めて有益なことであろう。しかしながらそれがどんなに有益なものであれ、我々は警察がこのような権限を行使することを拒否している —— 何故ならば、仮にそのようにすることが我々をより安全にし、薬物中毒も含めた極めて深刻な危険を我々の社会から除去することに役立つものであるとしても、人々はそのような極めて危険な方法によって迫害されない権利を有している、と我々は考えているからである。

　我々がこのような安全対策の強化を拒否しているのは、ある人を拘束することによってその自由を奪うことは、その人が本来的価値を有しており自らの生を送る責任を負っているという立場に対する、二重の意味での深刻な侵害になると考えているからだ。拘束は最も極端な隷属（slavery）の形態である。この恐るべき隷属の形態を、他者の安全を増進することになるなどという、ささ

やかな（just marginally）理由でもって正当化するということは，その人の生は他者よりも劣った取るに足らないものである，と考えることなしにはできないであろう。したがって，起訴も裁判もなく犯罪被疑者を拘束する政策や，犯罪を犯していないにも関わらず警察が危険であると判断した人々を投獄する政策は，人間の尊厳の要求と我々が考えているものに対する侵害なのである。

　言うまでもなく我々はしばしば，このような隷属——場合によっては死刑すら——を，犯罪を犯した者に科し，そしてもっぱらそれを残りの者たちの安全のために行っている。ある人が公正な裁判で犯罪を犯したとして有罪とされ，このような手段によって処罰される場合，我々は常にそのような目的のもとに行動している。しかしながらそれにも関わらず，我々の行動は人間の尊厳と理解されている概念と矛盾するものではない——何故ならば，裁判が真に公正なものである限り，犯罪者の生は他者の生よりも価値の劣ったものとして扱われなかったとみなすことが，道理に適っているからである。我々は，残りの者たちの善の実現のために，彼に損害を与えることを選択したのではない——彼自身が，自らの善や目的実現のために，他者に損害を与えるという意図的な決定をした結果，自らそのような役割を選択したのだ。したがって，犯罪者に対するこのような取り扱いの正当性は，犯罪者が実際上そのような方法を自らの判断で選択したのかどうか，に関する裁判手続の公正さと妥当さに全面的に依拠することになる。それ故我々は，その手続を可能な限り合理的なものにするために努力を惜しまないのである——これが，例えどんなに危険なことであろうと，無辜の者を罰するよりは犯罪人を逃す方が遙かに善である，という古典的な法諺の真の説明なのだ。確かに我々は，刑事手続において，それとは異なったより負担の少ない公正さの

第2章　テロリズムと人権

基準を発展させることができたかもしれない。我々は次のように考えることもできたのだ —— 殺人のケースにおいては，逮捕した者に対して，不利な証拠の開示や対面，更には裁判を受けさせないように試みることを警察の権限とすることは十分に公平な手続である —— と。我々が，そのような見解を形成しそれに従っていたならば，今日我々はより安全になっていたかもしれない。しかし我々はそのように考えることはなかった。反対に我々は，国家としてそのような手続は，拘束がもたらす重大な被害や侮辱を正当化するものとしての公正さが十分ではない，と考えてきたのである。

　我々はまた，全く違った種類の状況で裁判なしで人々を拘束している —— 戦争中に，我々の国に闘いを挑んだ際に，何の犯罪も犯さなかった敵の兵士を拘束している場合である。このような状況では，我々の行動は国際法によって規制されており，そのような兵士を拘束することは，敵対的活動が終わるまでは許されるが，それはジュネーブ条約によって規定された相対的に良好な条件においてのみであり，それによれば看守と同等の居住の保障がなされると共に，強制的な尋問という一定の形態が禁止されている。しかしながら我が国の政府の主張によると，テロ容疑でグァンタナモ基地やその他の収容所に収容されている者たちは違法行為者であり，したがって彼らにはこのような保障を受ける資格がなく，また合州国がもはやテロリストの脅威にさらされることがなくなるまで（それは彼らの残りの生の全期間であるかもしれない），彼らを拘束することが許されるというのである。合州国は，彼らの犯罪者としての権利 —— 犯罪者として扱われ，かつ彼らの犯した犯罪によって裁判を受けるという最も基本的な権利を含む —— を拒否しながら，彼らを犯罪者として扱っているのである（※2006年，

連邦最高裁はこれらの取扱いを連邦憲法並びにジュネーブ条約違反とし，2009年オバマ政権下で法改正がなされている。49，68頁参照）。再度述べるならば，仮に合州国の通常の刑事手続が，犯罪者の基本的な権利を保障したものであると我々が考えるならば，このような行為は正当化することができない —— 何故ならばその場合，テロの嫌疑をかけられた者たちの本質的な権利はこれで全てだなどという強弁によって，我々が誠実な行動をしていると言うことは不可能だからだ。それどころか反対に我々は，彼らを完全な人間と見なしていないということを証明しているだけなのである。

● 安全と名誉

　私は今，テロ容疑者を無期限に拘束するアメリカの政策は人権を侵害している，という論陣を張っている。私のこの主張は，人間の尊厳に関する2つの原則に根拠づけられた人権概念によって始められている。第1にそれは，あらゆる政府に対し以下のことを要請する —— 政府はその国の伝統や法実践が如何なるものであれ，人々の生の平等な本来的価値と彼ら自身の生に対する個人的な責任に関して，何らかの善意にもとづく理解と矛盾のない行動をしなければならない。第2にそれはまた，そのような国家に対して以下のことを要請する —— 国家は，これらの基準が要請するものについて自らの明確な理解を進展させてきた以上は，その便益を誰に対しても拒否してはならない。後者の要請は，特にアメリカ合州国のケースに強く働き，我々にとってみれば，裁判なしで無期限に拘束をするという我が国の政策は，被拘束者に対する人権侵害を意味していることになる。

　この主張は大多数のアメリカ人の考えに反しており，そこでこ

第2章　テロリズムと人権

こでは，これに対して彼らが行うであろう反論を検討する必要がある。彼らはどのような論拠づけで，私と反対の結論に到達することが可能となるのであろうか？　彼らはまず第1にそしてもっとも根本的には，私が議論のスタートにしている人権理論を排除するかもしれない。なるほど，この人間の尊厳という原則を根拠とする人権理論は，人々が広く共有する考えとはあまりにかけ離れたものであるとして排除する，国家や運動体もあろう。しかしながらこの原則を排除することの意味を考えてみよう。ボスニアのセルビア人たち（the Bosnian Serbs）は，彼らのジェノサイド計画は人権を侵害するものではないと主張した —— 何故ならば，ムスリム人たち（the Muslims）は真の人間（really human）ではないからだと。そしてフツ族（the Hutu）もまた，ツチ族（the Tutsi）を虐殺したときに全く同じことを主張した。仮にも我々が人権概念なるものを承認する以上は，人間（a human being）とは如何なる人のことであり，ある人を人間の尊厳をもって扱うということは如何なる意味を有するか，についての立場を明らかにする必要がある。我々は長々と普遍論争（ecumenical）をしていることはできない —— これらの言説に中味を付与しなければならず，そのためには我々は，自らの信念に依拠しなければならないのである。

　仮に，私が定義する人間の尊厳という概念を我々が主張するのならば，倫理と道徳律の世界に客観的真理が存在することを前提としなければならないことになる，といって反対する人がいるかもしれない —— その通りである。しかし我々はその前提を受け入れるべきなのだ —— 何故ならば，このような反対論者の懐疑的な

注5）R. Dworkin *Justice For Hedgehogs*（Harvard University Press, 2011年）参照。

見解は，哲学的には擁護不可能なものだからである。私はその理由の説明を他の著作で試みたことがあるが(注5)，私の考えでは，そのような懐疑主義を排除することは我々が共有する立場の一部となっている。保守派はしばしば，リベラルは道徳的に懐疑主義者であると主張する —— ベネディクト16世（Pope Benedict XVI）が法王に就任した直後に述べたように，リベラルは道徳的相対主義（moral relativism）であるというのだ（※2005年4月21日付日経）。しかしこれは間違いである —— 我々の社会の2つの政治文化とされている陣営においては，どちらの陣営に属する者も，ごく一部の考え違いをしている哲学者たちを除けば，価値相対主義というものを，同等の確信を持って排除している。

したがって私の主張に反対する数百万のアメリカ人たちも，私の主張の根拠となっている人権理論を否定することはできない，と私は確信している。では彼らはいったい，他にどのような主張を展開することになるのだろうか？　彼らは私の主張 —— アメリカ人たちは国内の刑事法において特定の手続の保障を主張しているが，これは，彼らがこれらの手続を人間の尊厳の擁護にとって不可欠なものと考えている証左である —— に反駁を加えるかもしれない。確かに我々の国の刑事手続のある特定の側面をみると，これらの手続に，私が主張するようなインプリケーションを持たせることは説得力に欠ける可能性がある。過去しばらくの間，連邦最高裁は，警察によって違法に収集された証拠は，被告人の有罪を証明するのにどれほど説得力を持つものであっても，裁判において被告人を有罪とする証拠として使うことはできない，と判断していたことがあった。そのルールは，警察の違法行為に対する有益な防御方法として正当化されたものであった ——（しかしながらそのルールは）その後撤回された —— 被告人を有罪にする

第2章 テロリズムと人権

真実の証拠を採用することに関しては，警察が不当な手段で収集した場合でさえ，彼の生の平等な価値を否定することになるなどとは，誰も考えもしなかったのである。

しかしながら裁判なしの拘束を禁止し，被告人に対して彼に不利な訴えや証拠開示を許可するルールが，異なったカテゴリーに属することは明白である。それらは2次的道具的（instrumental）目的に奉仕するためのものではない ── それらは，我々が深刻な不正義（injustice）になると考える事柄を防止するために考案されたものなのである。我々は，将来凶悪犯罪を犯す可能性が高いと疑うことに合理的根拠のある者に対して，予防的に拘禁する政策を放棄し，さらに凶悪犯罪を犯したと思われる者に対して，熟達した弁護人の援助によって自らを弁護し，かつ偏見を持って有罪判決を下さない裁判官による判決を受けさせる機会を付与するという政策を採用しているが，我々はこれと引きかえに安全を相当に犠牲にしているのである。深刻な不正義を防止するという目的を抜きにしては，我々がそのような犠牲を払うことに，如何なる理由を見出すことも意味をなさない。

政府を擁護する人々は，多少の相違はあるものの次のように主張するかもしれない ── 国籍による差異は存在するのであり，我々の国の通常の刑事手続のルールは，国家が自国民に負っている責任は何かということに関してのみ我々の信念を反映したものであり，したがって外国人への対処に際して，警察や軍隊に対する制約の度合いが低くなるとしても，外国人の尊厳を尊重することに関して，我々は完全に誠実な態度を示していると考えることができる ── と。ロバート・ジャクソン（Robert Jackson）判事は，第2次世界大戦後のナチに対するニュールンベルグ裁判で，検察官を務めたことのある極めて著名な連邦最高裁判事であった

77

が，彼はかつて次のように述べた —— 敵国人が，アメリカ国民と同様に，アメリカ憲法の権利が保障されていると考えるのは馬鹿げたことであろう —— と。しかしながら人権という概念は，国家が外国人にそれを一切保障しないとするならば，その意義を失ってしまうことになろう。我々は，市民権（citizenship）の理論 —— 国家にとっては，自国民の利益になるものとして許されたり不利益なこととして禁止されたりする事柄と，全ての人の利益のためにしなければならなかったり禁止されたりする事柄があり，その区別を設定し正当化するための概念 —— を必要としている。私は今は，そのような理論を構築する余裕はないが，その原型（rudiments）を述べることは可能である。

　市民（citizens）が，政府に参加するという特有の特権（unique privileges）を保持しなければならないのは言うまでもない —— 選挙権と被選挙権である。それなくしては，市民と外国人を区別することができなくなるであろう。市民は同時に，居留の便益に対する特別な権利が許されている —— 例えば海外で，外国人の場合にはビザの発給を拒絶されて入国できない場合でも，その国に入国する権利である。政府は市民や他の居住者に対して，特別な保護と配慮をする責任を有しており，その責任については第4章で詳述する予定である。国家の経済政策は，第1次的にはその国の居住者の利益になるように設計され，他国民には配分されない富や他の便益でも，自国民に対して配分することが許される。このようにして国家は，自国民に対して便宜を供与し，それ故に自国民以外の者を不利益に扱うという差別が許されている —— そしてある程度はそれが義務づけられる。しかしながら意図的に傷害を加えるということは異なった問題であり，自国民を傷つけることが許される理由や条件がない場合には，政府には意図的に外国人

第2章　テロリズムと人権

を傷つける権利や権限は存在しない。これは，その傷害が深刻な場合にはとりわけ妥当することである。人権の領域において，パスポートが存在する余地はない。

　最後になるが，ブッシュ政権を擁護しようとする人々の中には，拘禁政策が拘留者の人権を侵害するものであることを認めた上で，それにも関わらず，次のように主張する人々がいるかもしれない —— 我々は外国人の人権と，我々がテロから安全になる権利とを"均衡 (balance)"させなければならず，したがって外国人のもたらす危険が十二分に大きい場合には，外国人の権利を無視することは適切なこととして許される —— と。確かによく言われるように，如何なる権利も絶対的なものはあり得ないが，政府がそれらの権利を制限したり無視したりすることが正当化される場合があるのは，いつものことなのだ。人権宣言 —— ヨーロッパ人権条約も含む —— が，多くの権利リストに重要な付帯条件を課しているのは，この事実を認めるものである —— ヨーロッパ議会は，例えば言論の自由を基本的な権利として定義づけしているが，他方では，公の秩序や道徳を保護する必要がある場合には，政府はその権利を制限することができる，という付帯条件を付している。これらの条件は，条約批准をためらっている国を安心させるために用いられた政治的な妥協の結果ではある。しかしながらこれらの事柄は，人権は絶対的なものではなく，かつそのような意味において，私の主張 —— 人権は，それを除けば正当とされる政府の目的に優越する力強い切り札なのである —— に対して，疑問を投げかけるもののようにみえる。

　しかしながら，人権は絶対的でないという主張は極めて曖昧なものだ。しばしば，ある種の文書や共通の言説の中に記載された権利の表現が，あまりに抽象的なことから，具体的な状況の中で

79

その意味を正確に知るためには，その概念を精微化する必要がある。表現の自由は人権であると言われるが，デモやパレードの時間や場所に対する合理的な制約が人権を侵害するとは誰も考えていない。我々は，言論の自由は権利であるという場合に，その権利が如何なるものかについてより明確な説明を自らに課している——例えば，政治的な思想の表現に対する検閲の禁止は，その思想がそれ自身悪であるとか危険である，という根拠にもとづいてはなされない権利であると判断する場合，我々はそれによって，（他方では）パレードの時間を制約することが許される根拠を示している。即ち，問題とされている人権が実際のところどのようなものか，ということが注意深く正確に説明されるならば，我々はもはや，権利は絶対的なものであるとか，権利は侵害を許さないものである，などという主張に惑わされることがなくなるのである。

しかしながら，人権といえども絶対的なものではないという主張——極めて深刻な緊急事態においては，これらの事態が過ぎ去ったことが明白な場合ですら，政府は最も基本的で重要な人権に反することが正当とされるという主張——が，より劇的で重要な意味を持つことがしばしばある。この主張の影響力は弱まったかもしれないが，ここによく知られた１つの良い例がある。マンハッタンのどこかに，２時間後に爆発する核爆弾を装置したことが判明しているテロリストを，我々が捕まえた場合のことを考えてみよう。もし拷問によって彼を強制するならば，爆弾のありかを自白させ，直ちに爆弾の信管を抜くことができるにも関わらず，彼を拷問してはならないとするならば，それは馬鹿げたことであろうと人々は主張する。ここでは，この議論に必要な限りにおいてだが，このように極めて深刻な緊急事態の場合には，人権を侵

第2章 テロリズムと人権

害することは道徳的に許されるということを承認するとしよう。そうすると我々の問題は次のようなものになる ── いったい危機が重大であるというのは、どのような場合でなければならないのだろうか？

我々の前提を思い起こして欲しい。第1章で私は次のように述べた ── 我々が犠牲者の人格を否定するとき、それはただ単に犠牲者のみを傷つけているのではなく、我々自身を傷つけているのだ ── 何故ならば、犠牲者の本来的価値を貶めるとき、我々は自らの価値をも貶めているからなのである ── と。我々は、我々の尊厳（dignity）と自尊心（self-repect）とを天秤にかけている。したがって我々は、緊急事態のハードルを極めて高い（very high）ところに設定しなければならない。我々は、"緊急事態（emergency）"を、単に"極めて危険（great danger）"と定義したり、我々自身の安全を改善する行為であるならば、どんなにささやかのものであれ、その理由ゆえに正当化されるものである、などと考えてはならない。我々は全く違った価値観を保持すべきなのである ── それは、勇気（courage）という昔ながらの美徳のことだ。危機に面して自尊心を犠牲にすることは、とりわけ恥ずべき卑怯な形態である。国内における刑事法とその法実践において、我々は勇気を示している ── 予防拘禁を禁止し、全ての犯罪者のために、公正な裁判を要求するということは、凶悪犯罪の被害を受けるかもしれないという統計的なリスクを増加させている。危険が外国からもたらされる場合にも、我々はまた同じような勇気を示すべきなのである ── 何故ならばその場合にも、我々の尊厳は同じような意味で危機にさらされているからなのだ（※この問題について著者は、2007年6月、国際憲法学会第7回大会で報告をしている。http://www.enelsyn.gr/en/enelsyn1(en).htm）。

マンハッタンに隠されていた時限装置付の核爆弾の例に関しては，今やその致命的な側面に注意が払われるべきである。その危険は恐るべきものであり，かつ確実なものだ──この被疑者がその危険に責任を持っていることが判明しており，したがって我々は，彼を拷問し，その結果彼が自白するならば，その危険を除去することができることを当然のことと考える。しかしながら，グァンタナモ基地や世界中の他の基地において，我々の政府が実施している令状なしの拘禁政策には，そのような事実は全く存在しない。我々が，他の恐るべき攻撃の危険に置かれていることは確かである。しかしながら，危機の接近が確実であるとか，我々が人権を侵害することによって，その危機を終結させたり減殺させたりすることができると考える根拠が，（これらの事案では）全くない。我々の政府は拘留者を見境なく増やしている。政府は，封じ込め（inclusion）という面で間違いを犯している──危険と想定される人物や，有益な情報を持っていると想定される人物を既にとり逃してしまっているのだ。我々の政府は，外交上，司法上の圧力によって，グァンタナモ基地で何ヶ月にも亘って拘禁していた何人かの囚人を既に釈放してはいる。個々のケースにおいて我々の政府は，その拘禁者たちを拘束しておく必要がなくなったことに満足していると表明してきた。言うまでもなく，尋問によって得た情報がどれほど正確なものであったかということを，人々は知らされていない。しかしながら，我々の政府の拘禁政策に対する批判は，国内外どこでも極めて大きくなってきていたことから，仮に蒐集した情報の価値についての説明が可能であったとしても，政府がその価値について今よりも明快な説明をすることができたとは，私には思われないのである。

　我々は，私が先に警告した罠──アメリカの安全を進展させる

第 2 章　テロリズムと人権

政策であるならば，例えそれがどんなに些細なものであろうと，或は奇想天外なものであろうと，賢明なものであるという考え —— に落ちる極めて危険な状態にある。その考えは，我々が認める唯一の美徳を，恐ろしく侵害するものである —— 我々自身の安全が唯一の重要なものであるという考えは，我々の勇気と尊厳を損ね，みすぼらしくて臆病な偏見をもたらすものなのだ。我々は，自らの生や我が国の法律において，そのような誤りを犯していないとか，テロリストからの危険が結局のところ，薬物や連続殺人や他の犯罪によってもたらされる危険よりも深刻なものとなっているということは，何ら明らかとなっていない。しかしながら今日，我々の尊厳に対する脅威がより大きくなっていることは確かなことであり，我々はこの増大しつつある危険を打破すべく，共同で立ち向かわなければならない。既に述べたとおり，**権利と安全を天秤にかける（balancing rights against security）という比喩は，極めて不適切なものである。それとは異なった比喩が，それよりも遙かに適切なものであろう —— 我々は，安全と名誉とを天秤にかける（balance our security against our honor）べきなのである**。我々は今日，それほどに恐怖に怯えるならば，名誉を無意味なものにすることになるのではなかろうか？

第 3 章
宗教と尊厳

Religion and Dignity

─────── 〈第3章の要約〉 ───────

　中絶や進化論，同性婚などの問題をめぐって，我々の間に分裂をもたらしている意見の相違は，宗教上の真理や何らかの信仰上の教義に関するものではなく，宗教が政治や公的生活において果たすべき役割についてであり，換言すれば，無神論者に寛大な宗教国家か？　或は宗教に寛大な世俗国家か？　という，全く正反対の2つの政治道徳をめぐる論争なのである。実際には，多くの国家はこれらの2つのモデルの間に妥協点を見出し，そこからそれぞれ何らかの制度やルールを導き出しており，今日のアメリカの法実践も，このような2つのモデルの混合物を反映したものといえよう。この2つのモデル間には，宗教の自由という権利の解釈の幅と国教に対する態度に違いがあり，それが中絶，科学と宗教，忠誠と儀式，結婚など様々な分野における論争をまきおこしている。

　アメリカのような圧倒的多数が信仰を持った市民で占められている社会においては，この2つの解釈のうちのどちらが，個人的責任の原則が要求するものによりよく合致しているのであろうか？　これは自由（liberty）即ち，**各人に正当なものとして帰属されている資源にもとづいて，各人が欲求するものを行使する権利の問題である**。自由（liberty）に関するこの概念によれば，人々は，さまざまな種類の適切な配分的規制や制約で許容される範囲内においてのみ，自らの価値を選択し生きる権利を有しているということになり，したがって，宗教的文化を促進するためには，国家は宗教的価値を表現すべきであるという政府の判断（宗教国家モデル）は，自由に対する侵害ということになろう。

　我々はこのような自由概念にもとづいて，中絶や，科学と宗教，忠誠と儀式等のテーマに取り組むべきである。また同性愛は，結婚という制度独特のものであるが，結婚の文化的伝統と価値に関する全ての事柄は，宗教に関する一般的制度に等しく妥当する事柄である。何故ならば真に自由（free）な社会においては，思想や価値の世界は誰にも属しておらず，かつ全ての人に属しているからである。

第3章　宗教と尊厳

● 政治と宗教

　アメリカの宗教は新しいものではない —— アメリカはその始まりから宗教国家であり続けてきた。ヨーロッパの人々よりも遙かに多くのアメリカ人たちは，来世の存在を信じ，処女懐胎 (Virgin birth) を信じ，そして天地創造に関する聖書の説明を信じている。言うまでもなく，イスラム諸国もまた極めて宗教的な国家であり，我々の政府が叫ぶテロとの戦いは，しばしば時代錯誤の宗教戦争とみなされている。実際ブッシュ大統領はかつて，その戦いを十字軍と呼んだほどである。何故アメリカでこれほど宗教が重要視されてきたのかについては，歴史家たちの間に論争がある —— 今日多くの歴史家たちは，アメリカには他の民主的諸国のように，公的若しくは国教とされる宗教がないので，それ故逆説的にいえば宗教が繁栄することになったと考えている。国教会は分派を吸収し，原理主義 (fundamentalism) ではなく普遍的なもの (ecumenism) になる傾向がある —— 公認の教会がないところでは原理主義集団がはびこり，そして最も過激な政治的主張に走る傾向がある —— というわけだ。

　今日，別の問題 —— そしてアメリカだけではなく世界中の多くの人々を驚かせているもの —— は，原理主義者たちの宗教の政治的な過激さ攻撃性と，あからさまな成功である。宗教は，過去にアメリカの政治において不幸な役割を果たしたことがあったが，1960年にジョン・ケネディ (John F. Kennedy) が大統領に当選した —— 彼以前には，カトリック教徒が大統領に選ばれたことはなかった —— 後は，宗教の党派的利用はタブー視された。しかしながらレーガン (Reagan) 大統領の時代から，そのような抑制は消

滅し始め，今日それは完全に過去のものとなっているように思われる。ローマ・カトリック教会や福音主義（evangelical）の司祭たちは，公然とケリーの敗北を呼びかけ，カトリック教徒がケリーに投票することは異端とみなされるべきである，と主張した司祭グループもあった（※ J. ケリーは，その後第二期オバマ政権の国務長官を務める，2013年12月1日〜）。ブッシュ陣営の選挙キャンペーンは，神への言及で満たされ，彼の第2期目の大統領就任演説は，そのあからさまな宗派性ゆえに，世界中を驚かせるものであった。

福音主義の集団は，ブッシュの勝利を祝福し，その貢献に対する報酬を求めた。ボブ・ジョーンズ3世師（Reverend Bob Jones Ⅲ）は，ボブ・ジョーンズ大学の学長で著名な人物であるが，彼の勝ち誇った調子はその典型であった。彼はブッシュへの手紙の中で次のように述べている――「あなたの再選によって，神は寛大にもアメリカを――アメリカが，例えそれに相応しいものでないにも関わらず――異教徒たちの目論見から救いたもうたのです。あなたは天命を授けられてきたのです……。あなたのなすべき課題を高く掲げそれを燃やし続けなさい。あなたがリベラルに負うべきものは何もないのです。リベラルはあなたを侮辱したのです――何故ならば，リベラルはあなたの神を侮辱したのですから」[注1]。

選挙の結果はキリスト教再生派（born-again Christian）のための政府をブッシュに委託した，というこの聖職者の主張が正しいかどうかは不明である――どれだけの人が，宗教的根拠を第1の理由としてブッシュに投票したかは疑わしい。よく引用される出

注1） *Bob Jones III Retiring from University*, http://www.msnbc.msn.com/id/6850482/from/RL.5/ 参照。

第3章　宗教と尊厳

口調査によると，ブッシュに投票した多くの人々にとってもっとも重要なテーマは，世論調査で"道徳的価値（moral values）"と呼ばれるものであることを示唆しており，多くのコメンテーターたちは，これは宗教的価値のことであると考えている。しかしながら"道徳的価値"という言葉は，極めて曖昧で（opaque）わかりづらい表現であり，ブッシュのきわどい勝利は，主として人々が彼をテロリストに対してより強硬と考えたからだ，と考えるコメンテーターたちもいる。未だにどちらが本当かわからないし，これからもわからないだろう。しかしながら，宗教が少なくとも選挙において重要な役割を果たし，そして宗教的アピールや言説が，他のアメリカと同様の民主的で経済的に成熟した諸国において抑制されているものよりも，遙かにあからさまに政治家たち —— 共和党と同様に民主党も —— を鼓舞するために利用されがちとなっていることは，明白である(注2)。

アメリカ中の親や教育委員会が先生たちに対して，いわゆる知的デザイン（intelligent design）理論 —— この理論に対しては，ブッシュ大統領によって任命された連邦判事が，キリスト教の教えの偽装された形態にすぎないと判決している —— のような，ダーウィンの進化理論と対立する考えを教えるように圧力をかけ続けている。フロリダ州の裁判官たちが，何ヶ月にも亘って植物状態になっていた若い女性 —— テリー・シャイボー（Terri Schiavo） —— の生命維持装置を停止することができるという判決を下したとき，政治家たちは，その裁判官たちは神の意志に背こうとしていると騒いだものである。連邦議会はこの事件に介入することを試み，トム・ディレイ（Tom DeLay） —— 当時下院共

注2）Joseph Loconte, "Isaiah Was a Democrat," *International Herald Tribune*（2006年1月3日）参照。

和党多数派のリーダーであり、その後いくつかの罪で起訴されることになる――は、「アメリカで起ころうとしている出来事が、何であるかをわかりやすくするために」、神は彼女の悲劇をこの国にもたらしたのである、などという恐ろしくナンセンスな主張をした(注3)。しかしながら、信心深い人が皆この政治的な宗教ショーに加わったわけではない。ジョン・ダンホース（John Danforth）は、ミズーリ州選出で、18年間共和党の上院議員を務めてきたキリスト教の牧師であり、一時期ブッシュ政権の国連大使を務めたことがあるが、最近（※2005年）次のように発言している――共和党は、「あまりに宗派的な綱領を採択した結果、政党が、宗教的運動の政治的な手先（extension）になり果ててしまった」。続けて（彼は）、「上院議員として私は、毎日連邦予算の財政赤字がどれほどになるかということを心配してきた。同性愛が結婚制度に与える影響などということを、ただの1分たりとも心配したことなどなかった。今日の事態は、全く逆方向に世の中が行っているように見える」――と(注4)。しかしながら、ダンホースが心配している現象に対して、彼と同じように批判的な発言をしてきた活動的政治家は、ごくわずかしかいない。

中絶は、福音主義――長いことアメリカの大部分で社会的な影響力を持ってきていた――がより強力な政治的力を発揮する契機となった。1973年の**ロー対ウェイド事件**の最高裁判決は、宗教右派に対して、彼らにとって死活的に重要な問題をもたらした――そのテーマによって、従来は全くの政治的少数派であった宗教右

注3）"How Family's Cause Reached the Halls of Congress" *New York Times*（2005年3月22日）section A, p.1参照。

注4）John Danforth, "In the Name of Politics" *New York Times*（2005年3月30日）section A, p.17参照。

第3章　宗教と尊厳

派は，強力な政治的運動体に組織されることが可能となったのである。中絶は他の問題も呼び起こした ── 幹細胞検査は，それ自身は中絶よりも遙かに小さな問題であるにも関わらず，中絶論争が極めて強固なイデオロギー的な立場をもたらした結果，いわゆるプロライフ（pro-life）運動は，例えそれが全体として生命救済に役立つような方法の場合ですら，胎児細胞のあらゆる使用を非難するに至ったのである。2004年には，この激しい論争に同性婚が加わった。同性間の結婚という見せ物（spectacle） ── マサチューセッツ州最高裁判所の判決によって，州がそれを禁止することができないとされた ── は，何百万の人々の間の論争に火をつけた。その判決は，彼らの嫌悪感に対して宗教的な制裁を加えられるべきであると考えていた人々にとっては，殊の外ショッキングな出来事となっている（※2015年6月26日，連邦最高裁は，州政府が同姓カップルに対し婚姻証明書を発給しないこと，及び他州で合法的に認められた同性カップルの婚姻を承認しないことは憲法第14修正違反と判決し，これによって全ての州は，同性カップルに婚姻許可証を発給し，他州で同法的に発給された婚姻許可証を完全に認めなければならないこととなった。141頁以下参照）。

　これらの中絶と同性婚という2つのテーマは，福音主義を政治に導く最も劇的な磁石（magnets）となってきたのである。しかしながらこれらのテーマは，遙かに広範で多種多様な問題の発生要因となっており，宗教保守派は，まさにキリスト教の教えを，アメリカの公的な生活に合流させることを目指しているにほかならないように思われる。しかしながら再度述べるならば，このような事態の展開に関して，真の討論構築の努力がなされてはこなかったのである。宗教右派の言説は，彼らと信仰を共有しない人々にとっては，何ら魅力を与える試みとなるものではない ──

91

それらは疑いなく神学的なものなのである。リベラルの主張も，同様に宗教的なものであった —— ギャリー・ウィルズ（Garry Wills）は2004年の大統領選挙の2日後に，ニューヨークタイムズに，"啓蒙が敗退した日（The Day the Enlightenment Went Out)"というタイトルの記事を寄稿し，ブッシュ陣営の原理主義者たちのキャンペーンを"聖戦（jihad）"と呼んだものである[注5]。

● 2つのモデル

　この問題をめぐって，我々の間に分裂をもたらしている意見の相違は，宗教上の真理や何らかの信仰上の教義に関するものではない。宗教右派の戦略や戦術に驚愕し嫌悪している人々の多くは，ダンホースのような敬虔な信心深い人々なのである。この分裂は，宗教が政治や宗教や公的生活において果たすべき役割をめぐってのものなのだ。我々は，この問題に対して野蛮な争いをするのではなく，真の討論を展開するためには，どのようにしたらよいのであろうか？

　この問題については，ケースごとに1つ1つ取り組んでいくことが必要であろう。中絶や幹細胞検査は禁止されるべきなのだろうか？　同性婚は承認されるべきなのだろうか？　アメリカ人たちの間で，神の存在や，神がいるとして，神若しくは神の意志が如何なるものであるかについて意見の一致がないときに，政治的リーダーたちが，自らの政策を正当化するために，神や神の意志に訴えるということは認められるべきなのだろうか？　公立学校では，祈りは要求され若しくは許されるべきなのだろうか？　合

注5）*New York Times*（2004年11月4日）section A, p.25参照。

第3章　宗教と尊厳

州国に対する忠誠心の誓約に,「神の下の1つの国家 (one nation under God)」が言及されるべきなのだろうか？　親が子供たちを,公立学校ではなく私立学校に入学させる場合に,教育バウチャーが主として教区立学校を補助するために用いられることが判明しているにも関わらず,政府はそれを発布すべきなのだろうか？市や町が公的な施設において,クリスマスツリーや燭台のような宗教上のシンボルを飾ることは許されるべきなのだろうか？　裁判官が法廷に,十戒 (Ten Commandments) の刻まれたタブレットを置くことは許されるべきなのだろうか？　ダーウィンや宇宙のビックバン理論は,公立学校で教えられるべきなのだろうか？

　その場合,教師は子供たちに,以下の事実 —— これらの理論に反対する著名な科学者がおり,彼らによれば,宇宙と人類をデザインした知的創造者がいることを証明する優れた科学的証拠がある —— を教育すべきである,という指示を受けなければならないのだろうか？　自らが信ずる宗教が要求したり或は禁じているからといって,法的に禁止されたり要求されたりするものに反する行為をする人々は,一般的な義務や規則の免責を受けることが許されるべきなのだろうか？　戦争反対論者は,良心的兵役拒否者になることができるのだろうか？　宗教的儀式としてペヨーテ(※サボテンの一種)を用いるインディアンの部族は,幻覚剤として使用が禁止されている薬物禁止法の免責を受けるべきなのだろうか？　医者が,永続的な植物状態にある人の生命維持装置を除去することは,合法的なものとして許されるべきなのだろうか？医者が,末期の病気にかかって酷く苦しんでいる人の自殺を幇助することは,合法的なものとして許されるべきなのだろうか？これらは今日,宗教と政府に関する我々の論争リストのほんの一部にすぎず,それらはやがて程なく時代遅れとなるであろう。教

会と国家に関する将来の最先端の議論がどのようなものになるかを，我々はまだ知らないのである。

　そこで順次これらの問題を議論し，やがてもたらされる他のテーマの予測を試みてみよう。実際，本書ではそれらのうちいくつかを述べるに留まることになろう。しかしまず，一般的な問題を規定する 2 つの対極的な思考 ── 我々がより具体的なテーマに個々的に取り組む場合に，その従うべき理念型（ideal types）として採用する 2 つのモデル ── を区別することが，より有益であろう。アメリカ人たちは，1 つの極めて死活的な原則 ── 我々の政府は，全ての平和的な宗教的信念と，それと同時に，全ての平和的な不信心の人々に寛容でなければならない ── に同意している。しかしながら，我々が寛容であるべきであるという原則は，如何なる根拠にもとづくものなのだろうか？　我々は，集団として，信仰と崇拝という価値にコミットする宗教国家であるが，無神論者も含む宗教的少数者に寛大であるべき，ということなのだろうか？　或はまた我々は，完全に世俗的な政府にコミットする世俗国家であるが，宗教的信念を持つ人々に寛大さと配慮を示すべき，ということなのだろうか？　無神論者に寛大な宗教国家か？　或は宗教に寛大な世俗国家か？　実際には，国家はこれらの 2 つのモデルの間に妥協点を見出し，そこからそれぞれ何らかの制度やルールを導き出していることが多いといえよう。事実，今日のアメリカの法実践は，そのような 2 つのモデルの混合物を反映したものである。しかしながらこの 2 つのモデルは，全く正反対の政治道徳原則を反映したものであり，したがって実際の政治においては，我々はそれらの 2 つのモデルの間に，何らかの妥協点の構築を強いられているかもしれないが，政府と公的生活における宗教の位置づけに関する真剣な議論においては，最終的に

第 3 章　宗教と尊厳

は，これらの競合する理念に関する論争とならざるを得ないのである。

　イスラエルは寛大な宗教国家を選択してきている。イスラエルは，公式な宗教としてユダヤ教（Judaism）を採用しているが，実際には，原則として全ての信仰の自由を保障している。フランスは，カトリックとカルバン派（Jacobins）との間の複雑な背景のもとに，第 2 のモデルを確固として選択してきている ―― フランスは寛大な世俗国家である。フランスの大統領であったジャック・シラク（Jacques Chirac）は，ヨハネ・パウロ 2 世（Pope John Paul II）の葬儀に出席して，半旗のフランス国旗を掲げたところ，フランス国内で激しい非難を浴びた。イギリスはより複雑であるが，イギリスもまた少なくとも実際のところは，フランス同様第 2 のモデルに強く傾斜している。イギリス国教会は，何らかの真の国民に共有された宗教観にコミットしているというよりは，伝統や儀式に対する愛着により依拠している，と私には思われる。したがって，首相が国家の政策のために宗教的権威に訴えたりするならば，それは驚くべきことといえよう ―― そしてまた，政治的には致命的なこととなろう。何十年か前に，教師たちが，教会と国家の間には壁があるというジェファーソン（※第 3 代大統領）の箴言を誇らしげに引用し，最高裁が学校から祈りを排除したときに，アメリカもまた寛大な世俗国家となる道を選択した，というのがリベラルなアメリカ人たちの考えである。しかしながら，近年の宗教右派による政治的成功は，反対に，アメリカを寛大な宗教国家に転換する試みを強める結果となっている。

　我々は，この選択の核心が何であるかということを明確にしなければならず，そのために少なくとも当初は，アメリカの憲法学者たちの間で愛用されている概念を用いることが有益であろう。

憲法修正1条は，政府が国教を樹立することを禁じており，"それに関して（thereof）"政府に宗教活動の自由を保障することを命じている。憲法学者たちは，これらの条項をそれぞれ独立した，そして実際上しばしば，絶対的な要件と見なしている。国教の樹立条項は，国家の宗教への配慮や援助と共に，個人の宗教活動の自由に言及しているのである。我々は2つのモデルを，これらの条項の2つの側面に照らして検討することが可能となるのである。

● 国教の樹立

　寛大な宗教国家のビジョンは，次のような要件 —— 政府が国教を樹立しないということは，自国民の多くが属している宗教のいずれをも，国家の公的宗教として公認してはならないことを意味する —— を備えたものと解釈されている。カトリックやユダヤ教やバプテスト派のいずれをも，国教として採用してはならないということである。しかしながら寛大な宗教国家は，政府の公的な政策として，宗教それ自体を公然と承認したり支援したりする —— そこでは，人々や社会をより良いものとする上で，宗教は重要で積極的な勢力と位置づけられている。寛大な宗教国家では，一般化された（generalized）一神教が祝福されている。したがって，国家への忠誠の誓約に際して，神に言及することに何ら困惑を感じたりはしない —— むしろ反対に，そのような言及がないことは，愛国心のない行為とみなされる。また寛大な宗教国家では，国家の政策を正当化するものとして，神の意志に直接訴えることにも —— まさにそれは，ブッシュ大統領が第2期就任演説で，外国の自由を保護するために，自由の"創造者（author）"の役割を果たすつもりであると言った時のように —— ，困惑を感じたり

第3章　宗教と尊厳

はしない（もっともその際彼が，ジョン・スチュアート・ミルのことを考えていたとは，私には思えないが）。寛大な宗教社会においては，宗教に対する言辞や財政上の支援が縮小されるのは，次のような理由 —— 反対者の自由と無神論者の自由を擁護するため —— によってしかないであろう。そのような社会では，人々の宗教的活動や信念が禁じられたり処罰されたりすることはないであろう。しかしながら国家の公的な信念として，無神論者たちは深い誤りをしていると断言することをためらったりはしないのである。

　寛大な世俗社会においてもまた，国家は宗教に寛大でなければならないものとされている —— 原理主義の宗教ですら，その平和的活動が非合法とされてはならないのである。そのような社会は，宗教と同様に無神論にも，公的にコミットすることはない —— 神や神々が存在するか否かとか，仮に存在するとしてどの宗教が最善なのかという問題に関して，集団的には中立的立場をとる。そのような社会は，公的な儀式や政策上の文言において，何らかの宗教的 —— 或は反宗教的 —— 言及や言説に対して寛大になることはない —— 反対に，国家への誓約や忠誠文言や祝福から，一切の宗教色や反宗教色を排除することに注意を払う。クリスマスツリーや燭台を違法としたりしないことは言うまでもないが，公的施設でそのような物を備え付けたり飾ることを許可したりもしない。無神論者を処罰しないのと同様に，信仰ある人々を処罰したりすることもない —— 公的サービスを提供する際に，どちらの立場に立つ人々をも差別したりはしない。しかしながら，宗教組織に対して特別な便宜を供与するような国家プログラム —— 例えば，両親が子どもの教区学校の授業料支払に用いるために，国家が一般的教育バウチャーを提供するような場合 —— には，慎重である。これは多分に憲法学者が，**レモン**（Lemon）・テスト —— レモ

97

ン・テストは，連邦最高裁が当事者の名前をとった事件で，このテストを行なったことから呼ばれるようになった —— と呼ぶルールに従ったものといえよう。このテストによれば，特定の宗教組織に特別な便宜を供するような目的，若しくは効果を持つ一切の州のプログラムは，禁止されている。サンドラ・デイ・オコナー(Sandra Day O'Connor)判事は，このテストの第2要件について次のように詳述している ——「レモン・テストの効果の範囲として，政府の行為が，例えその主たる効果が事実上，宗教を助長若しくは抑制するものであるとしても，それだけの理由で政府の行為を無効と解釈しないことが適切である……。重要なことは，政府の行為が，宗教に対する政府の援助や不同意というメッセージを伝達する効果をもってはならない，ということなのである」—— と[注6]。

この2つのモデルの対比は，公立学校の祈り，という双方の意見が根本的に対立しているテーマに焦点を当てることによって，際立ったものとなろう。寛大な宗教社会においては，教師が生徒を祈りに導くことに反対することは，原則としてあり得ない。そのような祈りが，可能な限り普遍的なものとして考案されなければならないことは，言うまでもない —— 私がかつて毎日学校で朗読したように，主の祈り (Lord's Prayer) がその役目を果たすことになろう。しかしながら寛大な宗教国家は，例え普遍的な祈りであれ，それを朗読することを子どもたちに強制しないように配慮しなければならない —— 何故ならば，子どもたちには，宗教を完全に拒否する自由が確保されなければならないからである。おそらくは，ただ単にそのように机に座ったまま，沈黙を選択する

注6) *Lynch v. Donnelly*, 465 U.S. 668 (1984)。

第3章　宗教と尊厳

ことを子どもたちに認めるだけで，彼らを強制から保護していることになるというわけだ。しかしながら，おそらくはそのようにはならないだろう——子どもたちは，そのような形で部外者（outsiders）でいることをためらい，彼らが信じてもいない祈りを朗読するというプレッシャーを受けることになろう。寛大な宗教社会において，公立学校で最終的に祈りが認められるべきかどうかは，この経験心理学的な問題（empirical psychological issue）がどのように解決されるべきか，ということにかかっているのであろう[注7]。

しかしながら，寛大な世俗社会においては，そのような経験的な問題は無関係であろう。公立学校のような如何なる国家の施設においても，何らかの宗教活動の表明をすることは，原則として誤りとみなされることになる。寛大な世俗国家においても，公立学校において宗教教育をすることが許されるのは言うまでもない——如何なるリベラルな教育においても，主要な宗教的伝統の教義やその相違，宗教分裂の歴史，そして宗教が公的生活において如何なる役割を果たすべきか，に関する現代の論争について教えられなければ，その要件を満たしていることにはならない。しかしながら，寛大な世俗社会においては，勉学と切り離された形で，公的な施設で宗教活動の使用が許されることはない。

● 宗教活動の自由

このように2つのモデルの社会はどちらも，非宗教的活動も含めあらゆる平和的な宗教活動に対しては寛大であり，したがって

注7) *Abington School District v. Schempp*, 374. U.S. 2003 (1963) におけるP. スチュアート判事の反対意見参照。

我々の社会は，宗教活動の自由の範囲については，意見の一致をみていると考えることができよう。しかしながら，宗教活動の自由に含まれるもの，或はそれが前提としているものについては，事実上深い対立がある。どちらのモデルの社会も，あらゆる宗教の平和的な活動に対しては，如何なる禁止措置を講じようすることもない。しかしながら，宗教の自由という権利を承認することは，その権利の起源や根拠について，少なくとも概略的な説明を迫るものであり，したがって2つの社会はその点について対立せざるを得ないのである。寛大な宗教社会を支持する人々は，宗教の自由という権利を特殊なもの（sui generis）と捉え，宗教の特別な価値を反映する，特別な権利と考える傾向があるといえよう。したがって彼らは，その権利を極めて狭く考える傾向がある ── 彼らから見ると，宗教の自由という権利は，それぞれが，唯一絶対の超自然的な存在を崇拝する自由のことであり，或いは，そのような礼拝を教会で捧げる自由のみを意味する概念であり，それと同時に，それ以外の創造物の存在や価値を全面的に否定する自由を意味する概念なのである。そのように理解される宗教的自由の権利は，かかる権利を導き出す，より一般的な権利をもはや前提としていないことになろう。そのような権利は基本的な倫理的価値に関する事柄を独力で決定するための一般的な権利 ── 例えば中絶をする権利や，何ら制裁を受けることなく同性愛をする権利や，幹細胞検査を実施する権利 ── を前提としていない。実際に寛大な宗教社会では，そのような行為は全て，明示的な宗教的根拠によって，禁止されたり処罰されたりすることになる ── 例えば，全ての主要な一神教の伝統において確認されるように，同性愛は，神の意志に反するものとして非難されることになろう。これらの禁止が，例え宗教的な意味で正当化されるものであると

しても，宗教活動の自由を侵害するものではないことになろう——何故ならば，寛大な宗教社会においては，問題とされる行為は，如何なる意味でも，**宗教**（religious）活動ではないからである。

しかしながら寛大な世俗社会においては，宗教活動の自由の根拠の説明として，そのような狭い解釈を許すことはできない。寛大な宗教社会が，そのような権利の特別な正当化理由を，宗教の特別な価値の中に見出すことができるとしても，寛大な世俗社会はそのようにすることはできない——何故ならば，そのような社会では，共同体として，如何なる宗教にも1つの事象として何ら特別な価値を付与していないからである。寛大な世俗社会の成員の多くが，彼ら自身の宗教的義務と生を選択する自由に対して，極めて大きな価値を置いていることはよく知られた事実であり，したがってそのような社会が，彼らの信仰を尊重することに配慮を示していることは言うまでもない。しかしそのような社会では，どのような生を送るか——例えばセクシャリティや生殖——に関して，宗教以外の選択——如何なる生が彼らにとって善かに関する，宗教的価値とは異なった彼ら自身の信念の反映——に，それと匹敵する価値を置いている成員たちがいることも，またよく知られた事実なのである。したがってそのような社会においては，仮に宗教を信じている人々や宗教活動に対して，宗教選択の自由の権利として特別な保護を与えることが許されるとするならば，それは宗教に対する優遇措置と見なされることになろう——何故ならばそれは，それ以外の人々にとってみれば，彼らの選択の自由——宗教を信じる人々の宗教的価値と同じく，倫理的な性質と機能を有する価値を反映するもの——に対するさまざまな制約が放置されたままになるからである。したがって寛大な世俗社会は，

宗教の自由の正当化の根拠を，より基本的な自由 (liberty) の原則——人々に，彼ら自身で選択する余地を確保させるという，より寛大な価値の領域概念を生み出す原則——の中に見出さなければならない。換言すれば，そのような社会においては，宗教の自由は，単に宗教的自由としてだけではなく，倫理的自由 (ethical freedom) という，より一般的な権利の問題として扱わなければならないのである。

　第1章で，人間の尊厳に関する第2の原則を明らかにしようと試みた際，このような倫理的価値と他の価値との区別について，私は次のようにごく概括的な説明——倫理的な価値というものは，人間の生が何故独特な本来的価値を有しているのか，そしてまたその価値が，個々の生の中でどのようにしたら最善の実現がなされるか，ということを定義づけするものである——を提示した。典型的な宗教上の信念が，そのような意味において倫理的なものであることは明らかであり，したがって，寛大な世俗社会が倫理的自由という権利を承認するならば，典型的な宗教活動の自由を保障することになることは言うまでもない。しかしながら，そのような社会は，典型的な宗教に対して，倫理的な枠組みによって制約を加えたりすることはない——**そのような社会においては，典型的な礼拝の自由を受け入れる理由を，同時にあらゆる倫理的な事柄に関する選択の自由，したがって，性的行為や結婚や生殖に関する決定に関係することが明らかな，倫理的価値に関わる選択の自由を受け入れることなしに，見出すことはあり得ないのである。**

● 我々は今何処に立っているのだろうか？

第3章　宗教と尊厳

　アメリカ憲法は，2つのモデルのどちらを規定しているのだろうか？　宗教保守派は，その問題に対する答えとして以下のように歴史を辿ることに訴える。アメリカは寛大な宗教国家として建国され，その形態は第2次世界大戦の終了まで継続したが，やがて大多数のアメリカ人たちの明確な意思に反して，選挙で選ばれてもいない判事たちの判決によって，寛大な世俗国家に転換させられた。したがって，現在進行中の宗教者たちの政治運動 ── 選挙で選ばれていない裁判官が行ったものを，一掃しようという目的でなされているもの ── は，革命的なものではなく，むしろ宗教を，アメリカ社会と政府の中の歴史的位置に復活させる目論見なのである。このような歴史の説明は，道理に適っていない（unreasonable）とはいえない。1931年に連邦最高裁は，「我々はキリスト教徒である(注8)」と判決することができたし，1952年になっても，ウイリアム・O. ダグラス（William O. Douglas）判事 ── 一般的には連邦最高裁の歴史の中で最もリベラルな裁判官の1人とみなされている ── は，「我々は，一神教を前提とする制度の中で生きている宗教的民である」と述べたものである(注9)。宗教保守派が宗教に対する敵対行為とみなしている判決は，その後に到来した ── 例えば1962年，最高裁は公立学校の祈りを，国家は宗教を促進する正当な役割を持っていない ── 寛大な世俗国家のモデルであることが明らかな ── という理由にもとづいて，違憲とした(注10)。

　寛大な宗教国家のモデル観が，とりわけ近年の連邦最高裁の強

注8）*United States v. Macintosh*, 283 U.S. 605（1931年）. Gingrich, *Winning the Future*, ix, 69。
注9）*Zorach v. Clauson*, 343 U.S. 306（1952年）。
注10）*Engel v. Vitale*, 370 U.S. 421（1962年）。

力な支えとなってきたことは確かである。アンソニー・ケネディ (Anthony Kennedy) 判事は，レモン・テストを採用し適用した最高裁判決に反対して，次のような意見を述べている——「(憲法は) 政府に対して，宗教を承認したり援助したりする一切の行為を回避することを求めているのではなく，むしろ政府に対して，宗教が我々の社会において果たすべき中心的な役割を承認し，便宜を図る際にある程度の裁量を認めている」——と(注11)。彼は，とりわけ次のような考え——政府には，宗教を信じない人々が部外者と感じるような一切の行為をする権限がない——を排除した。彼は，合州国に対する忠誠には神への言及が含まれるとして，以下の主張——無神論者が，「同朋であるアメリカ人たち」によって，その文言が唱和される「たびに，政治的共同体の劣った成員である」と感じないようにすべきである——は，「詭弁に属する」と述べている。彼の考えによれば，政府が実際上合州国市民を，何らかの宗教的唱和や儀式に強制してはならず，そしてまた政府が実際上国教を樹立してはならない，というのが憲法の規定なのであり，憲法はそれ以上のことを政府に求めてはいない。これは，寛大な宗教モデルの極端な言説であるが，今日裁判に従事している大多数の裁判官の立場を表明するものであることは，確かなことであろう。

より些細な他の多くの慣習をみると，我々の社会は，寛大な世俗モデルよりは，寛大な宗教モデルにより親和的なように思われる。我が国の紙幣は，神に対する我々の集団的な信頼を表しており，政府の大部分の制度の手続は祈りによって始められる。そして仮に最高裁が，国家に対する忠誠に際して神に言及するという

注11) *Allegheny County v. ACLU*, 492 U.S. 573 (1989) において，ケネディ判事反対。

問題の憲法判断を求められた場合に，違憲判決をすると考える批評家はほとんどいないであろう。これらの法実践は，電話交換手があなたに，さよならと言うようにただの儀礼的なものであり，日常の慣習的行為にすぎないと広く論じられている。しかしながら仮に連邦最高裁が，現在の形態の誓約に対して最終的に違憲判決を下したならば，国中を怒りで満ちたものにすると，私には思われるのであり，このことは，神に対する公的な祈りというものが，陳腐さや無価値さではなく，その象徴的価値を示す証左なのである。宗教的市民たちはこれらの法実践によって，自分たちが根本的に世俗的な社会 ── 神に対する陳腐な公的言及ですら禁止されている社会 ── には生活していないとして，安心するのである。

● 宗教と狭義の政治的リベラリズム

　したがってリベラルは，世俗的モデルがアメリカの歴史的モデルである，と確信を持って主張することができない。しかし我々が試みなければならないのは，この原則に関する議論の枠組みを構築することであり，歴史の論争をすることではない。ここしばらくの間，アメリカの多くのリベラルな哲学者たちの試みは，より一般的な倫理や道徳哲学の問題，特に神学の問題から政治政策の議論を隔離しようというものであった。その戦略は，魅力的な願望にもとづくものである ── 政治社会においては，道理に適った（reasonable）人々は，相互尊重と配慮という条件の中で共同して生きることを望むものであり，したがって，極めて影響力の

注12）ロールズの公共理論についての私の議論については，"*Justice in Robes*" 9章参照。

あった哲学者であるジョン・ロールズ（John Rawls）が，公共的理性（public reason）[注12]と名付けた制約を承認するであろう，と。そのような人々は，自らが包括的に認める宗教的・道徳的・倫理的信念を所与として，相互に理解可能でかつ各人の能力を相互に評価し合うことが可能な条件の下で，集団としての政治的決定を正当化しなければならないことを承認するであろう。したがってそのような制約を前提とすると，あらゆる宗教を排除するような成員のいる共同体の中では，もはや世界宗教のような信仰に訴えることすら排除されることになるであろう。それは，寛大な世俗国家を目指すものとなろう。したがってこのような場合には，我々は，そのような公共的理性の制約を全面的に承認すべきか否か，という問題をめぐって議論の構築を試みるべきであるということになるのかもしれない。

しかしながらロールズ自身，彼の提言の弱点を次のように指摘している——「信仰を持っている人々にとってみれば……ある憲法体制の下では，彼らの包括的信条が繁栄しそうになく，実際には衰退するかも知れない場合ですら，そのような憲法体制を擁護するということ……それは果たして可能なことなのだろうか？」[注13]。我々はこのような人々の立場に立って，この問題を検討してみる必要がある。多くの宗教保守派の考えによれば，アメリカの類い希な成功と幸運は神のおかげであり，したがってそのような神の恩寵に対する公的な讃辞を否定することは，下劣かつ危険なことなのである。ニュート・ギングリッチは，「我々の権利は神から与えられたものであり，したがって，公的領域から

注13) John. Rawls, *Collected Papers*（Harvard University Press, 1997年），588-89。

注14) Gingrich, *Winning the Future*, xxi。

第3章　宗教と尊厳

神を放遂してきたアメリカは，退廃と滅びの途上にあるということを再確認しなければならない」と叫んだものだ(注14)。このような見解の持ち主のアメリカ人たちにとっては，彼らの政治的な信念を宗教的な信念から切り離すことなどできない。彼らの宗教的信念は，政治的な信念**なのである** (are)。彼らは，個人的な信仰が，公的な宗教的承認の代替物の役割を果たすものとは認めない —— 彼らは，彼らの神を私的な礼拝者としてだけではなく，市民として祝うことを望んでいる。彼らの信念を愛国心に注ぎ込み，2つの義務を1つにすることを望む。彼らと宗教的信念を共有しない人々を尊重するために，彼らのそのような卓越した野心を捨て去ることを命ずるような原則には，何らの魅力も感じていない。彼らの考えでは，そのような人々は重大な誤りを犯しており，しかもその誤りに固執しているのである。彼らの考えでは，宗教が無神論者たちを近づけなかったり，彼らが認める神が，そのような人々に祝福を拒否してきたのではなく，むしろ無神論者たちが，愚かにも神の真理に心を開かなかったのである。何故に，このような頑固さに固執する人々を満足させるためだけに，彼らの信仰上の深遠な野心を捨てなければならないのだろうか？

更に言うならば，宗教を持つ人々にとって，仮にそれが可能であるとしても，彼らの信念を政治と切り離すことが望ましいということは，ほとんど明確なことではない。マーティン・ルーサー・キング Jr. (Martin Luther King Jr.) は信仰の人であったが，偏見を打破するために，偉大な努力を持って彼の信仰に訴えた —— 司祭として説教するカトリックの司祭たちは，ラテンアメリカやその他の国々で，社会的不正義と闘い続けてきている最前線の兵士たち (vanguard fighters) である。しかしながら，信仰を持った人々が，市民としての役割に奉仕しているときに，リベラ

107

ルが彼らにその宗教的信念を放棄することを呼びかけても、どのみち成功することはないであろう。市民的役割は、誠実さと実直さを要求するものであり、信仰を持つ人々にとっては、彼らの宗教を念頭に置くことなくしては、そのような奉仕活動に従事することは不可能なことだ。アメリカにおいて、このような意味での政教分離を唱えるということは、ロールズが提唱する政治的リベラリズムの構想 —— 政治的な信念から、より深い道徳的・倫理的・宗教的信念を排除するという戦略 —— の限界を示すものなのである。

　我々の戦略は、それとは異なったものでなければならない。我々は、政治的な議論から、人々の最も深い信念の排除を試みてはならないのである。反対に我々は、これらの深い信念に関して、市民社会の内部で真の議論を実現することを試みなければならない。リベラルは宗教保守派に対して、彼らが現在提案しているような方法での、宗教と政治を融合させる野心は間違いであると示すことを試みなければならない —— 何故ならばそのような野心は同時に、彼らの信念の一部を構成する極めて基本的な原則にも矛盾するものだからである。保守派はリベラルに対して、彼らはその判断を誤っていると示すことを試みるべきである。第1章で私は、ほとんどの人々は、人間の尊厳に対する第2の原則 —— 我々個々人は、自らの宗教的信念を含む倫理的信念に個人的な責任を負っている —— を承認していると述べた。アメリカで今日、繁栄を極めている宗教的伝統の中で生きている人々は、この原則を承認しており、実際彼らは、この原則を信仰箇条（articles of faith）の1つとして主張している。思い起こしてもらおう —— その原則は、人々の宗教的選択に対する文化や家族の伝統の影響を排除することを目指すものではない。それは無意味なことであろう。そ

れはまた，信仰や啓示からもたらされる信念や議論から啓発された，神に対する直接の啓示を排除するものでもない。それはただ我々のためと称して，意図的に宗教選択を強制したり，それを目論む第三者に対して，我々が服従することを排除しているだけなのである。

　世俗的なアメリカ人と同様に，宗教的なアメリカ人も，そのような服従を拒否する責任を承認するであろう ── 彼らにとっての信念は，内部からもたらされた信念でなければならず，外部からもたらされる強制であってはならないからである。このようにして，我々はこの問題に対する議論を構築することができる ── このような責任を理解し承認する人々は，宗教的国家，あるいは寛大な宗教的国家ですら，それを希望することに矛盾を感じないでいられるだろうか？　それは，我々が一致点として共有している原則の最善の解釈に関する問題なのである。次の数頁において，この問題に対する私の答えを述べようと思う ── 即ちその答えは，個人的な責任の原則は，寛大な世俗国家を要求し，寛大な宗教国家を排除するというものである。私のこのような答えによって，私の主張に当初不同意な多くの人々が説得されるとは考えていない。しかしながら私の希望は，それによって，私の主張が間違っていると考える人々が，何故それが間違っているのかを説明し，その上で，その原則に対する異なった理解にもとづいて，私の主張と異なった結論を支持する理論を構築するきっかけとなることである。

● なぜ宗教の自由なのだろうか？

　アメリカは寛大な宗教国家であるべきなのか，或は寛大な世俗

国家であるべきなのかという問いが，仮にアメリカの市民の大多数が宗教的であるか否か，によって決定されるものであるならば，その結論は前者ということになろう。市民の圧倒的多数は，何らかの形態の一神教の信者である —— しかもその大半はキリスト教徒で占められている。しかしながらアメリカ人の大多数はまた同時に，私が述べた個人的責任の原則というものを承認することを，私はここで述べようと思う。その原則を承認することに自覚的な人々は，その責任を行使するために必要とされる自由を主張している —— 彼らはその自由を擁護するための法的権利を主張している。2つのモデルが共に承認する宗教の自由という権利は，そのような権利なのである —— その権利によって，人々は自らの生における価値を見出す責任を保障されている。しかしながら既に述べたとおり，この2つのモデル間には，宗教の自由という権利の解釈の幅と国教に対する態度に違いがある。圧倒的多数が信仰を持った市民で占められている社会においては，この2つの解釈のうちのどちらが，個人的責任の原則が要求するものによりよく合致しているのであろうか？

そのためには，自由（liberty）について論ずる必要があり，そこで私はまず，この言葉の意味を明らかにしなければならない。私が"自由（liberty）"という言葉を用いるのは，人々の個人的な倫理的責任として適切に理解されるべきものを保障するために，政府が制定，執行すべき一連の権利を説明するためである。ある人の望む行為が，政府によって阻止される場合に，それがその人の自由（freedom）に対する制限であることを説明するためには，私は自由（freedom）という言葉を，より中立的な意味で用いることになろう。そのような意味で定義された自由には，政治的な価値が含まれていない。私があなたの子供を誘拐することを阻止さ

第3章　宗教と尊厳

れたからといって，何ら悔いるべきことではない —— 私の行為を阻止したことに何ら誤りはなく，それどころかそれは必要，或は正当なものと判断されることだったと言えよう。しかしながら私が定義する自由（liberty）は，言うまでもなく政治的な価値のことである —— このようなものに対する政府の制限や侵害行為は，自由の領域に対する侵害として間違いと見なされることになる。我々が今日検討すべき価値とは，このような問題なのである。

　我々が対比している2つのモデルには，それぞれが提示している宗教の自由の範囲と幅について，一致点がない。寛大な宗教モデルは，宗教の自由について狭い概念を提示しており，それによれば，例えば中絶や同性婚という選択の自由の権利は含まれないことになる。寛大な世俗モデルは，より広い概念を提示しており，それによれば，そのような選択の権利は含まれることになる。これらは自由に関しての競合した理論なのである。どちらの理論が，大多数の国民が神を信じている社会に，より適合的なのだろうか？

　寛大な宗教モデルを支持する人々が，宗教は特別なものであり，したがってそれは，他の活動に適用されることのない明確な保障を必要とするものであると主張するのは，宗教の自由に関する狭い定義を擁護したいがためであろうと，私は既に述べた。しかしながら実際により注意深く観察すると，そのような彼らの擁護論は，彼らの主張とは相容れないものである —— 何故ならば彼らは，宗教の自由を，信仰を持つ人だけではなく無神論者にも拡大適用しているのであり，したがってそのような拡大適用を擁護するためには，より一般的な自由の概念を必要とすることになるからである。18世紀にアメリカを建国した政治家たちが，宗教上の反対者たちを擁護することには，極めて実践的な理由があった。その

III

物語はよく知られたものである —— 16, 17世紀のヨーロッパにおける恐るべき宗教戦争は，宗教上の正統主義を強制することの悲劇的な結末を示すものであり，したがって宗教の自由は，内戦と虐殺を収束させる，最善かつおそらくは唯一の手段だったのである。アメリカの建国者たちは，殊の外，このような宗教で血塗られた歴史に敏感であった —— 宗教上の相違が，アメリカにいくつもの植民地を分立させるきっかけとなったばかりでなく，内部分裂と共に抗争の火種でもあったからである。しかしながらそのような説明は，今日では，無神論に寛大であることの正当化どころか，宗教的少数者に対して寛大であることの正当化の理由としても，役立たないであろう。現代のアメリカや他の成熟した民主主義諸国においては，政治的安定は，17世紀のヨーロッパ以上に遙かに大きなものとなっている。仮にアメリカのイスラム教徒が非合法化されたならば，恐るべきテロリズムの嵐を呼び起こすことになるかもしれないが，エホバの証人（Jehovah's Witnesses）の教会や集会を禁止したり，統一教会（Reverend Moon）の教義を否定しても，そのような恐れはほとんどないであろうし，無神論者たちの子供たちに，学校で主の祈りを起立して唱和することを義務づけしても，その恐れはより一層ないであろう。

しかしながらいずれにせよ，寛大な宗教モデルに魅力を感じる人々の考えでは，無神論者も含めた全ての人々にとって，宗教の自由は原理原則とされるべき問題であり，ただ単に賢明な政策の問題ではない。宗教の自由は，それ自体神学的要素を含む問題と考えている人々もいる —— 例えばジョン・ロック（John Locke）は，強制された改宗は神に対して無意味なものであると述べていたし，憲法修正1条の先駆けとなった，ヴァージニア権利章典の宗教の自由に関する条項は，宗教を強制する全ての試みは，

第3章　宗教と尊厳

「我々の宗教の造物主の試みから乖離したものである」と述べている。しかしながら，例え大多数の信仰厚いアメリカ人たちがこのような考えを持っているとしても，それによって他の諸国と同様に，何故政府が国教を樹立し，教会に対して経済的支援をすることが誤りであると彼らが考えているのか，ということの説明にはならないであろう。最終的には，異なった理由——多くの人々にとっては，彼らが実際にそのように考えているように，宗教儀式は，彼らの永遠の救いや救済に影響を与える至高の価値を持つ事柄であり，したがってそのような宗教活動に加えられる制約は，如何なるものであれ全て，彼らに対するとりわけ致命的な打撃となる——によって，宗教が特別なものであり，特別な保護を必要としているということも可能なのである。しかし無神論者たちが，そのようなことを信じていないのは言うまでもない。

　したがって我々は，寛大な宗教観を，今日アメリカにおいて擁護されているものとしてその詳細を検討するならば，何故アメリカが今日のように寛大な宗教観をとっているかを説明するためには，より一般的な自由の概念に依拠しなければならないということを理解するのである。アメリカにおけるこのような寛大さのレベルを擁護するためには，ただ単に宗教的価値や重要さに訴えるだけでは不可能なことなのだ。これは重要な結論である——何故ならばそれは，2つのモデル間の論争が，より一般的な哲学的次元でなされなければならない，ということを意味するからである。仮に2つのアプローチのいずれもが，自由（liberty）という何らかのより一般的な概念に訴えなければならないならば，自由（liberty）とは実際には如何なるものであるのか，という哲学的な問いを検討することによって，それらの間の論争が明確になる可能性が開けてくることになろう。

113

● 自由の構造

　既に述べたとおり，自由（liberty）とは，単なる自由（freedom）のことではない。自らが望むとおりに生きる権利などというものは，誰にもない —— 暴力や盗みや残虐行為や殺人に生涯を打ち込む権利などは，誰にもないのだ。政府は，他の国民の安全と自由（freedom）を保護するためだけではなく，同じように他のさまざまな理由で国民の自由を制限している。税金もまた，人が好きなように生きる力を制限する —— 仮に私が金持ちになり，それを維持することを政府が放っておいてくれるならば，私は自らの生をより価値のあるものにすることができるかもしれない。しかしながら我々 —— 少なくても大多数の人々 —— は，税金を自由（liberty）の制約とは見なしていない。しばしば税金の支払いが，自尊心を侮辱するものと見なされることがある —— 例えば，ヘンリー・デーヴット・ソロー（Henry David Thoreau ※〔1817年～1862年〕マサチューセッツ州生まれの作家，博物学者であり，奴隷制度やメキシコ戦争に抗議して人頭税の支払いを拒否して投獄された。）にとっては，税金はそのような意味を持つものだったのであり，彼は自らの税金の使われ方に強硬に異議を唱えた。しかしながら大抵の人々は，大抵の場合，税金の支払いが自らの価値を選択する力に対する侮辱であるとか，尊厳を損なうものとみなしたりはしない。各人が自ら選好する価値に従って生きる権利に対する，このような重要な制限が承認されるためには，我々は，個人的責任に関する基本的原則と，それが求める自由（liberty）とをどのようにして明確にすべきなのだろうか？

　私はこの問題を，仮に次のように定式化することを提案する

第3章　宗教と尊厳

—— 自由（liberty）とは，各人に正当なものとして帰属されている資源にもとづいて，各人が欲求するものを行使する権利のことである（liberty is the right to do what you want with the resources that are rightfully yours）—— と[注15]。各人は，まず自らに正当なものとして帰属しているものを決定しなければならず，それは，各人が何らかの個別的な方法で，自らの生を形成する権利を主張することが可能となる前になされなければならない。フン族のアッチラ大王（Attila ※〔406年？〜453年〕Scourge of the Gods 虐殺王とも呼ばれる）が，大虐殺の日（bad day）に振る舞ったような生き方をする権利を，我々は主張することなどできない—— 何故ならば，各人の生や財産が，他者によって処分することが可能であるなどと考えることはできないからである。自由（liberty）の概念が，このようなものとして説明される場合に，我々がこれを一旦受け入れるならば，同時に次のことも受け入れなければならないことになる —— 自由（freedom）に対する制限が政府によってなされる場合に，当該制限が**分配上（distributive）**の理由にもとづくものであることが，説得力をもってなされるならば，自由（liberty）は何ら毀損されるものではない。分配上の正当化は，社会全体で利用可能な資源や機会の公正な配分に関する何らかの理論に訴えるものである。身体や財産の毀損を禁ずる法律は，分配的なものなのだ —— 何故ならばそれらの法は，所有権

注15）私の定式化は，多くの現代政治哲学の通常の手法に反している —— 何故ならばそれは，哲学者たちが区別したままにしておきたいさまざまな価値を合体するものだからである。そこでは，自由の範囲は，配分的正義を含む他の価値次第によるものとされることになる —— 第5章の民主主義に関する議論参照。政治的価値というものは相互に独立したものとして理解することはできないという私の見解は，私の著書 *Justice in Robes*，第6章，そしてより哲学的なレベルでは，*Justice for Hedgehogs* で擁護されている。

の理論や所有権の尊重を前提とする法だからである。それは分配に関する問題なのだ。税法もまた分配に関する法である ── 何故ならば，税法は社会的コスト ── 規制のない市場経済による不正義を救済する費用を含む ── の負担と配分に関する何らかの理論を前提としているからだ。理論上推定される分配上の正当化の論拠が薄弱な場合，その規制が正当化されることがないのは言うまでもない。不公正な課税は，自由（liberty）を危うくするが，公正な課税はそのようなことがない。

　自由（liberty）に関するこの概念によれば，人々は，これらのさまざまな種類の適切な配分的規制や制約で許容される範囲内においてのみ，自らの価値を選択し生きる権利を有しているということになる。このことは，私が第１章で述べた重要な制約から導かれる ── 我々が，人間の尊厳に関する２つの原則を受け入れるならば，それぞれの意味内容を，他方に照らして理解しなければならなくなる。各人の生は，平等な本来的価値を有していると共に，各人は自らの生に対して，それぞれが同等に個人的な責任を持っているということを認めるならば，各人の自らに関する責任の定義は，この原則にもとづいて形成しなければならないことになる。各人は自らの責任の定義を，第三者の同様な責任と両立し得るようなものになるようにすることが必要なのだ ── 何故ならば，第三者の生は，自らの生と同等の価値を持っているからである。したがって，適切な配分的規制 ── これらの異なった人々の生のそれぞれに資源を配分するものである ── は，各人の生に対する個人的責任を危うくするものと見なすことはできないのである。それらの制約は，各人の個人的な責任とは如何なるものかを定義することの助けとなるものと見なさなければならない。

　しかしながら我々はここで，人々の自由（freedom）を制約す

る配分的正当化——それは原則として受け入れることが可能なものである——と，次のように提示される可能性のある他の種類の正当化とを区別しなければならない。**人的判断**（personally judgmental）としての正当化は，人々が送る生にとって，如何なる種類の生が本来的に善なのか或は悪なのか，ということに関する理論に訴え，若しくはその理論を前提する。ソドミー（sodomy）を違法とするための正当化の根拠として，性行為としての不道徳さや下劣さに言及することは，人的判断にもとづくものである。逆に人的判断としての正当化は，**非人的判断**（impersonally judgmental）としての正当化から区別されなければならない——その正当化は，ある種の生の本来的価値よりも，何らかの出来事の非人的な対象物や物事の本来的価値に訴えるものである。政府が，大規模な森林保護の目的で製材会社の営業活動の自由（freedom）を制限する場合，そのような森林は自然の財産であるという非人的判断としての正当化理由に訴えている。

　これら2種類の判断の正当化の区別は，個人的責任の原則によってなされることになる——何故ならばこの原則の主張はひとえに，人々は自らの倫理的価値即ち，人々の生が何故に本来的価値を有しているのか，そしてまたどのような類の生が彼らにとっての価値を最も良く実現するものか，ということに関する信念に責任を負っているからである。この原則によれば，人々は，自然や人工の財産のような非人的価値を擁護する法の免責を受けることができないことになる。したがって例えば政府が，都市の一部の地域の造形若しくは歴史的完全性（integrity）を保護する目的で建築規制を設定したり，美術館を援助する目的で税金による公的資金を用いても，そのような原則を侵害するものとはならない。非人的判断の正当化が，いつでも許容されるものでないことは言

うまでもない —— 無価値な建築様式や陳腐な木の固まりを保護するためだけに，個人の自由（freedom）が侵害されるべきではない。非人的判断の正当化は，同時に適切な配分的原則を尊重するものでなければならない —— 政府は資源を保護するために，その保護が公正に分配されるような方法を選択しなければならない。例えば保護区画を設定することによって，ある郊外の人工的完全性を保存することは，他の場所での徹底的な建築表現の機会が保障される場合のみ，通常は正当なものとされる。

　自由（freedom）を制限する判断の正当化に関して，人的なものと非人的なものとに関するこの区別は，自由（liberty）の擁護に関しては死活的に重要なものである。**各人の倫理的価値に関する責任を毀損し，その結果人間の尊厳を侵害する法と，非倫理的な価値を同定し保護するために，共同体の本質的に集合的な責任を行使する法とは，区別されなければならない。**宗教やその他の倫理的価値は，人的判断や良心に委ねられるものであるとしても，美的な環境は共同でしか保護することができない。しかしながら，この不可欠な区別が曖昧となるケースがある。連邦最高裁はいくつかの裁判でこの区別を試みてきた。全ての戦争は誤りであると考えている無神論者は，良心的兵役拒否者の資格としての"宗教的（religious）"信念の持主なのか否かについて，最高裁はかつて判断を迫られたことがあった。最高裁の判決によれば，この判断は，当該無神論者の信念が，「（良心的兵役拒否の）免除資格の付与が明白な信者が，神に対して持つ信仰と同等のものを，その信念の持主の生の中に占める場所」があるか否か，によって決せられる[注16]。ケーシー判決は，ロー対ウェイド判決を再確認して，州には初期段階の中絶を処罰する権限はないとした判決であるが，その判決の中で3人の裁判官は，倫理的価値とそれ以外の価値と

の区別の説明を，異なった方法で試みている。彼らは，「自由 (liberty) の核心にあるのは，存在，意味，宇宙，そして人間の生の神秘さという概念を自ら定義する権利である」と述べている(注17)。彼らは更に，そのような事柄に関する信念は，「人間の属性を定義するものである」と付加している。中絶の決定はそのような性質の決定であり，したがって自由 (freedom) の要求するところによれば，(胎児が) 生存可能なものとなる前の中絶に関する最終的決定は，妊婦と彼女の医師に委ねられるべきである，と彼らは判決した。最高裁は後の極めて重要な事件でこの文言を採用している —— **ローレンス対テキサス**事件で，最高裁は，同性愛全てをソドミーとして犯罪にする法もまた違憲であると判決している —— 連邦最高裁は，性的趣向や行為もまた，むしろ倫理的な価値に関する事柄であり，それ以外の価値形態ではないと判断した(注18)。これらの様々な判決や意見の中で，裁判官たちは，"人格 (personhood)" を定義づけする信念 —— その信念によって，各人は，人間の生や関係性の価値や意味，達成したもの，そして自らの生においてそのような価値を実現する経験の確定を試みる —— の同定を試みているのである。

　正統派の宗教の信念が，そのような範疇に属することは明白であり，人々の生の中における，愛や親密さや性愛の役割や指向に関する人々の信念もまた，同様にそのような範疇に属している。これらの信念や関わりは，人々が形成する最も重要な社会関係の意義や基調を確定する —— それらは，人間の生の性格づけや価値に関する，より一般的な哲学的信念から導き出され，そしてそこ

注16) *United States v. Seegar*, 380 U.S. 163, 166 (1965)。
注17) *Planned Parenthood of Pennsylvania v. Casey*, 505 US 833 (1992)。
注18) *Lawrence v. Texas*, 539 U.S. 558 (2003)。

に還元されるものである。しかしながら，原始林などというものは何ら特別な利益も価値もない，と考えている林野担当の政府高官の信念——（かつてアメリカの副大統領が発言したことではあるが）一本の木を見たら，それら全てをみたことになるのだ——は，倫理的な信念ではない。それは，人間の生やそこで達成すべき価値に関する信念から導き出されたものではなく，またその信念を形成するものでもない。これらのカテゴリーに属することがより曖昧な信念や確信もあり，それらがより争いとなるケースを考え得ることは疑いない。これらのカテゴリーの区別を決定するための訴訟において，憲法裁判所の判断はしばしば困難なものとなる。しかしそれにも関わらず，その判断は死活的なものであり，かつ最も重要なケース——例えば宗教や家族や性に関する裁判——においては，その区別は難しいものではない。

● 自由と文化

　自由（liberty）の概念は，人間の尊厳の原則を尊重するものであり，我々は今やそれを構成する主要な特徴を明らかにしてきた。適切な配分的理由や，適切な非人的判断を理由として正当化することが可能な制約は，自由を侵害するものではない。例えば，病院に通じる新しい道路の建設費用のために課税したり，ジョージア街にポストモダン風の家を建築することを禁じても，自由を侵害することにはならない。しかしながら，人的判断を理由とした場合にのみ正当化が可能とされる法の強制は，自由の侵害である。人的判断を理由とする制約にも，許容可能なものがあることは認めよう——シートベルトや薬物規制のような，外見上（superficially）パターナリスティックな規制がそれである。これ

第3章　宗教と尊厳

らの規制は，よく見れば個人的責任の原則を侵害するものではない —— 何故ならばこれらの規制は，人々の価値が実際には何であるかということに関する理に適った考察にもとづくと同時に，一般的には，重要な配分的正当化によって根拠づけられる規制だからである。しかしながら強度の（deep）パターナリスティックな根拠づけによってのみ正当化が可能とされる法律もある —— 多数派が少数派の人々よりも，彼らの価値を何処に見出すべきであるかをよく知っており，したがって，多数派はこれら少数派の人々に対し，その価値を見出すことを強制する資格があるとされる場合である。このような法律は自由を損ねるものであり，人々の自らの生に対する個人的な責任を損ねるものとして，非難されるべきものである。

　かくしてこれらの議論から導かれる重要な結論は，宗教と政治に関する2つのモデルの選択に関して，我々を寛大な世俗国家に賛同し寛大な宗教国家に反対する，という結果に導く決定打になるという印象を諸君に与えるかもしれない。しかしながらその想定は早計だ —— 何故ならば，重要な論争はまだ始まったばかりだからである。大多数の成員が宗教を信じている国においては，宗教国家に賛同する最も強力かつよく知られたケースは，パターナリスティックなものではなく，文化的なものだ。それは次のような前提に依拠している —— 政治的多数派は，彼らに抵抗する可能性のある少数派のためにではなく，多数派自身の利益のために生きることを望み，子どもを育てるための文化を創造する権利を持っている —— 何故ならば，公然と宗教的価値にコミットしている社会の方が，彼らにとってはより良きことだからである。（この前提を）少しの間次の議論 —— 今日，ポルノグラフィを禁止したり規制したりすることに関して最も優れた論拠とみなされてい

るもの —— と比較してみよう。ポルノグラフィに対する検閲は，かつてはパターナリスティックな理由から擁護されていた —— ポルノグラフィは，それを読む人々を堕落させるものであり，したがってその禁止は彼らにとって善であるというわけだ。しかし今日では，検閲に対しては別の正当化理由のほうが遙かに受けがよい —— あからさまな性的描写は，全ての市民が暮らさなければならない文化を擁護するために禁止されるべきなのである。仮に子どもたちが，極めて風変わりで魅力のない性的描写に常時さらされたりすることがなくなるならば，両親は子どもたちに，セックスというものを，愛によって形成された親密さとして適切に評価する，より容易に教える時間を持つことができるようになるであろう。更に言うならば，子どもたちだけが，文化の中で生の堕落によって脅かされる人々ではない。特に女性たちは，多くのポルノグラフィの中で，性的奴隷やマゾヒストとして描写されることによって，侮辱され支配従属を強制されている。なるほど確かに全ての人 —— 男も女も —— は，彼らの生の最も親密な経験が，下劣な商業主義にさらされることによって，彼らの生がおとしめられていることに気づくかもしれない。これはパターナーリスティックな議論ではない。この議論ではその代わりに，人々の生に関して強力な影響力を持つ文化を形成する，多数派の権利が引き合いに出されている。

　これが，宗教に関して我々が今日直面しなければならない重要な問題なのである。誰が，そしてどのような方法で，我々全ての者が生活しなければならない，道徳的，倫理的，美的な文化を支配すべきなのだろうか？　この我々の複雑な文化は，多くの力によって形成されているが，ここではこれらの中から，2つのものを取り出してみよう。それは，何を生産し，何をいくらで買い，

第3章　宗教と尊厳

何を読み，何を言い，何を着，どんな音楽を聴き，そして仮に祈る場合如何なる神に祈るかに関する，個々人の個別的な決定によって形成されている。我々の文化は，その大部分は，人々の個人としての1人1人によって，毎日なされるそのような何百万という決定の組み合わせによって形成されている。しかし我々の文化は，同時に法 ── いわば，我々全ての者がどのように行動すべきかということに関して，選挙によって選ばれた立法者によってなされる集団的決定 ── によって形成されてもいる。連邦準備制度理事会によって決定される金利政策は，我々の経済文化を形成し，区画整理規制は我々の美的文化を形成し，市民法は我々の道徳文化を形成している。文化のどの側面が，そのような集合的な方法に影響されるべきであり，どの側面が個人の決定の有機的なプロセスに残されるべきかということを，我々はどのようにして決定するのであろうか？

　アメリカは寛大な宗教社会の資格があると思っている人々の考えでは，多数派の市民は通常の政治手続を通して，法によって，我々が共有する文化の宗教的特質を形成する権利があるということになる。これらの人々は，多数派は同時に，反対派が自らの宗派に従った礼拝をすることや，何者をも礼拝しないことを尊重しなければならないことを承認している ── しかしながらこれらの人々は，次のように主張する ── 仮に多数派が，宗教的信念が共同体にとって善であると考えた場合，国家の権力と威信を用いて，その信念を支持する方向に共同体を誘導し，義務教育の財源と権限を用いてそれを促進し，更にそれを確実なものとするために，愛国的な儀式という感情を鼓舞する行事を執り行うことができる ── と。これが，今日の宗教右派の主張であることは明白である。

　ニュート・ギングリッチは，アメリカ人の92％が"神を信じて

123

いる"と公言し，前述した"我々はキリスト教徒の民である"という1932年の連邦最高裁の判決を，喜々として引用している[注19]。彼の見解によれば，多数派は自らが選好する文化を持つ権利があり，したがって，公的生活からの一切の神の排除を試みる裁判所は，多数派からそのような権利を詐取するものということになる。ブッシュ大統領は，「生の文化」(culture of life) という文言を好んで用いるようになってきたが，そのような文言は，テリー・シャイボー (Terri Schiavo) の長期に亘る悲劇的な死の間中，多くの保守派の口端に上ったものであった。そのような言辞は，保守派が，個人の選択ではなく，法的強制を通して創設することを望む文化のコード (code) なのだ。反対に，世俗モデルの考えによれば，我々の社会の集団としての宗教的文化は，国家の集合的権力によってではなく，人々の個々的な信念，関与，そのような行為に導かれる人々の信仰を通して，有機的に創造されるべきものなのだ。これが，最終的には２つのモデル間の最も重要な差異であり，公的な信仰の理念と私的な信念の理念間の真の差異なのである。どちらの見解が，人間の尊厳に関して，我々が共有すべき理念に最もよく合致しているのであろうか？

　尊厳に関する第２の原則は，倫理的価値を評価し選択する責任に関して，我々個々人に対し，他者による強制的選択に委ねるのではなく，むしろ独力で決定することを課している。我々の文化が，個々人が行うそのような価値の選択に影響を与えているのは言うまでもない――我々の人格は，ある程度はすべてそのような方法で，他者が独力で行ってきた数百万の選択の中から組み立てられている。彼らの選択は，我々が読む本，我々が抱くイメージ，

注19) Gingrich, *Winning the Future*, ix, 69。

第3章　宗教と尊厳

我々が無意識に行っている事柄を形成する見方を概ね決定している。第２の原則は，この不可避な影響を禁じたりはしない —— 第２の原則が禁じているのは，従属であり，それはこのような影響とは全く異なるものである。第２の原則は，各人が次のような考え —— 他者は各人に対して，よき生を形成するものが何であるのかに関する考えを指示する権利があるとか，各人が望み通り行うことを，他者がその倫理的価値が間違いがあると考えた場合にはそれを禁ずる権利がある，などという考え —— を受け入れることを禁ずる。したがって，第２の原則によれば，各人は，自らの文化に対してなされる，他者からの如何なる指示 —— それは，集合的かつ熟慮されたものであり，共同体の集合的権力や財産を全体的に有効に活用し，その成員の倫理的選択と価値に影響を与えることを目的とするものである —— も，受け入れることが禁じられている。それは従属（subordination）なのである。そのような指示の目的が，指示者達の利益になるものであるとしても何ら相違はない。例え，それによって擁護したり注入しようと目指されている価値が，各人の価値であるとしても，そのような指示は排除されなければならない —— 何故ならば，各人の尊厳は，各人の価値を変更させることを目論む強制と同じように，各人の価値を凍結させることを目論む強制によっても，同じように著しく侵害されているからである。

　配分的正義や保存に関する非人的判断によって正当化される強制的政策は，例えそれが，人々が成功する生をどのように考えるかということに影響を与える可能性が如何に高い場合であっても，多数派が採用を許されるものであることは言うまでもない。例えば，再分配（redistributive）を目的とした課税や公民権法は，市民の意識 —— どのように生きることができ，どのように生きるべ

きかということに関する —— に影響を与える諸方策を通して，文化を変容させる可能性が大いにある。そのような諸方策は，恐らくは強力に我々の倫理的文化に影響を与えるものであるが，しかしながらそのような諸方策の正当化は，その影響のもたらす便益が倫理的になるであろうとか，そのように変容をとげた文化の中において，人々はより公正かつより良き生を送ることになるであろう，などという前提とは全く無関係になすことができる。したがって各人は，自らの生が如何なる倫理的価値を反映すべきかということに関して，独力で決定する責任を他者に委ねた，などという意識を全く持つことなく，そのような類の強制的政策を受け入れることが可能なのである。（しかし）権力を持った人々が，意図的に，彼らの選好により相応しい倫理的文化を形成するために，自らの権限を用いる場合は別だ。各人が良き生をどのように送るかについて，多数派は自らの基準に従って，各人に対してその信念を形成させる権限を有していることを是認することなしには，各人は到底，多数派のそのような権限を受け入れることなどできない。

注目に値するのは，アメリカの経済的文化の基本構造に関しては，政治的多数派が同様の集団的権力を行使することを，アメリカ人たちが認めたがらないことである。社会主義社会は，価格を設定したり資源や生産の配置をすることによって，全ての人々のために，経済的環境を形成する権限を権力者に委ねている。しかしアメリカの社会は，財とサービスに関して，自由な（free）市場を強力に主張する —— 我々の経済的文化は，いわば，個人の価値や欲望を反映した各人の決定の組み合わせによって形成されるべきというわけである。なるほど，配分的正義は，自由市場がさまざまな種類の外部性から保護され，かつそれ以外の理由で，純

粋な市場の分配において，公正に扱われないことが予想される人々を保護することを要求する。これらが求める市場の構造と規制については，第4章で論ずることにする。しかしながら，（今日のわが国の社会において）市場に対して許容可能な規制とされているものは，あらゆるグループや人にとって，自らの欲望や価値を反映した影響を，供給と価格に対して与えることを剥奪しない形態のことなのだ。経済的社会主義は，効率と同様に，自由（liberty）に対する侵害でもある —— これが，非経済的文化における宗教モデルを支持する保守派たちが，最も熱烈に支持している見解なのである。自由が，経済的ケースよりも，宗教的ケースにおいて遙かに深刻で危ういものになっているということを，彼らは理解していない。

したがって，宗教的文化を促進するためには，国家は宗教的価値を表現すべきである，という決定をする政府の判断は，パターナリスティックな正当化が自由を阻害するのと同様に，全く人的な判断であり，なおかつ自由に対する侵害なのである。大多数の人々が，宗教的文化を望んでいるとしても，それは何ら変わりがない。人々が自らの生に対して負う個人的責任は，多数派の市民が法的規制を通して，各人に対し彼らの価値を強制することを認める場合，少数派の人々が同様の規制をすることを認めるのと同様に，侵害されることになる。

● 諸 問 題

〈科学と宗教〉

本書で我々が構築した自由の概念 —— 人的判断を正当化根拠とする強制は禁じられる —— は，実際にはその成員の大部分が宗教

を信じている社会ではなおさら，寛大な宗教モデルの政府よりも，寛大な世俗モデルの政府を支持するものである。いずれにせよこれが，ここで私が提示してきた主張に課された責務なのである。私の希望は，私の主張に反対の人々が，私の主張が誤りであると考える理由を提示して，私の主張に反論してもらうことだ。例えば，自由（liberty）やその正当化根拠の区別 —— 一方では，文化に影響を及ぼす人的判断による正当化と，他方では，分配や非人的判断による正当化とを区別する —— を重視する私の一般的見解を拒絶する，という反論があり得よう。しかしながら，彼らが提示する反対意見が如何なるものであれ，それは，私の主張と対比可能な範囲における自由の概念に根拠づけられたものでなければならず，したがって，仮に彼らが個人的責任の原則を認めるならば，彼らが考える自由の概念は，その原則から導かれかつそれに合致したものでなければならないことになる。彼らが嫌う結論を，私の主張が正当化するものであるからといって，私の主張は間違いに違いない，などと単純に考えることは許されないであろう。

　ここでは私は，そのような反対派の主張がどのようなものとなるのかを予測しようとは考えていない。そのかわり私は既に述べたように，2つのモデルに分けている諸問題 —— それらによって，今日我々の国があたかも2つの文化，リベラルと保守，青と赤に分裂していると考えられているもの —— のいくつかを検討することによって，この議論を締めくくろうと考えている。これらの問題の中で，政治的に最も重大な問題として残されているのは，中絶である。多くの保守派は，中絶は殺人であると主張し，彼らの中絶反対の苛烈さは，その信念の強さを証明するものとなっている —— 中絶手術をする医師を殺したりする保守派もいるほどだ。（彼らの主張によれば）政治的共同体は，何らかの形で集団的に，

第3章 宗教と尊厳

司法若しくは立法を通して，中絶が殺人か否かを決定しなければならない —— 仮に中絶が殺人であるならば，その場合，中絶を違法とすることは，（人的）判断としてではなく，分配的な理由にもとづいて正当なものとされることが必要であり，それは何ら自由を侵害するものではないこととされる。しかしながら，仮に中絶が殺人でないとするならば，その場合，人的判断を根拠とする以外には中絶を誤りとすることができないこととなり，それは自由（liberty）を信奉する社会においては回避しなければならないものである。私の考えによれば，中絶が殺人であるか否かは，妊娠後のある極めて初期の段階において，胎児が人間（a human being）であるか否か —— もちろん胎児は人間であるが —— ということによって決定されるべきではなく，そのような初期の段階において，胎児が諸利益を持っており，したがって胎児はこれらの利益を保護すべき権利を持っているか否か，によって決定されるべきことである。

　胎児がこのような利益を有していないということは，私は既に他で論じている[注20]。これらの利益を生み出す精神的生を持ったことのない生命体（creature）は，何らの利益を持つこともない[注21]。（しかしながら）現在臨死状態の人や永続的に無意識の人が，依然として利益を持っているということは，理に適ったことである。仮に彼らが，無意識状態や死に瀕しているときに，意識があった時や活躍していた時に形成した利益が繁栄するならば，彼らはより成功した生を送ることになるであろう —— と，我々は考える[注22]。例えば，仮に私が死んだ後に，私の家族が繁栄するならば —— 私はそれを強く望むが —— ，私の生はより良きものとなったであろう —— と。しかしながら，苦痛を感じたり，計画を立てたり，如何なる種類の愛情を形成したこともなかった者

129

は，達成や挫折すべき利益を発展させることなど全くなかったのである。このように，初期の胎児が権利を持っているとか，中絶は殺人であるということは，私には考えられないことであり，したがって連邦最高裁が，初期中絶を犯罪とすることは個人的責任を尊重することと矛盾している，と判決したのは正しかった。しかしながら，このような私の主張をここで繰り返すことは，あまりにも複雑なものとなるので，興味を持っている人々には，このテーマについて論じた私の前述の書物を紹介するに留め，そのかわりに，本件と極めて密接に関連している，何ら殺人の問題を提起しないテーマに移ることにしよう。

それは科学に関する問題である。宗教組織や運動が目指している構想 ── 公立学校において，公的な規制や教育委員会の規則或は教師に対する非公式の強制を通して，子どもたちに対して教えるべきものを指示しようとする構想 ── ほど，リベラルや中道派に脅威となっている問題はない，と私には思われる。多くのアメリカ人たちは，乱暴な迷信に強制された新しい暗黒時代の到来に怯えている ── 彼らは，アメリカが知的に後退し，恐るべき祭政一致の国になり，その中で，暗黒の無知が支配する悪夢の到来を恐れている。しかしながら，子どもたちが歴史と科学について何を学ぶべきかは，誰かが決めなければならない。仮にある地域の選挙で選ばれた教育委員会や両親の大多数が，ダーウィンの進化

注20) R. Dworkin, *Life's Dominion*。

注21) Denise Grady "Study Finds 29-Week Fetuses Probably Feel No Pain and Need No Abortion Anesthesia," *New York Times*（2005年8月20日）section A, p. 10参照。

注22) 臨死状態や無意識の状態の人々の利益問題についての私の議論は，*Life's Dominion*。

第3章　宗教と尊厳

理論は根本的に間違っていると真剣に考えているとしたならば，子どもたちに誤った考えを教えないようにするために，何故彼らは権限を行使してはいけないのだろうか？ —— それはまさに，教師が子どもたちを，地球は平らと主張する人々の会（Flat Earth Society）に転向させるのを防止するために，彼らが権限を行使するのと同様のことではなかろうか？　聖書は教室から排除されなければならないのであるから，子どもたちは生命誕生に関する聖書の理論を教わってはならないのだ，というのは答えにならない。聖書は同時に殺人を非難しているが，だからといって，子どもたちが殺人は誤りであるということを教わることはできない，ということにはならないのである。

　しかしながら，宗教保守派の宇宙観や生物観は，彼らの宗教的信念とは全く一致していない —— 仮に彼らの信念にとっては，このような宇宙観や生命観が支持され**ない**（not）ものとされた場合に，彼らは直ちにこれらの宇宙観や生物観を拒絶するであろう。ほとんどの宗教保守派は，経験科学の方法が一般に真実発見のためによく考案されており，子どもたちが大人になったときの生活の準備をするためには，このような方法に依拠することを教わらなければならないことを認めている。彼らは，例え代替的理論であるとしても，科学によって，疑いなくかつ比類なきまでに誤りと判断された事実を，教師に教えることを要求したり許容することを支持しようとはしない —— 例えば，太陽が地球を回るとか，放射線が無害であるなどといった事実である。宇宙や人類の誕生に関する聖書の説明は，あらゆる科学的な法則の説明から逸脱した，全く馬鹿げたものである。信仰を持っている人々の中には，宗教的信念が科学の正当性に疑いを抱いているいくつかの残された領域においては，彼らからみれば信仰が科学に勝っていると見

なす人々もいる。彼らは，彼らの生において信仰の役割を確定するための個人的な責任を自覚的に行使する場合に，ダーウィン理論の真理を用いることを拒否する。それは彼らの権利である ── 彼らからそのような信念を剥奪することを強制する試みは，自由（liberty）に対する恐るべき侵害となろう。しかしながら，仮に彼らが，我々の検討してきた人間の尊厳の第2原則を尊重するならば，彼らのそのような信念を，他者 ── 公的教育を強制されている子どもたちを含む ── に強制することを試みてはならない。

　近年，ダーウィンの進化論の主要な原理 ── 生命の誕生に関して聖書の権威や創世記の説明に依拠しない ── に対して反論を加えている数人の宗教科学者たちがいる。この反論の目論みは，ダーウィンが主張した無誘導の自然進化のプロセス（unguided process of nature）や自然の淘汰ではなく，"知的デザイン（intelligent design）"こそが，唯一，生命と人類の誕生に不可欠な原因であることを証明しようとすることにある。彼らの主張は，直ちに巨大な注目と評判を勝ち得た。いくつかの州では，公立高校の生物の授業で，標準的な進化理論に対する有効な代替理論として，知的デザイン理論を説明することを教師たちに義務づけることを検討するに至っている。ペンシルベニア州の教育委員会が，数年前にこの義務づけを採用したところ，連邦判事は直ちにこの計画を，公立学校にキリスト教の教えを強制するもので違憲として排除したが[注23]，それにも関わらず他の州の公立学校では，依然として同様の計画が追求され続けている。ブッシュ大統領は最近，このようなキャンペーンを承認しているように思われる ── 彼は，「私は両方の主張とも教えるのが適切であると思う」と述べている[注24]。上院多数派のリーダーである，フリスト上院議員（Senator Frist）── 2008年の共和党の大統領選挙の候補

第3章　宗教と尊厳

者になることを熱望していたといわれている——は，大統領の考えに賛成している。彼は，人類の誕生に関する科学的に競合する説明として，進化論と共に知的デザイン理論を教えることは，"誰に対しても特定の理論を強制するものではない"のだから，公平であると主張している(注25)。

　仮に進化論に対して何らかの科学的反証が存在するならば，その場合学生たちが，それが如何なるものであるかを学ぶべきであることは言うまでもない。しかしながら知的デザイン運動には，全く科学的根拠が発見されていない。我々は，次の3つの主張を区別しなければならない——(1)科学者たちは未だに，ダーウィン理論の突然変異と自然淘汰のプロセスが，地球上の動植物の生命の発展の全ての特徴がどのようなものであるかを説明していると，全ての人々に満足できるように証明してはいない——それらの特徴の中には，未だに議論や論争の余地が残されているものがある。(2)今日，これらの特徴が，ダーウィン理論の一般的な構造によっては説明することが不可能であることを示す十分な科学的証拠が存在している——したがって，その証拠の説明に成功するならば，ダーウィン理論はその全てが放棄を迫られることになろう。(3)この証明は同時に，少なくとも知的デザイナーが生命を創造し，人類を生み出した発展の過程をデザインしたことを意味している。

　これらの主張のうち1番目は，正しくかつ何ら驚くべきことで

注23) *Kitzmiller et al. v. Dover Area School Board*, Federal District Court Middle Area Pennsylvaniaにおける，J.J.Jones判事の略式意見（2005年12月20日）。

注24) Elisabeth Bumiller, "Bush Remarks Roil Debate over Teaching of Evolution," New York Times（2005年8月3日）section A, p.14。

注25) David. Stout "Frist Urges 2 Teachings on Life Origin," New York Times（2005年8月20日）section A, p.10。

はない。進化理論の詳細は，それが説明することを試みている現象と同じように甚だ複雑なものである。例えば，進化した生命体の特徴は，偶然の出来事の産物として最もよく説明されるのか，或はそれ自身は生存の価値のないものの副産物として最もよく説明されるのか，に関する激しい論争について，著名な生物学者たちの間での意見の一致がない。進化生物学者たちは，その他の挑戦にも直面しており，それらに最も良く合致するものについての意見の一致もない。

2番目の主張は，誤りだ。進化論学者たちが，ある難問に対する解答を依然として発見していないとか，一致した解答がないからといって，彼らの方法に欠陥があることが証明されたという結論を導き出せず，それは，歴史上の論争や証明されていない数学的推論があるからといって，歴史学者や数学者たちの方法が廃棄されなければならないという結論を導き出せないのと同様である。今日まで，進化のナゾがダーウィン理論の一般的な枠組みの中で解決可能であることに疑いを見出した科学者はいない —— 進化理論に対抗する解決策の如何なるものも，ダーウィン理論の一般的な枠組みに疑問を差し挟むものではない。知的デザイン理論の提唱者たちは，講演や人気を博している著作やテレビに登場して，ある生命形態の還元不可能な複雑さ —— どんな原始的な生命体でも，その器官がなければ，そのような生命体にとって生存することが不可能であるもの —— は，ダーウィン理論を根底から否定する証明になると主張している。しかしながら，彼らの主張は全く信用できないものであり，そのことはある判決において，これまでの彼らの主張が，論文審査のある雑誌に掲載されたことがなく，したがって専門家たちの批判にさらされたことがないことによって確認されている[注26]。このことから，ダーウィン理論に挑戦

するような科学的根拠を持った論文でも，科学的に確定された法則によって排除されることになるということを意味するものではない。反対に，科学的に理に適った進化論に対する一般的批判は，実際には極めて刺激的なニュースとなろう —— それはノーベル賞を受賞できるほどのものとなるかもしれない。

　3番目の主張は，仮に2番目の主張が真実であるとしても，誤りということになる。仮に何らかの物理的若しくは生物的現象に関して，自然科学による物理的若しくは生物的説明を発見することができない場合に，それは神の介入の証明であると見なされるならば —— その場合，神の介入がそれらの現象の原因であることが承認されることになる ——，科学は少なくと2つの理由から消滅することになろう。第1には，科学は，立証若しくは反証の可能性に依存するものであり，自然の法則に制御されない超人の力が，何らかの現象をもたらす原因となっているか否かを証明することは不可能なことだからである。第2には，神の介入が，何らかの自然現象の説明の対象の1つとして一旦認められてしまうならば，伝統的な科学的説明では未だ解明されていない事柄全ての説明として，それが常に用いられることが承認されなければならないことになるからである。医学者たちは，喫煙と肺ガンとの強い因果関係を証明しているが，その因果関係のメカニズムは依然として解明されていない。その場合我々は，それにも関わらずその説明は近い将来なされることになる，と言ってはならないので

注26) *Kitzmiller et al. v. Douer Area School Board* 参照。インテリジェントデザイン構想の科学的な誤りについての極めて明確なコメントは，Philip M. Boffey "The Evolution Wars, Revisited," *New York Times on the Web*, http://select.nytimes.com/2006/01/18/opinion/18talkingpoints.html?pagewanted=all8dpc 参照。

あろうか？ —— 神が喫煙者を選んで裁くのである —— と。実際，一旦科学的な説明に対する代替的説明として，神の意志の介入が認められるならば，それは，従来の完全に根拠ある科学的説明に対する対抗的な説明としてすら用いることができるようになる。我々は何故，地球温暖化に関する科学者の説明 —— 人々が大気中の二酸化炭素濃度のレベルを減らすか，その時まで温暖化は続くことを示唆するものである —— の方を，別な説明 —— 神が彼自身の未知の目的で地球を暖め，彼が望んだときに再び冷やすことになる —— よりも選好すべきなのであろうか？ ひとたび我々が生命誕生に関する奇跡を受け入れるならば，あらゆる事実についての適合的な説明に関して，神の説明と伝統的な科学の説明の両方を等しく承認しなければならないことになる。教師が奇跡を引用することによって，自らが望むことを教えることを認めるような教育委員会に投票する人は，社会的に保守的なアメリカ人でもごく稀であろう。知的デザイン理論が一部の人々に魅力を感じさせるのは，それが，彼らの宗教が基礎を置いていると信じられている特別の奇跡に，正(まさ)しくかつそれのみに，科学的な恩恵をもたらすことを目論むものだからである —— それは，生命の誕生である。しかしながら，そのような差別を支持することはできない —— 一旦，奇跡が科学的説明に比肩し得るものとして承認されるならば，理性（reason）に対する侵害を制限したり規制したりすることが，不可能となるのである。

　私は今，神学的前提の真理を否定しようというのではない —— 神が宇宙や生命や人類を創設したと考えている幾百万の人々の考えの正しさを，私は否定しようというのではない。しかしながらそのような人々の信念は，例え何らかの方法でその正当性が根拠づけられるとしても，これらの出来事の科学的説明を提供するも

第3章　宗教と尊厳

のではない。この相違は，単に意味論的なものに留まるものではない —— 私は科学（science）というものの意義を弄ぼうとしているのではない。仮に我々が，人々の人格的な価値に関する責任を擁護することによって，人間の尊厳を確保しようとするならば，その場合，信仰と理性の区別を前提とした上で，義務教育と真理に関する集団的な承認を構築しなければならない。我々が科学という概念を擁護する必要があるのは，子供たちや若者たちに知識を普及し，世界経済の中で競争させなければならないという極めて実践的な理由だけではなく，彼らの宗教的信念に関して，我々の市民としての個人的責任を擁護するためでもある。我々は，政府の公共哲学の分野において，科学的説明を必要としており，それは政府の権威を，如何なる宗教的価値や倫理的価値にも依拠させないということである。したがって，フリスト上院議員が，知的デザイン構想を，進化論に対する唯一の科学的代替案として説明して，それは"あらゆる人に対して何ら強制する"ものではないと述べたとき，彼は致命的な間違いをした。事実その発言は，実際上も政治上も，科学というものに対する間違った無能な見解を，国家の権威を使って強制することによって，若い学生たちを傷つけるものとなっている。

　ブッシュ大統領が，知的デザイン構想は学校で教えるべきであると発言した際，彼の科学顧問であるジョン・マーバーガー（John Marbarger）は，「ダーウィン理論は近代生物学の礎石である」と述べ，その上で，ブッシュ大統領の発言は，「学生たちは，知的デザイン理論が有効な代替理論であると示唆している人々もいるということを教わるべきだ」ということを意味するにすぎないと述べている[注27]。仮にそうであるとするならば，我々はブッシュ大統領の提案を歓迎すべきである。**第5章で私は，合州**

137

国の高校の標準的カリキュラムの1つと考えられるものとして，現代の政治的論争のコースを採用すべきであることを説明する予定である。知的デザイン運動は，そのコースで学び評価されるべきものである —— 少なくとも，それが何らかの他の反進化論的宗教運動に代替されるまでは。しかしながら，知的デザイン理論は，断じて生物学の授業で教えることを許されるべきではない。

〈忠誠と儀式〉

ここで現代の論争の次のテーマの検討に移ろう —— アメリカ市民としての忠誠の誓いである。これは，学校や他の儀式において，伝統的に朗読されている政治的忠誠の公的な誓いのことだ。何十年もの間，連邦法によって，誓いの言葉の中には，合理的なものとして一般化された宣言が含まれてきた —— 忠誠の誓いは，アメリカは"神の下の1つの国家"であるということを朗読するものである。その誓約は任意だ —— 連邦最高裁は遙か以前に —— この神に対する言及が誓約の一部となる前からさえ ——，生徒たちは誓約の唱和を強制されてはならないと判決している。寛大な宗教国家のモデルを支持する人々は，公的な誓約が宗教に言及することを支持する —— 何故ならば，彼らは，その言及が宗教と愛国心の不可欠な融合の象徴であり，かつそれを達成するものと考えているからである。彼らの主張によれば，誰も公的な誓約の朗読を強制されていないのだから，自らの良心に矛盾する行為を強制されていることにはならない。彼らは，沈黙したまま立っているアメリカ人が，回りの人々が誓約を唱和しているときに，部外者（outsider）の気持ちを強いられていることを認めるかもしれない。しかしながらそれにも関わらず，それは彼の選択の結果なのだ

注27) Bumiller, "Bush Remarks Roil."。

第3章　宗教と尊厳

——仮に彼が、一神教の世界宗教を受け入れることに同意できないのであれば、彼が部外者**であり** (is)、かつ彼や他の人にその事実を気付かせるという形で影響を及ぼし得るというわけである。

しかしながら尊厳の要求するところのものは、ただ単に如何なる人も、自らが信じていないものの朗読を強制されてはならないということに尽きるものではない。それは我々に対して、独力で倫理的価値を選択する積極的責任を課しているのであり、したがって既に述べたとおり、我々がこれらの選択をするに際して、数千の文化的要因の影響を受けていることが周知の事実であるとしても、それにも関わらず我々は、意図的かつ強制的に選択を指示する政府に対して、服従することの承認を拒否しなければならない。市民としての完全な資格を持った人々を、部外者のような気持ちにさせる公的誓約が、配分的正義によって正当化されることはあり得ない。その正当化は、人的判断にもとづいてのみ正当化が可能とされるものだ——それは、宗教と愛国心の結びつきが望ましいという理由にもとづいて、その両者を意図的に結びつけるために、共有されている文化の影響力を行使するものである——（しかしながら）そのような方法は、愛国心を宗教から分離することを望んでいる人にとっては、かえって愛国心を持つことを、より一層困難なものにしている。政治的な誓約の中に、宗教上若しくは形而上学的な前提を自ら定義づけすることが、人々の自らの価値に対する責任の一部をなすことは明らかである。公的に承認された誓約の強制的な影響力は、強制的宣誓を公然と指示されるのと同様に、全く受け入れることができないものなのだ。

しかしながら、そのような強制的な影響力は、実際にはそれ程強いものではなく、同様に例え公的誓約が自由 (liberty) に対する侵害であるとしても、実際上はそれほど深刻な問題とはなって

139

いない。無神論者が，神に対する信頼の言葉が刻まれたコインを出そうとポケットの中を探ったり，議会や裁判期日の開会式の祈りの時に，何ら自己欺瞞（self-betrayal）を感じることなく列席したりすることができるのと同様に，そのような人は，何ら自らの完全性（integrity）を喪失することなく，祈りの言葉を発することができる。学校で唱和する詳細な祈りの言葉を，競技場で彼らが行う神聖な礼拝に込められている権威としてすら，子供たちはほとんど見なすことはない。しかしながらそのことは，祈りを神学的なものにしようとする目論見が失敗したということを意味するだけであり，その目的がそれ自体正当なものであるということを意味するものではない。

　私の見解によれば，連邦裁判所で，今日まで大きな関心の的となってきたテーマ —— 記念碑的な肖像を公共施設に陳列するか否かという問題であり，それらは宗教的伝統や関係に関わりを持つものでありながらも，同時に催し事の中心的存在として非宗教的な市民的役割を果たしているものでもある —— に関しては，懸念する理由は遙かに少ない。公共施設に飾られるクリスマスツリーは，信仰を持たない人から集められた税金で購入されたものであることは事実だが，その費用は取るに足らない。共同体が，その成員が信ずる種々の宗教のうち唯一のもののみの偉大な儀式を認めるならば，それは間違いであろう —— それ故，今日しばしばクリスマスツリーの燭台が省かれたり，適当とされる場合には三日月が同様に省かれることにも疑いがもたれていない。市民に対する平等な配慮と尊重は，独立した問題なのである。しかしながら，連邦最高裁が一連の歯切れの悪い法廷意見の中で承認してきたように，これらの公共施設における陳列物の中に，宗教的承認の要素が明らかなものはほとんどなく，したがって無神論者は，25セ

ントを使ったときに感じる時と同じように，偽りの感覚を持つことなく，それらの世俗的意義を享受することに満足を感じることができる。

〈結　婚〉

　最後のテーマ —— 同性愛 —— は，これまでとは極めて異なった問題である。結婚という制度は独特のものだ —— それは，何世紀にも亘り，幾多の社会的かつ個人的意義を担ってきた，結合と誓約（commitment）の特異な形態である（91頁参照）。我々は，同様の意味内容を持つ誓約の代替的形態を造り出すことはできないのであり，それは詩や愛の代替物を造ることができないのと同様である。したがって結婚における地位は，それが提供される人々にとっては，代替不能な価値を持った社会的資源なのである —— 結婚は，2人のカップルが共同で，彼らの生の中に価値を生み出すことを可能とするものであり，その価値は，結婚制度が無かったとしたならば，決して造り出すことのできなかったものだ。同性間の人々が，しばしば異性間の人々と同様の情熱を持って相互に愛し合うことは，よく知られた事実である。仮に異性間のカップルが，そのような素晴しい資源にアクセスすることを許容されながら，同性間のカップルが同じことを拒否されるならば，双方のカップルにとっては，自らの生における重要な価値と考えているものが，一方のペアには認められ，他方には認められないということになる。しかしながら，如何なる権利にもとづいて，社会はそのような方法で差別をすることが許されるのであろうか？

　我々が，個人的責任の原則を受け入れ，それに伴う権利を承認する以上，そのような重大な事柄の差別をするためには，特別にやむにやまれぬ（compelling）正当化理由が必要とされている —— それは人的判断による正当化であってはならない。同性婚に

反対し，非人的判断による正当化を試みてきた人々は，徹底的に空論にすぎない（speculative）仮説に訴えざるを得なかった。マサチューセッツ州の最高裁判所が同性婚を承認した際に，反対意見を書いた裁判官たちが禁止の根拠としたものは，同性間の結合よりも異性婚の方が，子どもを育てるよりよい環境を提供をできるであろう，というものであった。しかしながらそのような意見には，やむにやまれぬ理由は言うまでもなく，何らの十分な根拠も存在していない。その認識それ自体は，宗教的見方にもとづく倫理的判断を反映したものであり，かついずれにせよそのような考えは，他の州と同様マサチューセッツ州においても，非婚の同性カップルが養子をとることが認められているという法実践に反するものである。

　これよりも，遙かに人々に受け入れられている正当化根拠がある――それは，同性婚を禁止しつつも，結婚に伴う実質的な便宜の大部分若しくは全てを許容する同性間の市民的結合（civil union）を創設するならば，同性愛者たちを差別したことにはならないというものである。（しかしながら）この主張は欺瞞的だ。仮に結婚若しくは提案されている市民的結合に関して，実質的効果と法的効果との間に何の差異もないとするならば，その場合，何故に結婚が異性間にのみに許容されるべきであるということになるのだろうか？　それは，結婚には市民的結合にはない精神的要素（spiritual dimension）が存在する，ということによってのみ正当化が可能となるものである。これは宗教的要素と見なすこともでき，それは，異性愛者たちと同様に，同性愛のカップルの中でも同じように熱烈に望む者がいる。或はそれは，既に述べたような歴史と文化の共鳴と考えることもでき，どちらのカップル共に熱望するものなのである。しかしいずれにせよ，仮にそのよう

　　　　　　　　　　　　　　　　　　　　　第3章　宗教と尊厳

な地位を，同性愛のカップルから剥奪する合理性理由があるとするならば，それは同時に，市民的結合は異性婚と同等の機会を与えられてはならないという理由でなければならない。

　同性婚に対する唯一の真の反論 ── その主張は実際には極めて激しい反対意見を生み出している ── は，宗教的忠誠の誓約に関する主張と同じ形態をとるものであるが，それが遙かに大きな利害関係を有していることは言うまでもない。同性婚に反対するケースを最も共感的に述べるならば，次の点に帰着する ── 結婚制度は，既に述べたとおり，独特の巨大な価値を持った文化的資源なのである。その意義とそれに由来する価値は，何世紀にも亙り有機的に融合されてきたものであり，結婚が男と女の結合であるという前提は，その意義の中に深く組み込まれており，したがって，その前提が今日のように疑われかつ失われるようなことになるならば，結婚は異なった制度になり，その結果，より価値のない制度になってしまうだろう。我々が，あらゆる他の巨大な自然的人工的資源の意義や価値を維持するために闘っているように，この独特の価値ある文化的資源を維持するために闘わなければならない ── と。

　この主張は，同性婚の反対には説得力を得ているものであるが，それは排斥されるべきである ── 何故ならば，この主張は，今や私が明らかにしたように，我々が共有する自由（liberty）と，自由が擁護する個人的責任の前提に矛盾するからである。私が今まさに構築した主張の中で，"結婚" の変わりに "宗教" と置き換えてみれば，そのことの意味が劇的に明らかとなる。既に述べたように，**結婚の文化的伝統と価値に関する全ての事柄は，宗教に関する一般的制度に等しく妥当する事柄なのだ ── 宗教は，何千万もの人々が，その中に巨大で比肩し得べからざる価値を見出し**

143

ている代替不能な文化的資源である。その意義は，結婚と同様に，何世紀にも亘って（文化と）融合し合ってきたものなのである。
しかしながらその意義は，この場合も結婚と同様に，新しい宗教や宗派が発展するにつれ，更には科学や政治や社会正義の理論における世俗的な発展によって，確立された教義や慣習に対する新たな脅威が生み出され，それと共に有機的なプロセスを通して，極めて巨大な変化に直面している。近年の数十年においても，宗教に関する人々の意識は変化してきている — それは，例えばフェミニズム運動 — 女性の司祭を要求している — により，或は神秘主義（mysticism），幻覚実験（hallucinogenic experimentation），耽美主義（pantheism），唯心論（Unitarianism），原理主義，ラディカル自由主義など，さまざまな形態のよく知られた着想の勃興と衰退により，更には，宗教は何ができ何をすることなのかということに関して，個人の決定の中で始まりながら衝撃的変動をもたらして終わるその他数千の変動によってである。アメリカの宗教保守派には，福音主義を自称する人々ですら，新しいビジョンを持つ人々を，宗教組織の資格や法的地位や課税や経済的便益にアクセスすることを法で禁ずることによって，宗教の文化的意義を凍結すべきであるなどと考える者はいない。

　したがって，既に述べてきた同性婚に反対する文化的主張は，我々大部分の者が共有する直感や識見に矛盾するものであり，かつ私が主張する，人間の尊厳に関する第 2 の原則が意味するものにも矛盾している。そのような主張によれば，我々の価値を形成する文化 — それは，我々が尊重する形態で刻み込まれ擁護されている財産である — は，我々の中の一部の者 — これらの人々は，ある一定の時期にたまたま政治的な権力を享受するにすぎないが — のみが所有するものということになる。それは重大な誤

第3章　宗教と尊厳

りである —— 真に自由（free）な社会においては，思想や価値の世界は誰にも属しておらず，かつ全ての人に属している。私が間違っていると —— ただ単に叫ぶのではなくて ——，誰が反論するだろうか？

第4章
税金と正統(当)性

Taxes and Legitimacy

〈第4章の要約〉

　税金をめぐる政治的論争は，政府の役割即ち公正さ（fairness）をめぐってのものなのである。保守派の人々は，この政府の役割は縮減すべきであり，減税はその目的のための適切な手段であると信じている。他方リベラルは，反対にこの国においては，貧困層に対する福祉政策はあまりにも貧弱なものとなっており，富裕層からの税金を減額するということは，そのような福祉を更に一層貧弱なものにすると主張している。

　税金の理論は，平等な配慮が求める最善の理解にもとづくものであるばかりか，個人的責任の真の帰結という観念を含むものでなければならない。課税理論の構築においては，**事後の平等と事前の平等**という経済学における技術的区別が有益であるが，事後の平等は，さまざまな欠陥に悩まされており，事前の平等が優れた政治の理想とされるべきである。

　経済的正義の理論としては，仮想的な社会契約と保険プールの2つのイメージがあり，従来，社会契約のイメージの方が，政治哲学においてはより大きな役割を果たしてきたが，この比喩は失敗した理想によって鼓舞され，しかも事後の平等に固執するものである。反対に保険のイメージは事前の平等に依拠し，税金を保険の掛け金支払いと見なすことができると同時に，税金のレベルと構造が，現実の保険市場によって誘導することができるという理由から，実際の政治においては遙かに大きな役割を果たしてきている。仮想保険によれば，共同体はその場合，全体の掛け金によって十分な財源を生み出し，仮にその程度のレベルの保険を買っていたならば，誰でもが得ることができたのと同じ量のものを，不運な状態にある人々に補償することができることになろう。

　合州国における富と収入の配分の格差は，今日驚くべきものであり，それが政府の減税政策によるものであったことは明白である。アメリカの貧富の格差は擁護できないものであり，今や我が国の政治社会の正統（当）性こそが危機に瀕している，と言わざるを得ないのである。

第4章　税金と正統(当)性

● 税金と消費（Tax and Spend）

　ここまで私は、アメリカを2つの文化的陣営 —— 保守とリベラル、或はそう言っていいならば、赤と青 —— に分断していると思われる、最も劇的な2つの問題を論じてきた。我々は、テロリストの脅威に直面したとき、我が国の刑事法における伝統的な権利を無視することが許されるのだろうか？　我々の政治・政府・公的な世界において、宗教は如何なる役割を果たすべきなのだろうか？　そこで同じように我々の社会を分断し、なおかつこれまでの2つのテーマのどれよりも、大半の市民の日常生活により大きな影響をもたらしている第3のテーマを取り上げてみよう —— それは税金である。

　ブッシュ大統領は、第1期目の任期中に極めて劇的な減税をやってのけたが、それが一層劇的であったのは、それらの減税が、極めて高額な経費のかかる軍事作戦を展開中になされたものであったからである。連邦議会は2005年までに、大統領の要請により、向こう10年間に亘って1.8兆ドルの減税を行うことを承認したが、これらの減税は最富裕層に恩恵をもたらすものであった。2005年、ブッシュ大統領と議会共和党のリーダーたちは更なる減税提案を行い、同時に既になされていた減税措置を永続的なものにする提案を行った。ハリケーン・カトリーナが、ニューオリンズと他のメキシコ湾州を襲って壊滅させたが、それに対する政府の緩慢かつ非効率的な対応は、これらの地域の貧困層 —— その大部分は黒人であり、彼らの生活は壊滅的打撃を受けていた —— に対する配慮の欠如を示すものであったことから、アメリカ中にショックを与えた。このような政治的反応と同時に、更なる減税

149

に対して沸き起こってきた穏健共和党支持者たちの不満——しかも一方では，政府はメキシコ湾地域の復興支援費用のための社会的プログラムをカットしようとしていた——は，少なくとも共和党のリーダーたちに，更なる減税実施を延期させる圧力となった。「減税と２，３日間のみの食料キップの並置が魅力的ではないのは明らかだ」，とニューヨーク州選出の共和党の下院議員であるジェームズ．T．ウォルシュ（James T. Walsh）は述べている[注1]。しかしながら大統領は，彼が望ましいと信じる更なる減税を要求し続けている。

合州国における富と収入の配分の格差は驚くべきものである。2001年には，人口の１％が我が国の富の３分の１を所有し，上位10％が70％を所有し，下位50％以上がわずかに2.8％を所有するのみであった[注2]。2001年の連邦統計局の統計によれば，最上位20％の収入は，総収入の50％以上を占め，上位５％が22％以上を占めていた[注3]。2004年には，政策研究機構の報告によれば，大企業の経営トップの平均収入は，これらの企業の従業員の平均収入の431倍であった[注4]（※2010年代に入り，上位10％の収入が総収入の46％以上，上位１％が20％以上を占めるに至っている）。

ブッシュ政権の減税政策は，貧富間の巨大な格差を更に大きなものとしてきた。ブルッキングス税金政策研究センターの統計に

注１) Michael A. Fletcher and Jonathan Weisman, "Bush Renews Push for Extending Tax Cuts," *Washington Post*（2005年12月6日）p. A02参照。

注２) Arthur B. Kennickell, "A Rolling Tide: Changes in the Distribution of Wealth in the U.S., 1989-2001," table 10（Levy Economics Institute 2003年11月）。

注３) http://www.census.gov/hhes/income/histinc/ie3.html。

注４) "A Marie Antoinette Moment," *International Herald Tribune*（2006年1月3日）p.6参照。

よると，納税引当便宜金の半分以上 —— 所得税から企業引当分を除外して —— が人口の上位 5 ％に入っている。この減税により，年収100万ドル以上の者は，年収10万ドル以下の者の500倍以上の便益を受けたのである[注5]。

共和党のリーダーたちは，富裕者に対するこれらの減税は経済を活性化させるのに必要であったと主張している。しかしながらブッシュ政権の減税政策により，彼が引き継いだ政府財政は，数兆ドルの黒字からかつて無かったほど危険な財政赤字に転落し，議会予算局によれば，アメリカ全体の経済の活性化のための支援策を講じない限り —— それが仮に可能であるとしても ——，次の10年間に亘って3.5兆から4兆ドルの財政赤字をもたらすことになると予測されている[注6]。2001年からの経済成長は，ふたたび主として富裕層に恩恵をもたらすものであった —— この間の中間層の世帯収入は実質的には低下しており[注7]，アメリカの家庭の平均収入は，2004年には2.3％低下した[注8]。大統領の経済顧問たちが予言したように，減税の雇用改善への貢献はごくわずかなものであった[注9]。事実，ニューヨークタイムズは，次の

注5) Joel Friedman and Robert Greenstein, "Exempting Corporate Dividends from Individual Income Taxes," Center for Budget and Policy Priorities（2003年1月6日）参照。

注6) "Wanted: A Wary Audience," *New York Times*（2006年1月31日）section A, p.20参照。

注7) "Economy Up, People Down: Declining Earnings Undercut Income Growth," Economic Policy Institute Publication, http://www.epi.org/content.cfm/webfeatures_econindicators_income20050831 参照。

注8) "Average American Family Income Declines," http://abcnews.go.com/Business/wireStory?id=1654810&business=true 参照。

注9) 大統領経済諮問委員会 "Strengthening America's Economy: The President's Jobs and Growth Proposals,"（2003年1月7日）参照。

ように報道している。

「ブッシュ政権下での経済回復に伴う雇用増は，1960年以来のどの景気回復期と比較しても遙かに劣ったものである。今年度の新規雇用増が，毎月500万人になったとしても，近年の史上2番目に悪い記録に匹敵するにすぎない。そして，勤労層はよりハードな労働に従事するようになってきているにも関わらず，時間給や週給 —— 大部分のアメリカ人の経済生活の源であるが —— は，2003年中間期以降，インフレによって同等若しくは低下してきている(注10)。」

2002年にノーベル経済学賞を受賞したエコノミストであるジョセフ・スティグリッツ（Joseph Stiglitz）は，「仮に私が経済を活性化させるための減税リストを作ろうとするならば，ブッシュ政権の株主配当金減税を減税リストに含めないであろう」と述べている(注11)。

しかしながら税金をめぐる政治的論争は，経済的予測をめぐるものが主要な問題ではない。多くの保守派の人々が，税金が低くなることを望んでいるのは，税金による福祉プログラムを縮小したり消滅させることを希望しているからなのである。過去70年以上に亘って —— ルーズベルト政権が導入したいわゆるニューディール政策以来 ——，成功した民主主義社会の人々は，国家の富は，自由市場経済が独力で達成することよりも，政府の役割の一部として行うことの方がより公平に分配されている，ということを概ね認めるようになってきた。課税制度は，政府がこの再分配の役割を果たす上で不可欠な基本的メカニズムである。政府が

注10) "Wanted: A' Wary Audience."。
注11) Joseph Stiglitz, "Bush's Tax Plan — the Dangers," *The New York Review of Books*（2003年3月13日）。

第4章 税金と正統(当)性

　累進税率で徴税する結果，富者は貧者よりも，収入や資産に関してより高い割合の税金を支払うことになり，政府は徴収した税金を使って，失業給付金や退職金，健康保険や貧困な子供たちへの支援，食料援助，住宅補助，その他の福祉提供のためのさまざまなプログラムに資金提供をする。

　保守派の人々は，このような政府の役割は縮減すべきであり，減税はその目的のための適切な手段であると信じている —— 何故ならば，彼らの考えによれば，現在のレベルの課税ですら，懸命に働いて収入を得ている人々や，全ての人々に便宜を供与する活力ある経済を可能にしている人々にとっては，不公正なものだからである。彼らは，成功した事業者たちはとりわけ自らの技術と投資をする勇気を通して社会に貢献してきた人々であり，彼らの成功に対しては，高額の課税で処罰（penalized）されるべきではないと信じている。彼らは，富裕層がブッシュ政権の減税政策の一番大きな分け前を得ることになったことが不公正とは考えていない —— 彼らの考えによれば，このような減税は過去の累進税率の不公正さを補償するスタートにすぎないというわけである。リベラルの考えによれば，反対にこの国においては，貧困層に対する福祉政策は既にあまりにも貧弱なものとなっており，富裕層からの税金を減額するということは，そのような福祉を更に一層貧弱にすることであり，極めて不公正なものということになる。したがって，双方の陣営の主たる論争点は，公正さ（fairness）をめぐるものということになる。本章での私の希望は，課税のレベルと，公正さのみならず政府の正統性との間の結合を提案し，それによってこの不一致点の意味内容を深めかつ方向づけしようということである。政府が，規制の弱い自由市場によって生み出される富の再配分に失敗した場合，政府に対する自国民の尊敬と忠

153

誠を弱めることになるということを，私はある時点で主張することになろう。

　少なくとも合州国においては，保守派が税金をめぐる争いで勝利しつつあることは明らかだ。過去数十年の間に，包括的な増税を提案した唯一の大統領候補は，1984年の大統領選挙のウォルター・モンデール（Walter Mondale）であった —— 彼は地滑り的敗北を喫した。ジョージ．H．W．ブッシュは，1988年の大統領選挙で勝利した時，「新税導入はない」と演説し，これに対して人々は，彼が約束を守るものを期待したが，その後の1992年の大統領選挙でビル・クリントンに敗北することになった —— それは，少なくとも部分的には，結局ブッシュがその後実施した増税によって，保守派の支持を失ったことによると考えられている。今日主要な政党に属する政治家たちの中で，包括的増税を提案する者は誰もいない。ジョン・ケリーは2004年の大統領選挙で，年収20万ドル以上の人々に対する増税提案を行った —— ブッシュ陣営の反応は，この提案でケリーが示しているのは，例の月並みの「増税路線リベラル」を示しているにすぎないというものであった。この非難がどれほど人々の投票に影響したかは分からないが，しかしながら，如何に多くの人々が，自らの経済的利益になることが分かっているはずのことでも，それに反する投票行動をするものであるかということ —— かつそれは伝統的な政治的分別に反する —— は，注目すべきことだ。年収20万ドル以上やその見込みのある人々は，極めて僅かなのである。選挙の結果はただ単に，経済的問題が安全や宗教的な問題にとってかわられたにすぎないことを意味するかもしれない。しかしながらそれは，非常に多くの人々が民主党の主張 —— ブッシュ政権の税金政策が不公正なのは明らかだというもの —— を拒否していることを示唆するもので

第4章　税金と正統(当)性

ある。

　税金をめぐる議論はそれが先鋭化してきたことに特徴がある——何故ならば，今までの2章に亘って検討してきた問題のように，それは議論の骨組み（structure）が欠けているからである。双方共にスローガンの交換をしているにすぎない。リベラルの主張によれば，保守派は貧者を罰することを望んでおり，保守派の主張によれば，リベラルは他の人々のお金を使うことを望んでいるというのだ。どちらの陣営も，それぞれが公正と考えている税のレベルを定義できているとは思えない。したがってリベラルは税金があまりにも低いと不平を言い，保守派はあまりにも高いと不平を言うが，どちらの陣営も，税金はどの程度であるべきであり，そしてそれは何故なのか，ということについて何らの説明ができていない。

　私はここで，この問題に対する真の論争を可能にするために，その問題に対比する答えの説明をすることによって，議論の骨組みを提案してみようと思う。再び私が第1章で定義し引き続く2章に亘って発展させてきた，人間の尊厳に関する原則からこの問題を出発させることを提案したい。**仮に我々が，人間の生は本来的価値を有しており，各人は自らの生において，その潜在的価値を確立し形成する個人的責任を負っているということを原則として認めるならば，我々は如何なる税金政策を追及すべきなのであろうか？　これらの原則が，財政の分野，税金と消費の支配する領域において要求するものが何であるのかは，直ちに明らかとなるものではない。このことが我々が今探求しなければならない課題なのである。**

● 政治的正統(当)性と平等な配慮

　全ての人が良き生を送ることが，平等な本来的価値を有しているということが承認されるならば，その場合我々は如何なる他者に対しても，その生が何ら重要な価値を有していないかの如くに扱うことは許されないことになる。仮に他者をそのように扱うならば，それは彼と同様に，我々全ての者の人間性を貶めるものとなろう。しかしながらそのことは ── 一部の哲学者たちが提案してきたようなものとは反対に ──，我々が全ての他者に対して，我々自身や近親者に示すと同様の配慮を常にしなければならない，ということを意味するものではない。大抵の場合我々は，自らの目標や趣向や責任を念頭に置きながら行動している。私が自分の子どもの援助をする際に，あなたの子どもに対するのと同程度の義務感を持つことは無いであろう。我々は全ての他者に対して，個人として**一定**（a measure）の配慮を示すが，我々自身や家族や近親者のために示すものと等しい配慮を示したりすることはない。

　しかしながら，国家とその構成員との関係 ── 全てのアメリカ人の集団と個々のアメリカ人との関係 ── は，それとは全く異なった関係である。政府は，その統治権を行使する範囲の全ての人々に対して，平等な配慮を実際に示さなければならない。我々が選ぶ政府は，劇的に強制的な権力を行使するのである。政府は，我々が政府を通して要求する方法で，個々の市民に一定の行動を強制する。我々は，税金を通して人々のお金や財産を徴収し，我々が命じたことを人々が拒否した場合，投獄したり，或はわが国においては死刑に処したりさえする。我々は人々に対してこの

第 4 章　税金と正統(当)性

ようにするだけではなく，その権利を要求する ── 我々は同朋たちに対して，このような集団的要求を，恐怖ではなく道徳的義務 ── 法に従うべき厳しい道徳的義務 ── とみなすことを望むのである。如何なる個人も，第三者に対してそのような力を行使する権力を有してはいない。我々の政府は，その全てを要求するのである。

　我々は，そのような権限を付与される資格を持つ前に，道徳的条件を満たさなければならない。権力を持ったグループ ── それがある一定の人口の多数を構成するとしても ── は，自らの目的を達成するために，警察や軍隊という強制的装置を用いることが，道徳的に常に許されるということにはならない。権力を持ったグループが，法令によって道徳的な義務を強制することを常に妥当なものとして主張することができるわけではない。権力を持った人々が，政府が行う行為として権限を持ったものとして認められ，彼らが服従を要求する人々にとっても，実際上それに従うことが道徳的なものであるとみなされるためには，どのような条件を満たさなければならないのであろうか？　この問題 ── 即ち政治的**正統 (当) 性**（legitimacy ※以下原則として「正統性」と訳出する）の問題 ── は，政治哲学上の最も古典的な問題である。この問題は，現代のような脆弱な世界秩序 ── 主権国家が，異議申立を受けたり転覆されたりして，政治共同体がほとんど毎月のように再編されたりしている ── の中では，新しい喫緊な問題なのである。しかしながらこの問題は，重要な正義の問題が持ち上がる場合，我が国のような成熟した安定的な国家においてもまた，喫緊の問題なのである。

　政府は，正統性に合致させるものとして，如何なるテストを受けなければならないのだろうか？　完全に正しい (just) もので

157

ない限り，政府は正統性を備えていないということはできない——何故ならば，完全に正しい政府など現存しないのであるから，そのような要件を要求することは，あまりにも厳しすぎるということになろう。多くの政治哲学者たちは，政府の正統性は，正義（justice）ではなく，同意（consent）に依拠するものであると主張してきた。彼らの主張によれば，如何なる国家も，その国の憲法が国民の一致した同意によるものでない限り，正統性を持たないことになる。しかしながらこの主張が要求する要件もまた，あまりに厳しすぎるのであり——どんな政治共同体にも反対者はいるものである——，したがって哲学者たちは，さまざまなフィクションによって，この理論を希釈化せざるを得なかったのである。彼らは，市民が政府の支配する領土内に留まっている限り，その政府の権威に暗黙の同意を与えていることになると主張する。しかしながら，実際上他国に移民する可能性を持つ市民はほとんどいないことから，更により緩いテストを提案する哲学者たちもいる——市民がある種の理想的な条件——それが道義に適ったもの（rational）であり，かつ例えばその全ての要件を備えている場合——の下で，政府の権威に同意するならば，政府は正統性を有しているというわけである。しかしながら，そのようなことは通常はなおさらあり得ない。いずれにせよ，仮想上の同意というものは何ら同意というものではなく，したがってこのように理論を補充することは，結局はその理論を修正するものになってしまうのである。

　完全に正しい政府や，帰属する市民が政府の権威に一致して同意している政府のみが正統性を有している，という主張があまりにも厳しすぎるならば，政府が正統性を有しているか否かの決定には，如何なるテストを用いるべきなのであろうか？　第2章で，

第4章　税金と正統(当)性

　私が政治的権利と人権との間に引いた区別を思いおこしてもらおう──これと同じ区別を用いることが今や適切なのである。そこでは，私は2つの権利の間の決定的な相違点を強調した。前者は，政府が，人間の尊厳に関する2つの原則に関して，最善かつ最適な解釈に従って行動することを求める。それは市民の政治的権利の問題であり，我々が通常の政治的議論において討論すべき問題である，それは正義の問題である。後者は，それとは異なったより解釈を要する問題である。政府の如何なる活動が，それを制約するものとしての2つの原則を認めないものであったり，或は，2つの原則が要求するものに関する，自らの理解と矛盾する行動を示していることになるのであろうか？　それは人権の問題であり，同時にそれが政治的正統性のテストの問題なのである。

　正統性に関する説得力を持った理論は，如何なる意味でも，実際上或は仮想上の一致した同意という前提を抜きにして始められなければならない。**政治的正統性の理論は，市民が一旦政治的共同体の中に生まれ，或は後にその共同体に参加した場合に，まさにそのこと故に，その共同体に義務──共同体の法を尊重する義務につき，彼らが，その義務を明示的あるいは黙示的でも認めようと否とに関わりなく，それらの法を尊重する義務を負うことを含む──を負うことになる，という異なった前提から出発しなければならないのである。**しかしながら，市民がこれらの政治的義務を負うのは，その共同体の政府が，市民たちの人間の尊厳を尊重している場合のみであり，かつその限りにおいてなのである。いわばその義務は，政府が，市民たちの生と彼らの生に対する個人的責任の平等な価値を承認し，かつこれらの尊厳の諸側面が要求するものに関して，誠意ある判断に従って市民を統治しようと努力する限りにおいてなのである。私は，私を二級市民として扱

159

うような共同体に，如何なる義務を負うこともできない——アパルトヘイト政策を実施した南アフリカの政権は，黒人たちに対して，何らの正統な権威を有するものでなかったし，南北戦争前のアメリカの州政府は，財産（property）としてのみ扱った奴隷たちに対して，何らの正統性を有するものでもなかったのである。

　正統性を有する政府は，統治権を行使する全ての人々に対して，一定の配慮を示すだけではなく，**平等な**（equal）配慮を示さなければならない。私の主張の趣旨は，政府は，如何なる市民の生に対する政治的な影響力の行使に際しても，彼らが平等な価値を持っているものとして行動しなければならない，というものである。この意味においては，政治的正統性の問題は，オール・オア・ナッシングというような融通の利かない問題ではなく，程度の問題（a matter of degree）ということになる。定められた手続の下で，選挙によって選出される政府——将来多数派による政権交代を許容し，かつ多かれ少なかれ，政府による平等な配慮の責任と個人的な責任を許容する——は，その限りにおいて十分に正統性を有しているものとされよう。その結果として，仮にその政策の一部——例えば税金政策——が，人間の尊厳に対する無関心を示すものであっても——もっとも，仮にその無関心がはるかに広範かつ一般的なものとなる場合には，その正統性を完全に損なうものとなろうが——，（それだけでは）政府に対する全面的かつ無条件の不服従が正当化されることはないだろう。南アフリカの政権は，黒人の市民の生の平等な価値に対する無視が全面的であったことから，黒人の市民に対する政治的忠誠を求めることができなかったのである。政府の税金政策が，貧困層に対する類のない侮辱を示す場合，そのような政策をとらなければ正統性を有するはずの国家は，革命に対しては格別，制限されかつ的を絞っ

第4章 税金と正統(当)性

た市民的不服従に対しては，道徳的には脆弱な (vulnerable) 存在となろう。

本章の残りでは，正義と同様に，正統性の問題に関心が払われることになろう。我々の政府の経済政策は，貧困層に対する無関心という壁 (plateau) —— それは市民としての彼らの権利に対する特異な見解のみならず，彼らの権利に対する配慮という点でも目に余る欠損を示すものである —— にぶつかったのか否か，ということが問われることになろう。この問題が，政府の政策に関する人々の支持や人気度によって答えられるものでないことは言うまでもない。私は第1章で，ブッシュ政権の減税政策によって，より一層貧困にさせられている多くの人々が，彼の再選のために投票し，そして彼の減税政策を世論調査で支持し続けていることを指摘した。第1章で述べたように，ブッシュ政権の宗教的価値とこれらの選挙民たちの文化的一体感が，ブッシュ政権の政策による彼らの経済的運命よりも，彼らにとってはより価値があることなのだ，と指摘する批評家たちもいる[注12]。或はまた，富裕層に利益となる税金政策をこれほど多くのアメリカ人たちが支援するのは，いつの日か彼ら自身が豊かになれるかもしれないと信じているからなのであり —— それは極めて僅かの証拠によってであるが ——，したがってそのような観点からすると，共和党を支持するのは宝くじを買うようなものなのだ，と指摘する批評家たちもいる[注13]。我々が政府の税金政策の正統性の検討をするにあたっては，このような考えは全く意味をなさない。貧困層の多

注12) 例えば Thomas Frank, *What's the Matter with Kansas* (Henry Holt, 2004年) 参照。

注13) 例えば Ian Shapiro, *The State of Democratic Theory* (Princeton University Press, 2003年) 参照。

くが，政府は彼らに対して必要な配慮を示していると考えているとしても，そのように考えない人々もいるのであり，したがって我々はどちらの見解が正しいのかということを探求しなければならない。

しかしながら，ここまで私が政治的正統性について述べてきたことは，保守とリベラルのどちらの陣営の主張にも立つものではない。私の正統性に関する主張は，哲学的な問題としては論争的なものであるかもしれないが，政治的には論争的なものでないと思っている。したがって我々は今や，完全に共通の土俵の下で，税金のテーマに戻ることができるのである。ここに我々がすべき質問がある —— 政府が，政治共同体において，全ての人々に平等な配慮を示そうとするならば，如何なる税金政策を採用すべきなのだろうか？ 仮に政府が，個々の市民に対して示す配慮と関心に関して同じ責任を負っているとするならば，如何なる税金政策をとるべきなのだろうか？

● レッセ・フェールと小さな政府

我々の議論は次の事実を承認することから始まる —— 大きな政治共同体の政府が行う —— 或は行わない —— ほとんど全ての事柄は，個々の市民が自らの生に立ち向かう際に用いる資源に影響を与えるのである。したがって国家は，どんな市民の経済的立場に関しても，その責任を否認することで平等な配慮の要求を回避することはできない。どんな市民がいつ何時有する資源も，多数の可変的機能（a function of many variables）—— 彼の肉体的精神的能力や才能，彼の過去の選択，彼の運，他者の彼に対する態度，他者が望むものを生み出す彼の力や希望を含む —— であることは

第4章　税金と正統(当)性

言うまでもない。これらのものは，彼の個人的な経済的変数と呼ぶことができよう。しかしながら，彼の現実の資源や機会に関するこれらの個人的変数は，どのような場合でも，同時に政治的変数——彼が，その中で生き或は働いている共同体の法律や政策——に依存した帰結をもたらすことになるであろう。これらの法律や政策は，政治的合意（political settlement）と呼ぶことができよう。

税法が，政治的合意の重要な一部をなしていることは言うまでもないが，他のどのような法律や政策もまた同様に，政治的合意の所産なのである——それらには，財政金融政策，労働法，環境法や政策，都市計画，外交政策，健康保険政策，交通政策，薬物食品規制その他諸々の法律や政策などが含まれる。個々人の選択，運，態度その他の個人的変数が一定であるとしたならば，これらの政策や法律の変更は，共同体における個人の資産や機会の配分に変化をもたらすことになろう。

したがって政府は，個人が有する資源は彼の選択に依拠しており，政府の選択に依拠していないと主張して，平等な配慮という課題を回避することができないのである。それは両方に依存している。政治的な合意——それは政府のコントロール下にあるが——は，個々人が行ったかも知れない教育，職業訓練，雇用，投資や娯楽に関する一連の選択や，彼が遭遇するかもしれない幸運や悪運の出来事の各々について，個人にとっての最終的な帰結をもたらすのである。したがって我々の問題は，今や次のように，多少ともより体系化された（structured）意味で言い直すことができよう。市民の個人的資源に対する政治的合意の影響が，複雑かつ劇的であることを考慮すると，如何なる政治的合意を選択することが，市民を平等な配慮で扱っていることになるのであろう

163

か？　例えば，政府は市民全ての公正な守護者（fair-minded parent）として如何なる選択をすべきなのだろうか？　そのような公正な政治的な合意において，税の役割とは如何なるものなのだろうか？そしてまた，富と収入がさまざまなレベルの人々にとっては，如何なる税率が求められているのであろうか？

　ここで，政府は市民の守護者なのでは**なく**（not），成人の市民は自立しなければならず，したがって政府の役割は，市民が税制や他の手段の施しを受けることなく，最善を尽くして自らの生を生きるようにするべきことなのである，という主張があり得よう。しかしながら，そのようないわば自由放任（laissez-faire）の提案とは，私がまさに指摘した問題点── 政府は，市民をただ単に放置しておくことはできないのであり，政府の行動は，人々が有する資源に影響を与えるからこそ，その帰結が如何なるものとなるかを考慮に入れなければならない ──を無視するものである。国民の多数が望むならば，我々は最小国家を作り，警察力と軍隊の維持を除けば僅かな権限のみを政府に付与し，しかもこれらの制限された権力に，必要な限りの税のみを徴収するようにすることができるのは言うまでもない。しかしながらそれは，我々のような政治的能力を有する社会においては，我々全ての者によって集合的に決せられる政治的決定ということになり，したがって我々には，より貧しい市民を助けるために，はるかに大きな力を政府に与えることが可能であったとされる場合には，最小国家を生み出す決定をしたことが，全ての市民に平等な配慮をしているということを示す責任が出てくることになろう。

　次のような応答を想定してみよう ──「政府が行う事柄全てが配分的帰結をもたらすものであるというだけで，政府が何をなすべきかを決定する際に，これらの結果を考慮すべきであるという

第4章　税金と正統(当)性

ことにはならない。反対に，政治的合意の個々の要素は，その配分的結果を考慮することなく決定されるべきである。自然保護法は自然保護政策に，貿易連合は外交政策に，軍事予算は軍事政策に等々，といった具合にまかせてやらせてみればよい —— 分配の結果がどうなろうと，そんなことに関係なく，各々の政策にまかせればよいのだ」—— と。

　しかしながら，これはあり得べき戦略ではない —— 何故ならば，これらの政策決定の各々が，予算措置や人員配置の決定を伴い，したがってこれらは当然に，配分的な決定となるのである。政府が軍備にいくらの予算措置を講じるかは，同時に教育や健康保険にいくらの予算措置を講じるかを決定することなく行うことが出来るのだろうか？　そしてまた，全ての経済的諸階級の市民が，どの程度これらの予算を享受する資格を有しているかということに関する理屈抜きに，政府はこれらの問題を決定出来るのだろうか？　更には，どの程度の課税が公正であるかを決定することなしに，軍事費を決定することが出来るのだろうか？　そしてまたどのような人々に課税し負担を分担することが公正であるかを決定することなしに，課税をすることが出来るのだろうか？　そのような問題に対して，中立的で自由放任な解答などあり得ない。超保守派ですら，何らかの解答の選択をせざるを得ないであろう。既に述べたとおり，最小国家の選択を正当化するためですら，配分的理論を必要とするのであり，或はまた，均等税率構想 —— その構想では，富裕層も貧困層と同率の税を支払うが，トータルではより多く支払うものであり，一部の保守派の支持を受けている —— か，マーガレット・サッチャーが提唱した人頭税構想 —— その構想では，富裕層も貧困層も全ての人が同額の税金を払うというものである —— かのいずれかの選択をするためですら，配分的

理論を必要とするのである。

 したがって自由放任国家は幻想なのである。勿論次のようにいえることは言うまでもない —— 我々が望むならば，一旦正しい方法で政治的合意が確定した場合，人々は相互に可能な限り自由な経済取引 —— 例えば賃金や価額について —— を行うことが保障されなければならず，したがって国家はこれらの交渉の結果を妨害してはならない —— と。しかしながら，これによって，政治的合意が，人々に平等な配慮を示す問題を回避する言い訳とされてはならないことは明らかである —— 反対にそれは，実効ある政治的合意が，まさにそのことを実施しなければならないということを意味している。

 我々は，保守派が私の問題提起の力を弱めようとして提示するかもしれない，もう1つの反論を検討する必要がある。その主張は，政府が何らかの集団的で全体的な目標を追及し，かつその目標が独立した問題として，その結果がもたらす配分の公正さの検討を政府に対して求めていない場合，政府は人々を平等に扱っていることになるというものである。例えば，政府が追及する目標がどのような政治的合意であれ，集合された経済的尺度で測ると，それが共同体に，長い目で見ると全体として最も繁栄をもたらす場合や，何らかの心理的な尺度で測ると，それが全体として，最も幸福度を高めるものである場合を想定してみよう。そのような政策 —— おそらくは，高収入の経営幹部により一層働くことを奨励するために，低率の税金を課するものである —— は，資源の配分に関する極めて大きな不均等を正当化するものであるかもしれない。それにも関わらず，そのような政策は，全ての人に対して平等な配慮をしていると主張されることになるであろう —— 何故ならばそれは，如何なる政策が共同体を全体として豊かで最も幸

福なものにするか，という検討を通して採用された政策であることから，各人の富や幸福を平等に扱っているというわけである。

しかしながら，このような集合的目標に訴える考え方は，平等な配慮，という更なる問題を直ちに提起することになる。政府は集合的目標を選択すべきではなかったかもしれない。或は政府は，それとは異なった集合的目標を選択すべきであったかも知れないのである —— 例えば，全体の繁栄や幸福を追求しつつも，それによってもたらされる可能性のある不平等を制限するために，より複雑な目標を採用することである。それは，如何なる人の富も，一定水準以下になることを許容しないという政策であり，そのような政策を採らない場合と比較して，例え全体の集合的富や幸福が大きなものとならないとしても，である。したがって問題は，次のような問いでなければならない —— 政府が，共同体の政治的合意の基礎として，経済的階段の最底辺にいる人々にとって，何らかのより良き生を生み出すことになる，異なった或は適切な目標を採用することなく，不適切な全体的目標を採用した場合，政府は全ての人に平等な配慮を示したことになるのであろうか？その結果のもたらす不平等があまりに大きい場合，政府はそれにも関わらず，不適切な全体的目標の選択を持ち出して，平等な配慮を示したのだという主張を正当化することは困難なことになろう。**ある一家が新しい家を買おうとしており，全体の面積で測ると，ベッドルームのスペースが一番大きな面積を占める家屋を買うことを希望している場合を考えてみよう。平均するとベッドルームのスペースが一番多くを占めているものの，1つのベッドルーム —— それは1番幼い子どもが使うことが分かっている —— は恐ろしく暗くしかも小さな部屋である場合に，その一家は，家族のメンバーに平等な配慮をしていることになるのだろうか？**

● 個人的責任

　ここまでの私の主張は，極めてラディカルな結論 —— 政府が全ての市民に平等な配慮を示すのは，各人がどのような選択をしたかとか，彼の運がどのようなものであったかということに関わりなく，各人に対して，同じ資源を持つことができるようにするための政治的な合意を作り出すことによってのみである —— を推奨しているように思われるかもしれない。しかしながらそれは，あまりにも性急すぎる結論である —— 何故ならば，政府は同時に，人間の尊厳に関する第2の原則を尊重しなければならないのであり，それは各人に対して，彼自身の生における個人的責任を同定し価値を作り出すことを課するものだからである。政府と家族の間の比喩に対して，私が描き出した前述の反論には多くの真実が含まれている。成人は，第三者がその人のために重要な決定をしなければならないとか或はそれをすべき子どもではない —— 実際には子どもたちですら，全てがそのような意味での子どもとは限らない。平等な配慮 —— 市民の生の本来的価値と同様に，その個人的責任も尊重すべきである —— という概念が必要とされているのであり，全ての市民がいつでも入手可能な同一の資源を持つために，政府がどの程度のことをしなければならないのかは，この要件によって実質的な制限を受けるのである。

　例えば，あるラディカルな平等経済政策 —— それによれば，年に一度共同体の資源全てを集めた上でそれらを平等に再分配し，それによって過去1年分の全ての取引を清算し，人々が全て同じ条件で再出発できるようにする —— を考えてみよう。それは，あたかもモノポリー（Monopoly ※最終的に他のプレーヤーを破産させ

第4章　税金と正統(当)性

ることを目的とする「独占ゲーム」）ゲームで，15分毎に一旦集めたゲーム参加者の全てのお金と財産を精算して，再度始めるようなものである。それがゲームを台無しにすることになるのは言うまでもない —— 何故ならばそれは，誰にとっても，どのような結果になるかということに何らの選択肢もないからである。これでは誰が何をしようと何ら意味をなさないことになろう。ラディカルな平等経済政策は，少なくとも財政面でみると同じ結果をもたらすことになろう —— 人々は，彼らの行為の屈辱的な経済的帰結に侮辱され，したがって，彼ら自身の生の経済的側面については何らの責任を取ることもできないことになる。そのような社会においては，より良い収入の職業に将来就くために学校に進学したり，子どもたちにより良い教育を受けさせるために現在倹約することや，利益を上げる目的で投資をするなどあり得ないものとなろう。私が何をしようと同じ経済的状態が待ち受けている以上，このような選択は何ら意味をなさないものとなろう —— 私自身の選択が何らの経済的帰結ももたらさない以上，それに関して何らかの経済的責任を持つことなどあり得ないことになる。

　よりラディカルさの劣る平等プログラムもまた，それ程徹底したものではないものの，依然として実質的に個人的責任を損ねるものとなろう。例えば，ジョン・ロールズの極めて高く評価されている正義理論を考えてみよう —— その理論によれば，共同体の政治的合意は，ひとたび基本的自由が適切に擁護される場合には，共同体の中で最も恵まれない階層の者の利益を，可能な限り向上させることを目指すべきものとされている。その理論は，全ての市民が，同じお金やその他の資源を保有すべきであるということを意味するものではない。才能ある人々に，働いて得たお金をより多く保持することを認めるならば，彼らがより一層働くことを

169

推奨することになり，それによって，富が平等に保たれるよりも，より一層富を絶対的に増大させることになり，その結果として，最も恵まれない階層に福利をもたらすことになる，ということはあり得ることであろう。ロールズの格差原理に対しては，絶対的な富と同様に相対的な富も重要な問題であるという事実を無視している，といって反論してきた批評家たちもいる。彼らの主張によれば，最も貧しい人が2,000ドルを得，最も豊かな人が数百万ドルを得るよりも，全ての人々が1,000ドルを得ることの方がより良いということになる。

　しかしながらここで私は，それとは異なった —— そして私の見解によればより重要な —— 反論を加えようと考えている。ロールズは，最も恵まれない階層を，そのメンバーが持つ資源という条件にもとづいてのみ定義している。ロールズの定義では，病気をしたとか運に恵まれなかった結果，恵まれない状態になっている人々と，他の人々と同様に懸命に働くことをしなかったり全く働かないという選択をした結果，恵まれない状態になっている人々との区別が，全くなされていない。したがって，彼の提案によれば，このような最も恵まれない階層の人々の運命は，如何なる意味でも，彼らの選択や責任に左右されるものではないことになる —— そのような階層に属している人は，彼が仕事に関してどのような選択をしようと，彼らを可能な限り豊かにするために必要とされるものであるならば，どのような再配分的便宜であれ受け取ることになる。国家にとっては，働くことができない人々のみならず，働くことができるにも関わらず，海辺で泳ぎに興じる事が好きな者たちであっても，そのような人々に福利をもたらすならば，最も恵まれない階層の人々の全体の地位改善をしたことになるというわけだ。したがって，ロールズの提案は同時に，個人的

第4章　税金と正統(当)性

責任の原則が要求する，個人的選択と個人的運との関連を断ち切るものなのである。

　私の指摘は，ロールズの正義論を見落としているのではない。彼は，正義の政治理論 (a political conception of justice) と名付けたところの理論 —— 生における個人の状態に関する個人的責任を承認するか否か，というような倫理的な問題について，人々がどのようなより包括的な見解を持っていようとも，承認することが可能とされる理論 —— を創出することを探究したのである。第3章で述べたとおり，ロールズの希望は，公的な議論において，人々は政治的な原則のみに訴え，かつそれのみを議論すべきであり，人々が自らの生をどのように送るかについての私的な倫理的理念を議論すべきではない，というものであった[注14]。何故私がロールズの見解に賛同できないかは，そこで既に説明した通りである。私の見解によれば，現在のアメリカにおいてそのような制限を認めるならば，公的な世界における宗教の役割について，我々は真の議論を形成することができないことになる —— 何故ならば，我々の明らかな政治的信念は，今日あまりにも激しく異なっているからである。尊厳と個人的責任に関して，我々が共有するより包括的な倫理的原則が同定されなければならず，その上で，競合している政治的原則のいずれが，これらのより基本的な倫理的信念の下で，より確固とした基礎を構築することになるかの探求が試みられるべきなのである。本章のテーマに関して公的な議論を望むならば，同じ戦略が執られるべきなのである。貧困層や不幸な人々を援助するための政府の責任に関する明確な政治的見解は，今日我々の間では驚くほど対立したものとなっている

注14）本書第3章及び Justice in Robes 第9章でのロールズの議論参照。

171

―― 保守派の直感は，そのような公的責任を一切拒絶したり制限したりする傾向にあり，リベラルの側は，それを容認したり拡大したりする傾向にある。相互に建設的な議論を展開しようと望むならば，議論の枠組みを広げなければならず，その議論の中に，自らの経済的運命に関する個人的責任という問題を含めないことには，そのような議論を展開することができないのである。そのような責任を一切認めようとしない平等主義的戦略は，排除しなければならない。

したがって，人間の尊厳に関する2つの原則 ―― 我々が共有すべきものと私が主張している ―― にコミットする国家の政治的合意は，極めて厳しいこの2つの条件を同時に満たさなければならないものなのである。国家の政治的な合意は，個々の考え得るあらゆる個人的変数（imaginable set of personal variables）に由来する富 ―― それは，市民各人が行う可能性のある個々の選択であり，かつ市民各人が遭遇する可能性のある幸運や不運に由来する ―― を分配するものである。そのような合意は，共同体が主権を行使する全ての人々に，平等な配慮を示すと同時に，彼らの個人的責任を尊重するものでなければならない。したがって税金の理論は，このような平等な配慮が求める最善の理解に基づくものであるばかりか，個人的責任の真の帰結という観念を含むものでなければならず，その上で，これらの要件が同じ枠組みの中で共に充足される方法を見つけ出さなければならないのである。

ブッシュ政権の税金政策の正しさや正統性のいずれかに関して，理に適った議論をしようとするならば，保守派もリベラルも共に，これらの2つの条件に合致し，その立場を支持する正しい税金政策の理論を構築することを試みなければならない。本章の次の数節においては，私はこの理論を，リベラルな立場を明確にし，そ

第4章　税金と正統(当)性

の真の力を示すようなものとして構築し主張することになろう。そこでまず，私の主張に対して反論を試みる保守派の主張の中にどのような説得的な反論があるかを検討し，これらの反論に対する応答を試みてみよう。保守派にとっては，2つの原則に対する彼らの異なった理解に基づいて税金政策を検証するためには，私とは異なった理論を構築することが課題として残されている。彼らが，我が国の現在の低税率税金政策を正当化する十分な説得的理論を構築することができるならば，その場合，仮にそれが完全には説得的なものではないとしても，私の疑念——我が国の現在の税金政策は正義に反しているばかりか，同時に正統性も有していない——に対する反論となろう。彼らがそのことに成功しないならば，私の疑念はより強化されたものとなろう。

　ここで，このような議論の進め方に対してあり得る反論に答えておく必要がある。それは，私が，税金の問題を他の社会的正義の問題から切り離す，という誤りを犯しているというものである。税金が極めて多様な役割を果たしながらも，人間の尊厳に関する2つの原則を充足するような，異なった種類の政治的合意は他にも多数あり得，しかもその中には，再配分的税制にそれほど依拠しない政治的合意もあり得——仮にあり得るとした場合——，したがって，あらゆる種類の税制が不可避的に正義や正統性を要求されるものとは言い切れない，というわけである[注15]。例えば，社会主義社会では，職業や固定給や住宅供給や健康保険やその他の福祉は，全ての人々が概ね平等な生活水準を享受するような方法で，人々に配置されていると言えるのかもしれない——このよ

注15) この主張は，Liam Murphy and Thomas Nagel, *The Myth of Ownership: Taxes and Justice*（Oxford University Press, 2002年）で強調されている点である。

173

うな方法で，そのような社会は，税金や富の再分配を重要な武器として頼ることなく，平等な配慮という要求を満たそうとしているように思われよう。

しかしながら社会主義社会は，集団的決定によって極めて厳しくコントロールされた経済を持つものであったことから，個人的責任を尊重するという，より高次の要件を充足することができなかった。共同体はその構成員に対して，労働や娯楽や投資や消費に関して，自ら決定する自由を極めて広範に保障する場合のみ，その要件を尊重することができるのであり，そしてまた，価格や賃金を極めて広範に市場の力に委ねる場合のみ，その要件に答えることができるのである（私は，このような主張を概ね他のところで擁護してきた(注16)）。しかしながら共同体が，価額や賃金や他の経済的諸事実の決定に関する役割を，個人の選択に委ね，かつそのような役割を個人の選択に委ねた結果，富の分配が極めて不平等なものとなり，平等な配慮の政府が何らかの方法で富の再分配をしなければならなくなる場合には，共同体はこのような役割の達成のために，実際のところ税金政策に依拠せざるを得ないのである。したがって，我々の問題提起が適切なものとなり得るのは，平等な配慮を示しつつ，個人的な自由を尊重するということが共に求められる社会において，如何なる種類の税金政策が必要とされているかに関して提起されることによってなのである。

● 事前の平等と事後の平等

私は今，あまり詳細な税金構想は提案することはできない。そ

注16) Dworkin, *Sovereign Virtue*, 第2章, 3章参照。

第4章　税金と正統(当)性

れは今日，私が知らない事実にあまりにも多く依存しており，しかもいずれにせよほどなく変わらざるを得ないであろう。それが，私が詳細な税金構想ではなく，税金理論を提言する理由である。それでも我々は，税金問題をめぐる対立で，今日用いられている締まりのない言辞を改善させることができる。私の関心は，正義の問題と同時に正統性の問題なのであり，したがって本書では，税制について我々が問うことが可能とされる骨組み —— 如何なるレベルや種類の課税であれば，最適とされることになるのかということだけではなく，如何なるレベルの課税であれば，あまりにも低レベルすぎて，貧困層に対する平等な配慮を示す誠意ある試みとしてすら，擁護することができないとみなされることになるのか —— の構築が試みられることになろう。ここでは，誰がいかなる税金を払うべきかという問題 —— 集められた税金がどのように消費されるべきか，というそれと同じく重要な問題よりも —— に焦点が当てられることになろう。私の考えによれば，後者の問題について，共同体の中で不平等を効果的に縮減する方法は，失業手当や食料スタンププログラムなどでお金や商品を個人に移転する方法か，或は公共住宅や健康保険制度のようなより集団的な種類の福祉プログラムの方法で税金を消費することにつきる。これらの予算措置の問題が複雑かつ重要なことは言うまでもないが，しかし収支均衡問題のうち，我々が焦点を当てるのは今や課税の側面なのである。

　たった今私が強調した点を繰り返しておこう。個人的責任の原則は，自由な市場を中心とする経済体制を必要とし，それによって，政府ではなく，人々が1人ひとり，自らが生活している経済的文化の主要な骨格となる要素 —— 購入するために選択するさまざまな種類の商品の価格や，提供するために選択する労働の労賃

175

を含む ── を決定するのである。そのような方法によってのみ，人々は自らの生における価値を同定し確立する責任を行使することができる ── 何故ならば，その場合にのみ，個人が購入したり生産するものの価格が，他者のためにそれ自体が持つ価値を反映するからである。幅広い経済的市場のみが，個人的責任のこのような責務を尊重することになる。

しかし言うまでもなく，市場は極めて大きな不平等を生み出すものであり，それは単にどれほど働くかとか働かないかとか，何を消費するかについてより高価な選択をする人がいるというだけではなく，更により劇的には，他者が価値を置くものを生産することに他の人々よりも優れている人がいたり，投資や事故や健康の面でより幸運に恵まれている人がいるからなのである。全ての市民に平等な配慮を示す責務を負っている共同体は，それよりも遙かに不平等性の少ない，極めて異なった配分を実現することになる，全く異なった政治的合意を選択することができたとしても，才能や運という変数を無視することは断じてできない。(他方では)そのプログラムが，選挙民全体 ── 彼らのプログラムによって物質的な便宜を受けていない人々を含む ── には極めて評判の良いものだとしても，そのような共同体はこれらの選択に満足していない人々に対して，そのような選択の結果によってこれらの人々が貧困な状態を強いられているにも関わらず，このような構造を持つ市場システムの選択が何故にそのような人々に対して平等な配慮を示すことになるのかを，説明できなければならない。税金による再分配政策は，その明らかな解決策と思われる ── 何故ならば，税金は人々が選択をした後に課されるものであり，したがって，より強制の強い経済が行うのに比して，価格や選択に与える影響が少ないからである。

第4章　税金と正統(当)性

　したがって共同体の経済システムが，市民自らの価値にしたがった生活設計に対して，真に平等な機会を保障している場合には，共同体は市民に平等な配慮を示していることになるのであり，我々はこのことを前提として，課税理論の構築を始めなければならない。市民たちの富や他の資源が，自らの選択する価値やコストに依存しており，彼らの親や才能のような遺伝的な運を含む幸運に依存していない場合に，市民たちは言わば平等な機会を持っていることになる。この理想は，私が他のところで述べているように，さまざまな理由から完全には実現することはできないが[注17]，我々が税金プログラム ── 最適な正義に適ったものであると同時に，正統性に合致した最低限の再分配という要件を共に満たす ── の定義づけを試みる際に，1つの理想的な基準として採用することが可能なものである。しかしながら我々はここで，決定的な区別を行わなければならない ── 何故ならば政府は，そのような意味の平等な扱いを，人々の生の異なった時点で行おうとするのであり，したがってその選択がどのようなものであるかは，極めて重要なことだからである。経済学における技術的区別は，この選択を説明する上で有益なものであろう ── その区別は，**事後（ex post）の平等**と**事前（ex ante）の平等**との区別である。

　共同体は，市民たちがどのような仕事をどの程度するかとか，どの程度貯蓄や消費に使うかということに関する選択を通して，市民の富の格差を常に完全に説明することができる場合 ── 即ち，彼らの富がこれらの選択のみに依拠しており，彼らの才能や投資をした際の運や健康の格差に全く影響を受けていない場合 ──，完全な事後の平等を達成したことになる。したがってある人が，

注17）注16同書第2章参照。

財を獲得できる高給を払う仕事に就く才能に欠けていたり，病気の結果仕事ができなかったり，或は彼自身の責任に基づかない巨額の医療費がかかることが理由となって，その人の富が他者よりも少ない場合には，事後的な平等施策にコミットしている政府は，彼がこのような障害や事故がなかったならば得られたであろう状態に，可能な限り回復させるための施策を採ることになる。他方，市民に不平等をもたらす可能性のあるどのような運がめぐってこようとも，政府があらかじめ —— 言うならば幸運とか不運と考えられる出来事や環境を前もって —— そのような状態を措定して市民を平等な状態に置く場合には，政府は事前の平等を追及しているということになる。例えば，全ての市民に，低い生産性の才能や不運に備えて，平等な条件で適切な保険を買うという機会を保障することによって，政府は事前の平等を改善することができる。

　事後の平等が，真の平等な配慮が要求するものに完全に合致しているように，当初は思われるかもしれない。(しかしながら) どのみち，酷い傷害を負ったり障害者になって，その上で補償金という方法で保険による解決のみを受ける人は，全く怪我をしなかった人よりも，依然として遙かに恵まれない状態に置かれたままなのである。仮に共同体が彼の状態を改善させることができるとするならば，彼のために共同体は更により良きことをすべきであるということが，彼の運命に対する平等な配慮の主張となるように思われる。多くの平等主義者たちは，事後の平等こそが一般的な政治的理想として満足すべきものになる，と主張している。

　私は反対である —— 保守派が，事後の平等を意味ある或は擁護し得る目標としてすら反対するのは，正しい。事後の平等はさまざまな欠陥に悩まされており，それらの欠陥故に，事前の平等が優れた政治の理想とされるのである。第1に，運によってもたら

第4章　税金と正統(当)性

される人々のさまざまな生の格差の相当部分は，投資運（investment luck）に起因している。例えば，あなたと私の双方が同じように注意深く株式市場を勉強をし，その上で同様に賢い——しかし異なった——選択をしたとしよう。あなたの株は上昇し私の株は下落した——あなたは金持ちになり私は貧乏になった——この結果は，あなたの運が私よりも良かったという，ただそれだけの理由によるものである。しかしながら，共同体が，私をあなたと同等の平等な状態に復活させるためには，それに伴って経済投資制度全体と経済を破壊させることにならざるを得ない。仮に我々のどちらも共に，最終的には投資の選択の結果，株を獲得したり失ったりすることが全くなかった場合には，我々の選択は意味をなさなかったことになり，我々は今後そのようなことをやめることになるであろう。それは我々の生を，より恵まれないものにするばかりか，この章の始めに，ラディカルな平等主義者の正義理論を排除する際に述べたのと同じように，それは我々の個人的な責任に背くものでもあろう。我々が生において行う重要な決定の大部分は，かなりの程度その結論は，我々の運次第という投資に関する決定なのである。例えば，ある——他のものではなく——キャリアの訓練をしたり，それを選択する決定が成功するか否かは，通常はさまざまな偶然——例えば，我々がそれに必要な才能を有していることを見つけだすか否かとか，技術的な変化が我々の訓練を無用なものにするか否かとか——次第なのである。共同体が，我々の運がこのような投資的賭け事がどのようになされるか，に全く依存しないものになることを目指そうとするならば——我々のキャリアの選択が，自らの嗜好や才能に合致したものになるか否かに関わりなく，我々が同じ収入を得ることが，共同体によって保障されることになるならば——，我々の選択に

179

関する自らの責任は，恐ろしく減殺された結果をもたらすことになろう。したがって，事後の平等という如何なる目標も，それが説得的なものであるためには，投資運と他の形態の運の区別を明確にし，前者を再配分の根拠とすることから排除しなければならないであろう。

　第2に，事後の平等は，投資に関わりのない運に限定されるとしても，一般的な政治的理想として合理的なものとはならないであろう。例えば，どのような共同体でも，事故で障害を持つ人々の状態を改善するために可能なあらゆる資源を消費するならば，他の事柄に消費する余地がなくなってしまうのであり，他の全ての市民の生は，その結果として悲惨なものになるであろう —— 何故ならば，共同体が，障害者のためにどんなに装備や個人的援助の経費を用いても，障害者は，障害を持つ前よりも依然として恵まれない状態にあり，共同体は，彼らのために更に一層の費用すら用いなければならないことになるからである(注18)。それは，ひどい障害を負ってしまった人々を含む，如何なる人の現実的な優先度をも反映するものとはならないであろう。仮にその選択が，彼らの判断に委ねられていたとするならば，彼らが障害を負う前に，最適な事故保険の購入に全財産を費やしたりすることはないであろう —— 何故ならば同じ確率であるなら，彼らは最も高額な保険を確保するために，他の全ての面で彼らの生を犠牲にすることに意味があるとは考えたりはしないからである。これが事後的平等が合理的でないという理由である。

　このような議論は事後的平等に対する誤った主張である，と考えるラディカルな平等主義者がいよう —— 何故ならば，彼らの主

注18）注16同書第8章，9章での議論参照。

張によれば，目標はそれほど極端に高いものであるべきではなく，事後的平等として理に適った（reasonable）程度のものを主張すればよいのであり，その程度は，共同体が投資制度を甚だしく損ねたり，事故の犠牲者に補償するために，あまりにも多くの共同体の資産を消費したりすることのないものであるべきだということかもしれない。しかしながらそのような緩和された目標の定式化は，リベラルにとっては政治的に悲惨な結果をもたらすものとなろう —— 何故ならばそれは，税金をめぐる争いが構造的なものではなく，対立的で情緒的なものに留まるということを請け合うものだからである。それは，如何なるレベルが事後的平等にとって道理に適ったものであるか，ということについて何らの指針を示すものでもなく，したがってそれは，依然として更なる減税を主張している人々に対して，今日の貧弱な補償プログラムにかかる費用ですら，彼らが負う経済的損害はあまりにも大きく過重であるという主張を許すものである。"理に適った"事後的平等は，何ら基準となるものではなく，それは偽善と自己欺瞞の巨大な余地を残すものであり，如何に熱心に貧困者を受け入れる社会であろうとも，彼らに対してはほとんど何らの保護を与えるものともならない。

　いずれにせよ我々は，完全に正しい国家のための最適な税金政策のみならず，政治的正統性とも矛盾しない，最小限の寛大なプログラムの確立を試みているのであり，その上で，事前の平等 —— それは完全な事後の平等よりは，寛大さに欠けるものである —— が，平等な配慮の解釈として擁護し得るものである場合，事前の平等を最小目標として採用することを提言すべきなのである。しかし我々は，事前の平等が意味するところのものにつき，何らかのより十分な説明を必要としている。それが，広大な領域での

社会的努力を伴うものであることは明らかである。例えば，それ以外の人々よりも遙かに高い重大事故の危険に直面している労働者たちがいるとするならば，その場合，事前の平等の改善は，労災保険法のプログラムを通して，これらのリスクを，より不平等でないものにすることによって図られることになろう。しかしながら私は，税金システムを通して，最も容易に取り組むことのできる不平等 ── 人々が危険に対して，事前のあれこれの保険形態によって自らを保護する能力の不平等 ── な資源に，議論を集中しようと思う。

● 正義のイメージ

　大きなテーマを扱う政治哲学が比喩やイメージに頼るのは，ほとんどいつものことである ── 何故ならば社会正義の理論は，人々が集団的な政治社会生活に持ち込むべき態度に関する，何らかの生き生きとした概念によって描き出されなければならないからである。経済的正義の理論としては，2つの大きなイメージ ── 仮想的な社会契約（imaginary social contract）の比喩は，富者から貧者への再分配の根拠として用いられ，保険プール（insurance pool）の比喩は，社会の全ての成員が貢献し，貧困層がそこから引き出す保険出資の根拠として用いられている ── が支配的なものである。社会契約のイメージの方が，政治哲学においてはより大きな役割を果たしてきた。17世紀にトマス・ホッブス（Thomas Hobbes〔1588～1679〕※主著『リヴァイアサン』）は，社会契約のイメージによって，恐るべき利己的な個人からなる共同体を描いたが，その中で各人は，最終的には彼ら自身の自己利益を擁護し増大させるために，営利法人のようにお互いに契約を

第4章　税金と正統(当)性

取り結ぶことになるとされた。ジョン・ロールズは，契約という装置（device）を，極めて異なった効果を持つものとして用いた。ロールズがイメージした契約では，人々は，彼が名付けた無知のヴェール（a veil of ignorance）と呼ぶところの背後にいて，彼ら自身の明確な自己利益が何処に存在するか分からない状態のもとで，契約を取り結ぶことになるとされた——彼の説明によれば，相互尊重に裏付けられた人々の間において，協力するために必要とされる公正な条件形成の基礎となる希望は，そのような契約装置を構想する方法の中に表明されているというわけである。ロールズの契約説は，富の事後的分配を設定するものである——各当事者たちは，共同体において最も恵まれない層の福祉が，最終的には可能な限り改善されることに同意することになるからである。

保険の比喩は，契約の比喩に比して，政治哲学者たちに用いられることが遙かに少なかったが，実際の政治においては遙かに大きな役割を果たしてきた。イギリスのフェビアン（Fabian）協会の運動や，アメリカのフランクリン・ルーズベルトのニューディール政策，第2次世界大戦後のヨーロッパの社会民主主義政党の政治家たちが，いずれも皆提唱したのは，彼らが主導した社会保険や労災保険や貧困救済プログラムなどの再配分プログラムは，事故や病気や失業や他の不運にもとづく諸々の形態の事柄に対する，巨大な保険計画として理解されるべきものであるということであった。彼らの主張によれば，人々がこれらのプログラムの財源として出資した税金は，保険の掛け金として理解されるべきものであり，彼らが病気をしたり，失業したり，或は何らかの他の方法で貧困になった場合に受ける給付金は，保険給付金として理解されるべきものというわけである。このような方法で，政治家たちはこれらのプログラムに関して，事前の平等の美徳

(virtues) を主張することを望んだ —— 何故ならば，契約イメージは事後の平等の擁護を試みるものであるのに対して，保険イメージは事前の平等にコミットするものだからである。

契約の比喩は，古いながら，しかし失敗した理想 (dream) —— 全ての国民が，支配的政治権力に同意しているという仮想若しくは擬制的同意の下で，社会正義の何らかの基礎を見出すことになる —— によって鼓舞されている。保険の比喩がより現実的なのは，税金を保険の掛け金支払いとみなすことができるという，実際的な理由によると同時に，それがより有益なものであるのは，後述するとおり，税金のレベルと構造が，現実の保険市場によって誘導することができるという理由からでもある。それが政治的には，契約イメージに比してより強力なものであるのは，さまざまな魅力的な方法と共鳴し合うという理由からなのである。再配分的社会プログラムを保険として描き出すことは，社会的連帯を示唆するものとなる —— 保険の比喩は，政治共同体の市民が，自ら直面するリスクに備えることによって，彼らの集合的同一性を再確認してきたことを示唆するものである。それは，個人的倹約と責任の雰囲気をそのプログラムに付与する —— 何故ならば，責任ある人々は，未知の危険に対して自らとその家族を擁護するために，保険を買うものだからである。保険の比喩は，再配分の政治プログラムを，利益を分け与える寛大な行為である慈善事業としてではなく，むしろ資格 (entitlement) の問題として描き出す —— 人々が保険契約にもとづき保険金を受け取る資格があるのは，彼らが，前もってそのような保障のために保険金を支払ってきたからというわけである。共同体の再配分プログラムが財政規律を示すことによって，それは共同体に安心感を与えるものとなる —— 責任ある保険会社が財政的に健全とされるのは，良く設計さ

第4章　税金と正統(当)性

れた保険プログラムの掛け金と保険給付金の構造が，平衡がとれているからなのである。最終的にそれは，共同体に全体としての経済的合理性を約束するものである —— 人々は，さまざまなレベルの保険選択の自由がある保険計画によって，リスク管理に対してどの程度の富を投入し，残りの人生にどの程度の掛け金を支払うべきか，を賢明に決定することが可能となる。

したがって政治家たちが，保険の比喩の中に彼らの政治プログラムの魅力的計画を見出し，翻ってその比喩の魅力が，政治的目標として，事前の平等の魅力を確実なものにするのは当然のことなのだ。しかしながら我々はここで，この比喩がそのように用いられるときに，それが欺瞞的なものか否かについて検討しなければならない。何故ならば，例え私が今述べた，これらの効率的な保険計画のさまざまな美徳が，ある極めて人工的な環境の中で実際に全て達成されるものであるとしても，このような環境は，これらの社会的プログラムが運用される環境とは，全く異なるからである。概ね同じような富と同じ程度に脆弱性（vulnerability）を備えた人々が作っている共同体 —— 全ての人に対して，同じ保険の掛け金レートで平等に保険が提供されている，自由かつ効果的な保険市場の中で，人々は他者との間で任意に保険を掛けることになる —— を考えてみよう。その場合，事前の平等に関しての公正かつ経済的に効率的な運用は，実際には人々の個々の決定 —— 彼の生に対する彼自身の責任を行使する中で —— によって作り出されるものである。しかしながら，我々によく知られた社会プログラムを保険計画とみなすならば，いくつかの点でそのような理念的な説明から逸脱していることを認めざるを得なくなる。

第1に，再配分プログラムは，典型的には任意のものではなく強制的なものである。それらは，ある特定のレベルの保険を人々

に強制する法律——使用者が彼らの被用者に対して，さまざまな形態の保険提供を要求されるように，そしてそれは，より低い賃金となることを意味するのであるが——や，全ての人が支払いを義務づけられる税制によって，財源の裏打ちがなされる。第2に，現実の政治共同体の市民たちは，全ての人が同じように富を持っていたり，同じように脆弱なわけではない——他の人々より貧しい人々がいたり，他の人々より不幸に遭う可能性の多い人々がいたりするのであり，強制的保険計画は，このような人々をカバーするものである。何らかの極めて不幸な出来事に遭遇してしまった人々も実際にいる——そのような人々は，何らかの意味で障害を持って生まれたり，或は，市場において評価される技能を持つことなく生まれてきている。現実の保険市場においては，リスクに脆弱な人々は，脆弱でない人々よりも，より高い保険料を払うのである。既に災難に合ってしまった人々は，将来のそのような災難を予防するために，保険に入ることができず，保険者は貧困な人々に対して，より低い率の保険を提供したりはしない。しかしながら典型的な再配分プログラムにおいては，リスクにより脆弱な人々が，脆弱でない人々よりも保険金を多く払うということはない——そのプログラムが導入される前に，彼らを見舞った不幸をカバーするのであり，富者は貧者よりも，どれほど高い利率の税金の財源プログラムであろうとも払うことになる。

　したがって我々が，これらのプログラムを保険プログラムと呼んだり，通常の保険市場と結びつけて，それらに公正さと効率の美徳を要求することが誤解を与えるものか否か，が問われなければならない。私はこれは誤解を与えるものではないと考えており，このことを次に主張しようと考えている。それどころか反対に，保険の比喩を制度的かつ詳細な方法で追求することは，再配分の

税制を強く要請する説得的な制度を構築する鍵となる —— 何故ならばその比喩によって，何故に再配分的税制が，市民に平等な配慮を示す上で不可欠なものであるか，という最も重要な理由が明らかにされかつ発展させられることになるからである。保険を平等と結びつけるよく知られた直感は，重要な洞察なのである。

● 仮想保険（Hypothetical Insurance）

　私は，その理由を直ちに説明することができる。既に述べたとおり，仮に十分に情報を有している人々が，医学的経済的損失に対する保険能力が平等であり，かつ効率的な保険市場において，彼らが望むような保険決定をする自由があるならば，彼らの生が展開するにつれて，例え一方の蒙むる不幸が他方よりも深刻なものとなることがあるとしても，事前の平等は確保されているということになろう。したがって我々が，適正な（decent）水準の事前の平等を通常の保険市場を介して達成することができないのは，基本的には人々が保険能力において平等では**ない**（not），という理由による。繰り返しになるが，他者よりも保険引受けに遙かに不利な状態の人々がいるのは，主として3つの理由による。第1は，他者よりもお金を持っておらず，したがってより劣った保険を掛けることしかできない人々がいるからである。第2は，保険会社の発見可能な原因に起因する不幸に遭遇する可能性の高い人々がいるからである。例えば高血圧の人々は心臓麻痺に遭いやすく，したがってこの場合，保険者はそのような人々に，より高い掛け金を求めるか或は保険を全く拒否するかであろう。第3は（これは第2の一側面とみなすことができるかも知れない），保険でカバーすることを望んでいたかもしれない保険事故が，すでに発生

してしまっている人々がいるからである――例えば，労働市場で高額の報酬を得ることのできる才能を欠いて生まれた場合などである。これらの能力の欠如は，相互に影響し合うものであり，したがってどれか1つを欠いている人々は，同様に他のものの欠如に悩まされやすい。しかしながらこれらの事前の不平等の是正をすることは，リベラルさを欠き不合理かつ全く実際的でない事後の平等のプログラムに訴えなくても，我々には可能なのである。

　我々は事前の不平等の是正をすることが，次のような問い――仮に共同体の富が，大抵の道義に適った人々に平等に分配されたうえで，誰もがさまざまな不運発生の全体的な確率を知っているにも関わらず，既にそのような不運に遭っているとか，不運に遭う確率が第三者よりも良いとか悪いなどと思う理由が全くなかったならば，このような人々が購入することになる保険のレベルがどの程度のものになる，と我々は問題なく想定できるだろうか？――によって可能となる。これが，再配分的税制に最適な (optimal) 利率を確立する上で，如何なる政治共同体においても，決定的に重要な問題と私が考えていることである。仮に人々の趣向や恐怖，更には如何なる技術が，病気の治療や身体障害の苦痛軽減に効果があるかとか，その費用はどれぐらいか，ということに関する人々の知見を理解した上で，ほとんど大多数の人々が，このような仮想的環境の中で熟慮のうえ，事故や病気や失業や低賃金に備えて，必ず一定レベルの保険を購入することになる，と我々が確信するならば――仮に大多数の人々の目から見て，そのようなレベルの保険を購入し**ない**（not）ことが不合理なもの，と我々が確信するならば――，その場合，我々の共同体における貧困者や不幸な人々が，その程度のレベルの保険を掛けなかった理由こそ，前述した意味で事前の平等を損ねるものである，と

第4章　税金と正統(当)性

我々は問題なく想定することができる[注19]。

このような容認できない不平等な資源を是正するための税制は，仮に共同体の誰もが，その程度の保険を購入するならば，全体の掛け金コストがどの程度になるかを想定した上で，そのような仮想保険の掛け金と同額の資金を供給するための年度ごとの全体の税金を確定することによって，可能となる。仮想保険によれば，共同体はその場合，全体の掛け金によって十分な財源を生み出し，仮にその程度のレベルの保険を買っていたならば，誰でもが得ることができたのと同じ量のものを，不運な状態にある人々に補償することができることになろう。そのような補償は，直接的な金銭移転の形態 ── 例えば医療費払戻や失業手当など ── の場合もあれば，保険給付金を提供するための公的補助 ── 例えばそのような人々が，単一支払医療制度を通して得ることになる ── の場合もあろう。

これが，我々の政治共同体において私が考察し論争すべきものとして提案している，公正なレベルの税制の一般的な枠組みである[注20]。その枠組みは，私が想定している公正な仮想環境の擬似保険市場に更なる検討を加えることによって，相当程度詳細なものにすることができる ── 人々が概ね同じような富を持ち，彼らが保険を掛けようと考えている事故に対して，同程度に脆弱な場合である。一例を挙げるならば，そのような市場においては，

注19) 少なくとも，その程度のレベルの保険ですら掛けようとしない極めてわずかな人々がいる，という可能性を排除することはできない。しかしながら仮に実際にそういうことがあるとした場合に，我々には，どのような人がそのような保険を掛けないことになるのかわからないし，仮にそのようなレベルの保険を誰でもが掛けるという可能性が圧倒的な場合には，彼がそのような保険を掛けるという仮定の下に全ての人を取り扱うことが，公正さの求めるところのものである。

人々が支払う掛け金は，彼らの将来の収入に依存することが明らかであるように思われる —— より多く収入を得る見込みのある人々は，同じ保険契約の補償範囲のために，より多くの掛け金支払いをするであろう。経済学者たちの用語に従えば，"期待厚生(expected well-being)"ということであり，この理由を説明するのに有益なものである。各人の期待厚生の計算は，仮に各人の生が異なった過程を辿る場合に，どの程度各人の生が，良くなったり悪くなったりするかを想定し，各人の可能性を考慮に入れた上で，このような異なった可能性の生における平均的福利の決定にもとづくことになる。人々は，自らの期待厚生に着目しながら，保険を購入することになる —— 彼らは，保険掛け金を払っていなかったならば陥ったであろう状態よりも，仮に悪いことが起こっても，それほど困窮した状態にならないことを望むだけではなく，仮に悪いことが起こらないとしても，より困窮した状況にならないことを望むのである。

　仮に人々がほとんど生産的な能力を持つことが出来なくなった

注20) より明確に言うならば，これが，税金システムにおける公正さの要求を反映した構造である。税金は再分配的でない公共財のために用いられ，同時に社会的正義と同様に財政政策にも奉仕するものである。減税と増税の時期は，経済が全体として刺激を必要としているか抑制を必要としているかを考慮に入れなければならない。その時期の判断を政府に委ねることは，これらの最貧層の人々を含む全ての人の利益のためである。しかしながら，財政政策が減税を必要としているときですら，分配の問題が残されており，富裕な納税者たちが負担する分担割合は，増加すべきものであり，ブッシュ政権下で行われたように減少すべきでないということが，公正であるばかりか，効率的なのである。事実，ブッシュ政権の減税によってもたらされた財政上の利益は何であれ，それは中間層と貧困層に対する穏当な減税によるものであり，富裕層に対するより劇的な減税によるものではなかった。

第4章　税金と正統(当)性

り，悪い雇用の運命に遭うことになったり，或は深刻かつお金のかかる病気や事故に遭うことが判っている場合に，彼らの厚生を保障するために保険を買うことになる場面をイメージしてみよう。そのような保険は高額なものとなることから，購入者は掛け金の実質的な費用 ── 掛け金支払いが，彼らの期待厚生に与える影響 ── を，可能な限り低廉なものに維持しようと試みることになろう。余分なお金は，裕福な人よりも貧困な人にとって遙かに重要なものであることから ── 経済学者たちが言うお金の"限界効用逓減" ──，人々は掛け金を，実際の彼らの収入を基礎にして最も効果的に用いることになり，その結果，彼らが支払う掛け金の収入に占める割合は，収入が上がるにつれて上がることになり，より少ない収入を得ることが判っている人々は，実質的には，全ての人が同じ利率の支払いをした場合よりも少なく支払うことになろう。したがって仮想保険ストーリーのもとに税制を構築する場合，我々の主張は，公正な累進税率システムとして，収入の多い人はより高いレートの支払いをすべきものということになろう。均一レートの税構想は，事前の平等に関する我々の理想に対しては敵対的なものとなろう。

　主要な歳入を生み出す税制は，所得税で維持されるべきものなのだろうか？　或は何人かの経済学者が推奨してきたように，貯蓄を奨励することになる消費税によってなされるべきなのであろうか？　仮に我々が，消費税の増税によって歳入割合を増加させる場合には，全体の税収レベルを高い水準に保つと同時に，仮想保険ストーリーが求めるような，累進的なレートを維持するための巨大な配慮が必要とされることになろう。逆進性の売上税は，全ての人に購入の際に同じ税金を課すものであり，正当性を持たないことは明らかであろう。また同時に土地や相続税の問題もあ

191

り，これらは世界の税制の大きな特徴を占めているが，共和党は死者に対する税を要求するものであるとして，一世代に亘って，反対し続けてきた。経済的階級システムにおいて，土地税制を全く廃止すべきであるという保守派の野望ほど，その信念を象徴するものはない。

しかしながら，土地税制に対する保守派の主張の中にも，長所がある。不動産に関する信託者の人数や富に何ら考慮することなく，不動産に対して同じ利率の課税をすることは，無節操に思われる。更にいうならば，事前の公正という仮想保険モデルにもとづいて，不動産に対する税を正当化することは困難である。どのような形態のものであれ，実質的な贈与 —— 遺贈も含む —— を，通常の税の収入として取り扱うことが遙かに公平であり，かつ事前の平等に，より一層適合的なものであろう[注21]。しかしながら，仮にその利率が適切に累進的なものであるならば，この一度限りの反復しない収入という類型は，相続人に数年に亘って収入の分割払いを許容するという特別なルールに従うべきである。

● 正統性と反論

仮想保険アプローチに関するいくつかの他の重要な問題や，それが実際に運用されている税制の細目に与えるインプリケーションについて，私は他のところで論じたことがある[注22]。ここではその細目について繰り返そうとは思わないが，そのかわりに私の結論の主要な部分について強調しておくことにしよう —— 税制

注21) Murphy and Nagel, *Myth of Ownership* 参照。また，Justine Burley 編 *Dworkin and His Critics*（Blackwells, 2004年）p.353参照。

注22) *Sovereign Virtue*，特に第2章，9章参照。

第 4 章　税金と正統(当)性

が公平とされるのは，仮に思慮深い（reflective）人々が，前述した意味で事前の平等にあったならば，自らの扶養のために加入したであろうと我々がみなして差し支えない，少なくとも最低基準とされる保険が提供されている場合のみなのである。経済学者たちが，このように必要以上に複雑な仮事実的条件（counterfactual）問題 ── 仮想的（imagined）な状況の中で，人々が購入すると確実視できる保険とは，どのような種類や程度のものであろうか？　したがって，如何なるレベルの税金であるならば，回顧的にみて（retrospectively）事前の平等に必要とされるものを提供したことになるのか？ ── に対する最適な解答について，異議を唱えるのは疑いないであろう。しかしながら現在のアメリカの税金政策がそのようなテストで正当化されるとは，誰も考えることはできないであろう。大多数のアメリカ人たちは，彼らが重病にかかった時に，最低限のメディカルケアすら享受することができない（※2000年代に入り，医療の高額化に伴い保険料も高額化し，国民の 6 人に 1 人が医療保険に入れない状態が大きな社会問題となり，2010年オバマ大統領が選挙公約を実現する形で，いわゆるオバマケア法が成立し，低所得者に補助を行うことにより，国民の健康保険加入率を抜本的に向上させる内容であったが，今日保険の実効性に様々な批判がでている） ── 失業中の多くのアメリカ人たちは，最も簡素な家すら持つことができず，また彼自身や家族を養うことすらできない。これらのアメリカ人たちが，より多くの財産や幸運にめぐまれている市民たちと同じように保険を購入する機会を持つことがあったとしても，今よりも良い生活が出来るようにするために，彼ら自身で十分な保険を購入したりはしないであろうなどと，まじめに提案することは誰にもできないであろう（p 206参照）。

193

この章の始めに，正義の問題と正統性というそれとは異なる問題を私は区別して論じた。私の問いは，国家が今日貧困な人の運命に対して示している無関心さの程度は，財政政策上の正義だけではなく，その正統性にも疑念をもたらすことになるのか否かということであった。この問題は，平等な配慮が要求する少なくとも何らかの説得的な説明にもとづいて，政府の政策が貧困者に対する平等な配慮を示すものと理解することができるか否かによって決定されることである。**平等な配慮の要求は，政府に対し，その市民の間に事前の平等の達成を目指すことを求めており，仮想保険のテストは，平等な配慮が求めるものの最良の根拠を提供するものであり，したがってこのテストにもとづいた場合に，我が国の現在の財政政策がそのような平等の形態を提供するものであるとは想像することすら出来ない —— これがここでの私の主張であった。**したがって今や我々は，政府の経済政策を擁護しようとする人々が，私の主張にどのように反論しようとするのか，その上で，全ての人々に平等な配慮を示すという，私とは異なった，しかしそれにも関わらず，説得的な構想を反映した公正な税制を確定するために，彼らは何らかの他の骨組みを提供できるのか否か，を問うことが喫緊の課題なのである。

〈繁　栄〉

　ブッシュ政権は，低い税は全体として経済に良いものであると主張している。既に述べたとおり，これは疑わしい主張であり，多くの著名なエコノミストたちによって否定されている。税金は，富裕層にとっては，クリントン政権時代よりも遙かに低くなっており，大多数の人々の経済的状態は悪化している。ブッシュ政権の主張が根拠としている仮定の主なもの —— 富裕層は，税が低いとより一層働き，より一層生産的である —— は，我々の経験にそ

第4章　税金と正統(当)性

ぐわない考えであるだけではなく，何ら論証されていない(注23)。しかしながら議論を展開するために，税がより低くなった場合に，他の全ての条件が平等であるならば，全体の繁栄が実際に改善される場合を想定してみよう。それだけでは今や，何ら問題の核心を示すものとなっていないのは，それが公正さに言及していないからである。減税によって，全体の繁栄を改善する国家は，既に私がイメージしたような家族——家を購入しようとしたところ，ベッドルームの平均のサイズは改善されるが，その家のいくつかのベッドルームはただの粗末な押し入れにすぎない——のようなものであろう。正統性は，人々に対する平等な配慮という問題なのであり，何らかの抽象的な統計に関する配慮などという問題ではない。

　全体の繁栄が増進することは，職を生み出し，かつ最上層の富が，全ての人に"雨だれ（trickle down）"となって浸み渡っていくことを許容するものであり，誰でもが長期的には，このような繁栄の利益を受けることになると主張されてきた。しかしながらこの主張が誤っていると思われるのは，クリントン政権の時代のように，国家が相当程度繁栄した時代においてすら，貧困層の状

注23) 例えばJeff Madrick, "Health for Sale," *The Neu York Reuiew of Books*（2003年12月18日）で，「レーガン政権の経済諮問委員会の議長であった，マーティン・フェルドシュタインのような著名な経済学者による主張——税の高額負担は勤労意欲と投資意欲を阻害する——は説得力を持たなかった。1992年のクリントン政権の増税——それに対して，フェルドシュタインや他の人々が行った警告は，勤労意欲や投資意欲を減退させることになるというものであった——は，1990年代後半の好況を助長し，あるいは少なくとも阻害するものではなかった」との記事参照。保守派を自認するコメンテーターからの同様の見解について，Bruce Bartlett, "What Bush Boom?" http://economistsview.typepad.com/economistsview/2006/03/what_bush_boom.html. 参照。

195

態はそれ程改善されなかったからである。中流クラスと呼ばれている人々が、ブッシュ政権の減税によって便宜を受けてきたということは、明快さから程遠く、貧困層が全く便宜を受けてこなかったことは、確実である。唯一の明確な勝者は、既に豊かだった人々だけだ。これは、人々が極めて長期に亘って考える事柄なのかも知れない —— 即ち、我々はわずか数年で便益が実現できると考えるべきではなく、何世代にも亘って実現できると考えるべきであるということを意味する —— しかしながらその期間が長くなればなるほど、仮想保険は意味をなさなくなる。何故ならば、ジョン・メイナード・ケインズ（John Maynard Keynes）がいみじくも指摘したように、極めて長期間に亘ってみれば、我々はみな死ぬ運命にあるからだ。我々は平等な配慮を、あれこれの想像上の子孫たち —— これらの人々の同一性こそ、いずれにせよ我々が今日、貧困層に対してどれだけ公正さを示すことになるかに依存している —— のみ或は主としてそれのみならず、今生きている人に対して負っているのである。

〈セーフティーネット〉

したがって我々は、繁栄ではなく、公正さに言及する保守派の応答内容を検討すべきなのである。保守派の反論には、私の主張に対する極めて基本的なレベルのものがあり得よう。平等な配慮としては事前の平等すら要求されず、仮に共同体がある種のセーフティーネット、即ち全ての人々に適正な生（decent life）を提供しているならばそれで十分であり、全ての人々に対して、実質的な平等という何らかの形態や手段を保障する必要はない、という反論があり得よう。それに対する解答としては、我々の現在の政治的合意はセーフティーネットを提供することすらしていないではないか、ということで恐らくは十分である。我々の政治的合

第4章　税金と正統(当)性

意は，多くのアメリカ人たちが，我々の誰であれ決して認め難く，全く安全さを欠いた悲惨さとみなしているものに転落していくことを阻止するものとはなっていない。しかしながらこの反論は極めて基本的なものであり，したがって我々はその前提 ── 仮に政府がその市民たちの最も基本的なニーズを満足させている場合，政府は市民の間のいかなる形態の経済的平等も追求する必要がない ── について検討する必要がある。

　事実，平等は果たして適切な政治目標なのか否かという問題提起をしてきた，リベラルを含む多くの著名な哲学者たちがいる。彼らの主張によれば，我々は全ての人のために最低限の適切な生の基準を追求すべきなのであり，それ以上に，全ての人の生の基準を同じにすることを保障する目標を設定するべきではない，ということになる。しかしながらこの定式化が明らかにしているように，これらの哲学者たちが前提としているのは，事後の平等のことなのである。私は彼らの主張に賛成であり，かつ保守派の主張 ── 事後の平等は劇的に非現実的であり，更に私がつけ加えるならば，不公正な目標である ── にも賛成である。重要なのは，事前の平等 ── 何らかの保険装置のようなものを通して実施される ── と，他の何らかの最低基準 ── 平等な配慮から離れて我々が全ての人に対して負う ── との対比なのである。しかしながら，仮想保険ストーリーによって正当化されるものよりも，より安全度の低いセーフティーネットの方が何故に許容されるのかを議論することなく，これらの選択肢間の対比や選択をするなどできないのであり，かつこれらの議論がなされたことはなかった。保険装置はセーフティーネットの装置なの(is)である ── それは最低限の装置なのだ。しかしながらそれは，一定の原理にもとづいたセーフティーネットである ── 我々はその装置を，平等な配慮が

197

要求するものの正統性ある解釈として擁護することが可能なのだ。いったい如何なる論拠にもとづいて，それよりも低い程度の保障を確定し正当化できるというのであろうか？

〈保険装置〉

保守派が展開する反論には，基本的なレベルの，より低いものがあり得よう。保守派は，事前の平等を理想的目標として認めながらも，その理想に奉仕するものとして仮想保険装置は十分に構築されていない，といって反対するかもしれない。そのような主張は有益なものかもしれず，公正な税制のための真の議論に貢献するものとして私は歓迎するであろう。しかしながら彼らの主張がどのような形態をとるかは分からないし，したがって私にはそれを予測することもできない。或は保守派は仮想保険テストを認めながら，仮想保険の状態にある人々は，実際には私が考えたよりも遙かに少ない保険を買うか，或は累進保険税率に反対するであろう，と主張するかもしれない。再度述べるならば，そのような主張を私は歓迎するが，彼らの主張がどのようなものとなるのか予想がつかないのである。

〈我々は保険を購入する余裕がない〉

しかしながら保守派は，むしろより一層異なった主張をする可能性がある。彼らは，仮想保険が公正な税制を構想する手段になることを実際には認めつつも，我々にはそのような方法で公正を実現する余裕がないと主張するかもしれない —— 何故ならば，それ程多くの資金を貧困層に用いるならば，共同体を破壊させてしまうことになるというわけだ。或は，保険の主張が正当化するほどのものを富者から取り上げるならば，全ての人を平等に不幸に陥れてしまうことになるというわけである。しかしながらこれらの反論は間違いである —— これらの反論は，事前の平等と保険装

第4章　税金と正統(当)性

置に対する誤解を示すものだ。事後の平等は、仮にそれを追求することが政治的に可能であるとした場合、実際に共同体を破産させるか或は平等に悲惨な状態を強いるものとなろう。しかしながら仮想保険装置は、我々が正当とみなす種類の平等を提供することを保障するために構築されるものである。

　これは、人々は平等とみなされる富のうち、将来の悲劇や失望に備えて保険に供する可能性があるのはどの程度のものなのだろうか、また、仮にこのような不幸な出来事が具体化しない場合、合理的な人であるならば誰もが、良好な生活を送ることができない場合に備えて、保険に費やしたりすることなどないとされるのはどの程度のものなのだろうか、という問いかけである。これは、貧困と同時に富裕になる人々にとっても、同じように該当する問題である ── 私の考えは、人々の支払う掛け金は富に敏感に反応するが、仮に経済的に成功した人であったとしても、これらの支払によって、不幸を減らす可能性のために、それ程高い掛け金を支払うことには同意しないであろうというものであった。高い税金政策が許容ができないのは、経済のグローバリゼーションによって、資本がより低い税金の国に逃げ出してしまい、アメリカ人の職を奪ってしまう結果になるからである、と主張されている。おそらくそれは、資本の逃避をより困難かつありそうにない方法にすることによって、税金を取り立てることに役立つ主張である ── 例えばアメリカは、世界中で活動している市民の収入に課税しており、したがって企業への課税よりも個人所得や消費税を強調することの方が、企業の海外移転の動機づけを減らす可能性があるというわけである[注24]。いずれにせよ仮想保険の実践は、そのような要素を全て計算に入れたものとなる ── 何故ならば、例えば一定レベルの失業保険のために要求される掛け金支払いの

199

計算は，全ての人がそのようなレベルの保険を掛けたならば，経済活動に対する影響がどのようなものになるか，という想定を反映したものだからだ。思い起こして欲しい ―― 私が言おうとしているのは，仮想環境においては，人々が最も高いレベルの保険を買うと考えるのが理に適っている，とされるレベルにまで課税すべきであるなどということではない。そのような場合ですら，反対意見は間違っていよう ―― 何故ならば再度述べるが，仮想保険によると，我々はその程度のものを税金によって賄うことが出来るからである。しかしながら私が今主張している税金のレベルは，人々が少なくとも，それ以下の場合には保険契約をしないと考えることが全く理に適っていないとされるレベルに過ぎない。我々には公正を実現する余裕などないという反論は，このようなより慎み深い要求に対しては，更に一層馬鹿げたものである。

〈自　由〉

仮に税金が削減され続けながら，一方で特に戦争や他の出費が増大し続けるならば，連邦政府が他の様々なプログラム ―― 例えば環境保護，職場の安全，所得援助やメディケアやメディケイドなど ―― に支出するお金は減少することになろう。リベラルにとっては，それが減税に対する強力な反対の論拠であるが，保守派にとっては，それが減税に対する強力な支持の論拠である。保守派は，そのようなさまざまな政府のプログラムは個人の自由を

注24) しかしながら，企業がより高い租税とより高い租税によって可能とされる教育システムを通して，より良く教育された労働力を選好するという証明もある。トヨタ自動車が，アメリカ南部よりもむしろオンタリオに新しい工場を建設する決定をしたことに関する，Paul Krugman の説明 "Toyota, Moving North," *New York Times*（2005年7月25日）section A, p. 19参照。

脅かすものであり，したがって減税は自由を擁護するための良い政策であると信じている。このような戦略を，あるスローガン —— 我々は，我々自身を圧政から解放するために，獣 —— 彼らによれば，獣というのは連邦政府のことである —— を飢えさせなければならない —— で表現する保守派の人々もいる。このような提案は，政治的価値としての自由の性質に対する誤解にもとづくものである。第3章で述べたとおり，自由を擁護する如何なる思想も，失業救済や食料スタンプやメディケイドのような政府のプログラムを，人民の自由に関する侵害とはみなしていない。

このような自由に対する保守派の正反対の結論は，連邦政府の権能に対抗する州の権利への，異常な執着に起源を持つものである。この主張からは，再分配的税制の負担について，州と連邦政府のどちらがどのように分配するかということを考慮する余地はない。私の関心は，我々の政府の全体的な構造には如何なる正統性が要求されるのか，ということのみである。しかしながら，私はあえて次のように言うことができる —— 連邦レベルの獣を飢えさせようと考えている人々の大半は，よりローカルなレベルでの，お金のかかる福祉や他の再分配プログラムに対しても，決して熱心になろうとはしない。彼らは，大きかろうと小さかろうと，彼らからお金を奪っていく可能性のある全ての獣を飢えさせようとしている。彼らの反対意見に対しては，私が考えている以上に述べるべきことがあるかもしれないが，私にとっては，それはいずれ指摘されなければならないものであろう。

〈優先的所有 —— それはあなたのお金である〉

これは，保守派が減税を支持する論拠の中で，感情的には最も有力であるが，同時に最も混乱したものでもある[注25]。この議論は，人々が投資や給料によって得たお金や相続したお金は，自

201

らが最善と思う方法で用いる道徳上の資格がある，という前提を出発点とする。それは彼らのお金であり，政府はそれを彼らから取り上げて他者に与える資格がない，というわけだ。この主張は，私の議論に対する最も深いレベルの反論になり得る——何故ならば，この主張を承認する人々は，政府が全ての市民に平等な配慮をする責務を負っており，したがって，国における事前の不平等を縮減する努力義務が政府にあることまでは認めながら，それにも関わらず彼らは，政府は事前の平等を，自らの適切な資源を用いて行うべきであり，豊かな市民からお金を盗んできて貧困層に与えるような，ロビン・フッドの役割を果たしてはならないと主張するからである。彼らには，富裕な市民には慈善行為を行う道徳的な義務がある，と認めることすら可能である——富者は，自らが持っている物を，より不幸せな人々に任意に分け与えるべきである。しかしだからといって，彼らがすべきとされることを，政府が彼らに強制してよいという結論にはならない——それは圧政の一形態なのだ。いずれにせよ保守派の主張によれば，あなたはワシントンの政府よりも，あなたのお金をどのように使うのかをよく知っており，したがってワシントンの政府は，あなたの決定を尊重しなければならない，というわけである。

　このような主張を信奉している人々ですら，政府にはいくつかの責任があることを認める。政府は，犯罪やテロリストを含む外敵から市民を保護しなければならず，それは実際のところ非常に高くつくものである。したがって政府はお金を集めて，安全や，エコノミストたちが公共財——その財は，富者であろうと貧者で

注25) Murphy and Nagel, *Myth of Ownership* 参照。また，Paul Barker 編 *Living as Equals* (Oxford University Press, 1996年) 所収の私の論考 "Do Liberty and Equality Conflict," 参照。

第4章　税金と正統(当)性

あろうと同じく，全ての人に供与されるべきものである —— と呼ぶその他の便宜や保護を提供しなければならない。しかしながら，私の念頭にある保守派の人々の主張では，それは，福祉給付という全く異なった目的のために用いる税の徴収を正当化したりはしない —— これらは全ての人に，同じように便宜を供与するものではなく，したがってそれらのために全ての人に支払いを求めるのは間違いということになる。如何なる公共財の基準にも，全ての人が受け取るもののために平等に分担する以上のものを，富裕な人に対して払わせることを正当化するものは存在しない，というわけだ。全ての人が，自らの収入や富の比率に従って，同じレートの支払いをするという均等税率が相応しい何らかのケースはあり得よう。したがってその場合，富裕層はトータルとしては，イギリスのサッチャー首相が提案した種類の人頭税構想 —— つまり各市民は，全ての人々にとって利用可能なサービスのために，全く同じ額の税金を払う —— というものよりも多く支払うことになる。均等税は，次の原則 —— 富裕層は，国内外の敵から保護されるべき財産をより多く所有しているのであるから，彼らは均等利率の支払いによって，1人当たりではより多い量の貢献をすべきである —— を尊重していることになる。しかしながら，不平等の拡大がどのような理由にもとづくものであれ，そのようなものの保護のために，富裕層が同時により高い税率の支払いを求められるいわれはない，というわけである。

　これが，均等税率が相応しいという道徳的ケースの問題の核心である。政府が得るのはあなたのお金であり，なおかつ，あなたの同意無しに，あなたのお金を得るのであり，だからこそあなたは，少なくともあなたが得るもののためのみに支払いをすべきである，というわけである。しかしながら，ここで我々は次の問い

203

を発しなければならない —— 各人が，給料や配当として支払われたお金や，両親から相続を受けたお金を維持するという道徳的資格は，如何なる根拠にもとづくものと考えるべきなのであろうか？ —— と。あなたは次のように言うかもしれない —— 私にその資格があるのは，私がそれを生産する努力をしたり才能があったからであり，或はそのお金を稼いだ人々が私に渡すことを決定していたからなのである —— と。しかしながら私や彼らが，一定の努力や才能や何らかの投資運によって何を得るかということは，それを得た時に実施されている政治的合意に完全に依存しているのであり，したがって，私がある特定の政治的合意 —— 例えば私の税金を減らすという合意は，私が得たものや受けたものを，より良く保護しているからである —— を享受する資格を有しているという主張は，完全に循環論法に陥っている。仮に我々が何らかの重要な方法で政治的合意を変更した場合には，私の収入や相続分は，より多くなったり少なくなったりするであろう。同じ理由で，同様の主張 —— 経済的成功に対する私の貢献は，私の年収に反映するものであるから，私はその貢献に対する褒美として，その報酬を維持する資格がある —— は排除されなければならない。私の報酬は，特定の政治的合意という背景のみを物差しとして，私の貢献を測るものなのである —— このような方法で測定された私の想定される貢献は，背景となる合意が異なるにつれて増減することになろう。したがって再度述べるならば，私の給料を維持する義務が政府にあるという主張を正当化するために，現在の給料は私が"稼いだ"ものだと主張することは，循環論法に陥っている。仮に，税制の内容を含む政治的合意の内容が異なっていたならば，私は異なった給料を得ることになっていたであろう。

　したがって，税引き前の収入は"私の"お金であることが論証

されている，というお決まりの主張は，首尾一貫しないものなのだ。そのような主張の唯一の首尾一貫したものは，最初の所有という偶然が道徳的資格を生み出す，ということを前提としたものである。わが国の連邦レベルの税収システム —— ほとんどのアメリカ人たちが，税金はより少ない方がよいと主張するときに念頭に浮かべる —— は，さまざまな方法で課税の発生を遅らせている。大抵の人々は，給料を受け取る前に，給料袋から控除された税金を支払っているが，これらの税金は形式的には給料細目表に収入と表記されている，より大きな合計額から控除された額なのである。富裕層の人々は，彼らの税金の一部の支払いを遅らせることが認められている —— 彼らは四半期毎の予定納税を，最終四半期の支払時期である4月15日までに支払えばよい。このような方法で，彼らは銀行の預金口座や投資顧問報告書に予め所有登録されたお金を支払う。しかしながらこれらは，効率的な税金会計処理上の単なる偶然にすぎない。税金の支払いは，財産所有の早期登録を何ら必要としない他の方法で行うことが可能であり，かつ行われている。誰でも，源泉税，給与税 —— 使用者が支払い，かつ従業員への当初の給与額としてより高額の金額を記載しないでも，使用者の給与支払いを低くする効果がある —— を通して，税金支払いが可能なのだ。単なる最初の所有というものは，何ら不思議なものではなく，金持ちが後に税金で払うことになるお金を，一時的に保持しているという事実があるからといって，彼がそのお金を所有する道徳的資格がある，などと議論する余地はない。

● 挑　戦

　アメリカの貧富の格差は擁護できないように思われる。貧困層

は何らの適切な医療保障も受けられない ── 非常に多くの貧困層は全く医療保障を受けていない（193頁参照）。彼らは適切な住居を欠き，彼らの栄養は驚くほど悲惨な状況にある。彼らの子どもたちは，彼らの残りの生にわずかばかりの希望を持つこともなく生まれ落ちている。分別のある人々が，そのような悲惨なリスクを持たなくてよい場合に，あえてそのような危険を冒すであろうなどと考えることは不可能なことである。私の全体の議論が正しいとするならば，今やわが国の政治社会の正統性こそが危機に瀕しているという結論になる。

　このような脅威は，保守派の税金政策を擁護している人々が，私の主張に匹敵するケース ── どのようにしたら，これらの政策が結局のところ，貧困層に対する平等な配慮を示しているとみなされることが可能となるかを示す ── を構築することができる場合にのみ，解消することが可能となる。私は，彼らが構築する可能性のある主張の予想を試みた。しかし今度は彼らの番である。我々が国家として，貧困層に対しどのようなことをなすならば，正統性の付与されたケースになると，彼らは考えるのであろうか？　政治的正統性は，平等な配慮を必要としないのであろうか？事後の平等よりも事前の平等の方が，平等な配慮が要求するものに対して適切な手段なのではなかろうか？　仮にそうでないとするならば，適切な手段とはどのようなものなのであろうか？仮にそうだとするならば，仮想保険の戦略は，事前の平等が成功する論拠の核心を占めることにならないのだろうか？その戦略は，我々の共同体の最富裕層に対して，再分配プログラムを実施するための実質的な増税を要求することにならないのだろうか？仮に我々が，我々の政治のための真の議論を活性化させようとするならば，保守派の文化は，このような問題を取り上げなければなら

第4章　税金と正統(当)性

ない。保守派の陣営の誰がそのようなことを始めるのだろうか？

第5章
民主主義は可能か？

Is Democracy Possible?

―――― 〈第5章の要約〉――――

　我が国の政治は，中学校でのまっとうな討論の基準すら満たすものとなっていない。民主主義は政府の不可欠の形態であるという共通認識があるにも関わらず，実際のところそれが如何なるものなのかということについて，我々には極めて広範な不一致点がある。

　民主主義に関して対立している2つの見方があり，よく知られた**多数決主義**の見解によるならば，民主主義は多数派の意志に従った政府のことなのである。他方もう1つの見解である**パートナーシップ論**によれば，民主主義は集団的政治組織において，人々が相互に完全なパートナーとして自己統治することを意味し，したがって多数派の決定は，個々の市民の地位や利害が完全なパートナーとして擁護される場合にのみ，民主的なものとされるのである。

　実際には多数決ルールは，真実に近づくための殊更に健全な方法ではなく，かつ代議制の政治制度を備えた大きな政治共同体においては，平等な政治的権力を保障するものでもない。民主主義に関する多数決主義が欠陥を持っているのは，それ自身では，何が民主主義にとって善であるのかの説明ができていないからなのである。単に数に物を言わせるばかりでは，それ自身では，政治的な決定に何らの価値を貢献することにもならないのである。

　パートナーシップ民主主義においては，選挙民の参政権は，各人の平等な価値と彼自身の生の責任を承認することと矛盾する理由によって否定されたり，損なわれたりしてはならないのである。しかし，我々の法は，貧困層に対する平等な配慮を示すものとはなっていないし，多くの黒人や他の少数派に属するアメリカ人たちは，依然として偏見とステレオタイプによって，事実上選挙権を剥奪された二級市民としての生活を余儀なくされている。それはある意味で，我々の最も必然的な失敗なのである。我々の政治がより質の高いパートナーシップ民主主義を選択するならば，我々は政治をより良いものとすることを望むことが可能となろう。

第5章　民主主義は可能か？

● アメリカは民主主義国家なのだろうか？

　私は，本書で2つの主要な主張を強調してきた。第1は，我々の社会は，人権や宗教や税金やその他多くの問題について，2つの政治的文化に激しく分裂してしまっているように見えるにも関わらず，我々はこれらの問題について公的議論の開始すら構築しようとしてこなかった，という主張であった。第2は，仮に我々が明確に哲学的な立場からみて，大部分の者が承認する人間の尊厳に関する2つの原則にもとづいて，それらを開始するならば，一致点にもとづいた議論を構築することが可能である，という提言であった。しかしながら我々は，そのような真の議論を受け入れることを可能とするような類の政治システムを有しているのであろうか？

　どの国の政治も，哲学のゼミナールのように運営することは不可能である――民主主義国では，経済や哲学や外交政策や環境科学の訓練を全く受けたことがなく，かつこれらの訓練を受ける時間的余裕や，おそらくはそのような能力をそれほど有していない，何百万もの人々に対して，誰が指導者となるかを最終的に決定しなければならない。しかしながら我が国の政治は，中学校でのまっとうな討論の基準すら満たすものとなっていない。候補者たちが，何かを話そうと咳払いをする時，我々は恥ずかしさでもじもじさせられてしまう。彼らはコンサルタントの支配を受けている――コンサルタントは彼らに対して，姿形が全てであり中身など何もなくても良いのだ，重要グループを密かに活気づかせることを意味する潜在的な暗号以外はなるべくしゃべってはいけない，夕方のニュースのパンチの効いた発言が政治的には最上であり真

剣な討論は命とりだ，などと指図する。

　したがってアメリカ人たちは，最も重要な問題について恐ろしく誤った情報を与えられており，かつそれらについて無知である。ブルース・アッカーマン（Bruce Ackerman）とジェームズ・フィッシュキン（James Fishkin）が，興味ある著書である『熟慮の日（*Deliberation Day*）』の中で指摘をしている事実は，身の毛のよだつようなものだ[注1]。世論調査によれば，2004年の大統領選挙の直前に，アメリカ人たちの半数は，9.11のテロリストたちの中に，イラク人が含まれていたと考えていた。冷戦の真っ最中に，大多数のアメリカ人たちは，ロシアがNATOのメンバーであるかどうかを知らなかった。1996年に世論調査機関は，その年の選挙に重要と考える最近のニュースについて，長いリストの質問表を作成した —— 世論調査の回答者のわずか半分のみが，これらの質問の4割しか解答することができなかった。この程度のレベルの無知を前提とするならば，政治家たちが，テレビのメロドラマ程度の基準でお互いに相争うことになるのは不可避である。誰がより信頼が置け，或はより穏やかに見えるであろうか？ 誰があなたと考え方が同じであろうか？ どちらとあなたはデートをしたいと思うであろうか？ —— というわけである。

　激しい悪循環が巻き起こっている。仮にコンサルタントたちが政治家たちに対して，国民を無知なものとして扱えというならば，我々は無知なままにされ，したがって我々が無知である限り，コンサルタントたちは政治家たちに対して，我々をそのように扱えというであろう。候補者たちは誰も，その悪循環から離れて飛び降りることができないでいる —— 彼らは皆，公衆が大衆受けする

注1）Bruce Ackerman and James Fishkin, *Deliberation Day*（Yale University Press, 2004年），p 202参照。

安っぽい政治に慣れてきて，やがて，詭弁で公衆を混乱させる者を罰することになるのを恐れている。究極の判断基準としての真実が，陳腐なものとなってしまっている——政治家たちは，自らの実績や反対勢力の立場を決して正確に述べようとはしない。彼らは，何がしかの真実の細かい部分を，僅かばかりのいちぢくの葉っぱに残したままで，最大限に真実を歪曲することに血道をあげているのである。

　我々は，金が政治の災いの元であることを知っている。候補者たちや政党は，彼らの様々な選挙運動を賄うために巨大な額に達する金を集めており，この慣行がいくつかのよく知られた理由で政治と政府を腐敗させている。政治家たちは，政策や政治理念を熟慮するよりも，お金集めにおぞましいほど巨大な労力を浪費している。巨大な経済的利害関係者の寄付によって豊かになっている政党は，選挙戦において圧倒的に有利であり，新しくかつ貧しい政治組織は，それのみでもって致命的に不利な状態におかれるのが通常である。巨大キャンペーンの功労者たちは，公職への"切符（access）"と婉曲的に呼ばれているものを購入する——事実，彼らはしばしば切符のみならず，支配も購入する。巨大なお金は，その上他の方法で，更に一層政治を毒しているが，それに気づかされることはより少ない。巨大な額の金が，政治家や彼らのコンサルタントの意のままにされており，それによって，テレビやラジオでの巨大な額の金のかかるキャンペーン——けばけばしくかつ誹謗中傷や嘘と本当を取り混ぜた，的はずれの戯言の果てしない繰り返しに満ちている——が可能となり，しかもそれが，腐敗している政治の活力源となってきている。候補者たちは誰も，あえてこのような醜悪なダンスから立ち去ることができないでいる——このような，大衆受けする安っぽい政治をためらう者はい

なくなってしまった。政治において，金は公正さの敵であるばかりでなく，真実の議論の敵でもある。

　ジャーナリズムは役立つものと思われている。ジャーナリストたちは，民主主義にとって不可欠の存在であり，真実のオンブズマンと考えられている。それが，憲法修正1条における報道の自由に対する特別な保障のために，極めてしばしば用いられている正当化の根拠である。しかしながら，テレビジャーナリズムは今日重要なものであると共に ── 仮にそうであるとしても，インターネットが支配するまでのことではあるが ── ，問題の一部はテレビジャーナリズムにあり，それが解決策ではない。テレビネットワークは，実質的には巨大大企業によって所有されており，ニュース番組は，残りの娯楽的価値のある番組と競争している。その結果，テレビは主として政治家たちが作文し，永遠に繰り返さなければならないサウンド・バイト（※いわゆるワン・フレーズ・ポリティックスとして，レーガン時代に確立された手法であり，我が国では小泉元首相が多用した）を売り物とするようになっており，その兄弟分であるラジオは，主として視聴者参加のトークショウ ── 宣伝主に考慮してもらうことを可能とするように，事前に選択された何らかの政治的グループ向けのもの ── を売り物としている。ネガティブキャンペーンが効果を発揮しているのは ── そのようにならないでほしいものだと，誰でもが殊勝に願っているにも関わらず ── ，ただ単にネガティブキャンペーンを見たり聞いたりすることの方が面白いからだ。ルパート・マードックのフォックスニュース（Rupert Murdoch's Fox News）は，新しい現象ではないのかもしれないが ── 何の良心の咎めもないパーティーラインの新聞は，長い間イエロージャーナリズムを特徴づけるものと見なされてきていた ── ，今日その規模において，新

第5章　民主主義は可能か？

しいものである。ウルトラ保守のアジェンダとスポーツの勝ち抜きトーナメントや『ザ・シンプソンズ（*The Simpsons*,　※アニメシリーズ)』を装備した巨大な攻撃犬は，その恥知らずで偏見に満ちたニュースと時事問題のプログラムによって，巨大な聴衆を虜にしている。

　いったい全体どこが悪いのであろうか？　まず2つの見方を取り上げることが可能であろう。我々の政治が満足すべきものなのか不満足なものなのかは，趣味の問題（a matter of taste）であり，我々の政治が極めて不満足なものと考えている人々は，彼らの候補者たちが前回の選挙で落選した人々に多くなりがちである，という見方があり得よう。なるほど，例えばイギリスでかつてみられたような類の，より啓蒙的なスタイルの政治的議論を楽しむ人々もいよう。しかしながら他方では，我々の政治スタイルは国民的気質により合致したものであり，私が低レベルと呼ぶ政治を通して，アメリカ人たちは質の高い指導者たち ── 彼らの価値は，大学の討論に近いような中でよりも，我々が発展させてきた政治形態を通してよりよく発揮される ── を選択することに人並み外れた鋭い能力を発揮している，と考える人々もいる。ケリー上院議員は，2004年の大統領選挙の際に，ブッシュ大統領との討論でやすやすと勝利を収めた，とコメンテーターたちに広く報じられた。しかしながら最終的には，ケリーが討論で示したものよりも，ブッシュのキャラクターの方が大衆をより強く印象づけたのである。結局のところ，理性が全てではなく，感情 ── アメリカの選挙が精通している種類のものではあるが ── が，政治においては重要な位置を占めているというわけである。

　この見解はかなり楽天的なものといえよう。既に述べたとおり，近年の選挙結果に満足している人々が，我が国の政治についてこ

のような見解を取りがちなのは理解できよう。しかしながらここにもう1つの極めて異なった見解がある —— 我々の政治は今日あまりにも堕落しており，その結果政治は真の民主主義国家としての我々の立場を脅かしている —— 即ち，政治が我々の政治秩序の正統性を掘り崩し始めている，というものである。それは言い過ぎなのであろうか？　民主主義は政府の不可欠の形態であるというのが我々の共通認識である。ブッシュ大統領が言うように，世界の残りの土地に民主主義国家を育成することがアメリカの使命なのか否か，ということに疑問を呈する人がいるかもしれないが，我々が取り得る他の如何なる政府の形態よりも，我々にとっては，民主主義の形態が至高のものであることに疑問を差し挟む者はいない。実際誰も —— 少なくとも我々は ——，民主的な政府が唯一の政府の正統性を持った形態であり，それ以外の如何なる政府の形態も，国民に対して支配を義務づける道徳的な資格を有することはない，ということに疑問を差し挟むことはない。

しかしながらこの大筋での一致点は見かけ倒しのものである —— 何故ならば我々は，民主主義とは実際のところ如何なるものなのかということについて，極めて広範な不一致点 —— 今日よく知られた，赤青ラインとして概ね区分されている —— を持っているからである。我々が，我々の民主主義に満足しているかどうかは，民主主義を実際のところ如何なるものと考えているかによる。 そこで，民主主義を（※対立する）2つの概念で説明することにしよう。仮に2つのうちの1つを承認するならば，アメリカは民主的社会のパラダイムを備えており，したがって我々は他の諸国をその方向に指導する良い立場を保持している，と考えることができるかもしれない。しかしながらもう1つの考えを承認するならば，アメリカは真の民主主義の条件を遙かに欠落させており，

第5章　民主主義は可能か？

真の民主主義を実現することは，我々にとって容易なことではない，ということを認めなければならなくなる。これらの民主主義の概念のうち，どちらが正しいのであろうか？　それぞれの陣営の熱心な支持者たちは，他の陣営の支持者たちに対して，自らの立場をどのようにして擁護することができるのであろうか？

● 民主主義とは何か？

　民主主義に関して対立している2つの見方とは次のようなものである。**多数決主義**（majoritarian）の見解によるならば，民主主義は多数派の意志，即ち最大多数の人民の意志 ── 普通選挙若しくはそれに近い選挙によって表明された ── に従った政府のことである。多数派が公正な決定をするという保証はない ── 多数派の決定が少数者の利害を組織的に無視することによって，少数者に不公正なものとなるかもしれない。その場合には民主主義は不正義なものではあるが，そのこと故に，民主主義が損なわれているということにはならない。しかしながら，民主主義に関するもう1つの見解である**パートナーシップ**（partnership）論によれば，民主主義は集団的政治組織において，人々が相互に完全なパートナーとして自己統治することを意味するのであり，したがって多数派の決定は，更なる条件 ── その組織において，個々の市民の地位や利害が完全なパートナーとして擁護される ── に合致した場合にのみ，民主的なものとされる。パートナーシップ論によれば，あれこれの少数者やグループの利益を頑固に無視する共同体は，それだけの理由で民主的ではないとされる ── 例えその共同体が，非の打ちどころのない多数決の手段によって公務員を選任しているとしてもだ。しかしながらこれは，パートナー

シップ論の極めて概略的な説明にすぎない。仮に我々が，より人気のある多数決主義を不満足なものと考えるならば，パートナーシップ論をより詳細に発展させなければならないであろう。

合州国が，民主主義に関する多数決主義の純粋な例でないことは確かである。建国者たちの意図がそのようなものでなかったのは，彼らがさまざまな方法で，政治的多数派の権限を制約したからである —— 彼らは，自由な言論の権利のような憲法上の一連の個人的権利を，多数者の権力に優越する切り札（trumps）として規定した。したがって多数派の市民たちが，例えば中絶に関する連邦最高裁の諸判決を拒絶しようとしても，それが自動的にこれらの諸判決に異議を唱えているということにはならない。しかしながら，合州国は，個人的な権利という方法によって，憲法上規定したような制限のみが，付加された多数決主義の民主主義国家であるべきである，と考えることも可能であろう。その場合我々は，現在の政治の疲弊した状況を，それ自身民主的な野心の失敗と見なすことができなくなろう —— 何故ならば，討論にもとづく政治的文化が我々に欠けているという類の要請は，次に述べるとおり多数決主義の概念の中に存在する余地がなくなるからである。

人々は結局のところ，より洗練された政治的な議論を切実に必要としようとはしていない —— 彼らは忙しく，楽しむことを厭うことがなく，大多数の人々は，どのみち自分たちが何を考えているか分かっている —— というわけである。仮に人々が，よりよい議論をすることが重要であると考えた場合には，政治家たちがそれを提供するために，少なくともより一層努力するであろう。ますます多くの人々が，ニューヨークタイムズ（*New York Times*）やウォール・ストリート・ジャーナル（*Wall Street Journal*）のニュースページを読んだり，公共放送のネットワークやケーブル

第5章　民主主義は可能か？

サテライト広報ネットワーク（Cスパン※1979年設立の非営利ケーブルテレビ局で，議会中継などを放送している）を見ることができるようになっている。仮に彼らがフォックステレビを見ることの方を好むならば，フランチャイズ契約の準備方法を自ら決定するために，民主的な権利を行使すれば良いだけである。政府が公衆に対して，あきあきすることが明らかなものに参加することを強制する試みは，全くの間違いであろう。その種のものに対する規制は，選挙民個々人には，他の選挙民にアピールする議論に参加し，それを理解することに務める民主的な責務があるということを前提にしたものであろう。このような前提は，多数決主義の概念には全く無縁なものである。恐らくは，何らかのそのような責任を認める人々もいるかもしれないが，大多数の人々がそのような責任を認めない場合，民主的な決定が正統性の点でより劣っているということには決してならない──何故ならば民主主義とは，政治的な意見が，共同体の中に今日どのように分布しているかに関することだけのものであり，これらの意見がどのように形成されるかということに関するものではないからである。したがって我々が，民主主義に関するこのような多数決主義の見解を正しいものとして承認するならば，我々の政治に関する楽天的な見解と私が呼んだものは，完璧に理解可能なものということになる。

　他方で，仮に我々がパートナーシップ民主主義を希求するならば，我々の政治的議論の堕落した状態は，民主主義における深刻な欠陥と見なされることになる──何故ならば，相互理解と相互尊重は，パートナーシップの本質的要素だからである。その場合我々が，反対者の意見の力を理解しようとする努力や，彼の意見に反論する方法で，我々の意見を発展させようとする努力を何らしない場合には，我々は，自らの意見と一致しない者をパート

ナーとして扱っていない —— 我々はそのような者を敵として扱うか，せいぜい邪魔者として扱っているということになる。このように描かれるパートナーシップモデルが，今日実現可能なものとは思われない —— 何故ならば，今日文化戦争と見なされている双方の陣営に属するアメリカ人たちが，どのようにしたら，相互尊重と相互理解にもとづいてお互いを扱うことができるようになるであろうか，を展望することが困難だからである。だからこそ我々は，仮にパートナーシップ論こそが，民主主義の唯一の擁護し得る根拠概念であると判断する場合に，アメリカ合州国で今日真の民主主義が可能なのか否か，を疑わざるを得ないのである。しかしながら，パートナーシップ民主主義こそが，我々を鼓舞する可能性を持ったものであることは確かなことである。我々がそれを希求するならば，私がこれから提言を試みる方法で，その概念により接近を試みることが可能となる。

　これらの民主主義に関する２つの理解のうちのいずれを選択するかは，多くの理由で，我々にとって死活的に重要な問題である。しばしば民主主義に関する（我々の）諸制度が，私がこれまでの第３章で論じてきた現在の政府への批判の類に対する１つの応答を提供している，と考えられている。例えば，第４章で私は，我々の同朋である市民が，僅かな希望もない危険な生を送っている時に，我々がそれを救済するために必要とされる税の支払いを拒否する場合，我々の正統性は脅かされることになると論じた。しかしながら，我々が多数決主義の民主主義観を承認するならば，その場合，私の主張に対する強力な解答が存在することは明らかだ —— 即ちその解答とは，私が疑問を差し挟んだ税金政策は，アメリカ国民がブッシュを再選 —— それがどんなに僅差であろうと —— したことによって是認されたのであり，したがって，私が非

難した政策は，民主主義によって正統化されているというものである。連邦議会が増税議論の圧力に押しまくられて，素晴しい再分配プログラムの財源として使うために，突然巨大な増税法案を採択したことを考えてみよう。議会の行動は多くの点で望ましいものとされようが，議会が当初から国民の多数を説得しておらず，したがって彼らが依然として減税を望んでいる限りにおいて，少なくともある面では，議会は間違っているということになろう。正義は，議会の行動に微笑みかけるかもしれないが，多数決主義の概念が正しいとするならば，民主主義はしかめっ面（frown）をすることになろう。

　しかしながら，この考えが私の批判に対する適切な解答となるのは，我々が多数決主義を承認する場合のみである──何故ならば，もう1つのパートナーシップ論によれば，多数派が減税を好んでいるという解答は，ただ単に死活的に重要な問題──多数派は民主主義に関する正しい理論にもとづいて，少数者をそのような方法で扱う資格があるとされるのか否か──を回避しているにすぎないからである。この対比が，民主主義に関する2つの概念の間の決定的な相違点を明らかにしている。多数決主義の概念は，純粋に手続的（procedural）なものであり，したがって政治的道徳の他の諸特質から独立したものを希求している──既に指摘したように，この概念は，例えその決定が極めて不正義なものであるとしても，民主的なものであることを可能とする。しかしながらパートナーシップ論は，民主主義を他の政治的道徳から独立したものと見なしたりはしない──パートナーシップ論においては，何が民主的決定なのか否かを判断するために，平等なパートナーシップの理論が必要とされているのであり，そのような理論を構築するためには，正義や平等や自由に関する諸理論を参照するこ

とが必要とされる。したがってパートナーシップ論においては，民主主義は実質的（substantive）な理念であり，単なる手続的（procedural）なものではない。第3章で述べたとおり，自由に関する適切な概念は，我々が定義する他の政治的徳（virtues）を参照することなしには構築することはできない。パートナーシップ論もまた，民主主義に関して同様の主張をすることになる。

このような相違点は，多数決主義に極めて有利に働くように思われるかもしれない —— 何故ならばその概念によって，政治組織の独特の手続的な価値の同定が可能とされるからである。その概念によれば，例えば減税というある特定の政治的決定は，少なくとも民主的正統性という徳を備えたものであるということが可能となる —— したがって独立した質問として，そのような徳を備えた決定が，それにも関わらず何故に欠陥を有しているのか否か，という問いかけを可能とすることになる。多数決主義はいわば，パートナーシップ論によって融合された個別的な諸価値を，分離するという強みを持っているように思われる。しかしながらそれが強みを有しているのは，多数派が何らかの政策を選好するというむき出しの（bare）事実が，ただそれ単独で，その政策を支持する少なくとも何らかの根拠を提供している（does），場合のみである。反対に多数派の支持というむき出しの事実が，共同体に対して，多数派に支持される政策を採用すべき根拠 —— 反対の考慮によって覆されてしまうかもしれない僅かばかりの根拠ですら —— を全く提供できない場合には，明らかな多数決主義の強みは，大きな欠点となる。何故ならばその場合，その概念は，何ら発見されるべき価値のない場所に，何らかの独特の価値が発見されることを主張せざるを得なくなるからである。

したがって，我々が2つの概念のいずれかを選択する場合には，

第5章　民主主義は可能か？

多数派の支持が，ただそれ単独で，そのために何らかの形態の道徳的理由を提供しているか否か，ということが問われなければならない。そこで，この複雑な問題の解明に直ちに取りかかってみよう。しかしながらまず，我々の2つの政治的文化 ── 赤と青 ── が，このいずれかの概念の支持に分断されている状態が，今日如何に目立たないものとなっているかは注目に価する。私が論じてきた他の分裂 ── 宗教や税金やテロリスト容疑者の人権に関して ── は，明確かつ騒がしいものである。しかしこの分裂は違う ── ここでは，民主主義に関する多数決主義やパートナーシップ論を支持する横断幕などは存在しない。何故ならば，真の民主主義の性質に関する大多数の人々の見解は，如何なる種類の民主主義が，彼らの選好する実質的な政治的決定をより生み出しやすいか，という意識に支配されているからである。丁度今は，保守派が多数決主義の言説により訴え，リベラルがパートナーシップ論により訴えているが，これらの立場は過去においてはしばしば逆転していたのであり，再び逆転するかもしれない。例えば，選挙区の再分割 ── 歴史的には，少数派であった人々により大きな政治的権限を付与することになるような ── に敵対的な保守派の人々は，多数決主義の概念に訴える。彼らの主張によれば，よりランダムであったり，カラーブラインドな（※＝人種を意識せずに）地域割りをするよりも，1つのグループの個々のメンバーにより大きな権限を付与することになる如何なる努力も，民主主義に対して敵対的なものである。根本的な地域割りを支持するリベラルが，パートナーシップ論に親和的なのは，この考え方が，歴史的に虐げられてきた少数派の立場を，完全に民主的なパートナーとして改善する解決策を推奨しているからである。

最近の2,30年間，民主主義の性質に関する主要な論争は，政

府の他の機関の行為を違憲とする裁判官と連邦最高裁の権限をめぐってのものであった。アメリカ憲法は，多数派も侵害することのできない憲法上の個人の諸権利を承認することによって，政治的多数派の権限を制約している。保守派の非難は，裁判官たちは，彼ら自身の個人的価値を多数派の価値に置き換える手段として，新しい権利を創設し，それらを憲法の中に読み込んでいるというものである。第3章では，保守派が殊の外憎む，過去のいくつかの連邦最高裁の判決に注目してきた ── 例えば，学校での祈り，中絶，同性愛の権利に関する判決などである。保守派の主張によれば，これらの基本的な判決を裁判官に許すことが非民主的なのは，これらの判決が，多数派が独力で基本的な道徳的決定をなす権利と権限を否定しているからである。反対にリベラルは，過去半世紀以上に亘って，いわゆる積極的な裁判官たちの役割と判決を概ね賞賛してきた ── 何故ならば彼らは，保守派を激昂させる諸判決に賛成だからである。リベラルの考えによれば，個人の権利を拡張するこれらの諸判決は，我々の民主主義に被害を与えるどころか増進するものであり，したがって彼らの考えは，パートナーシップ論を前提とするものである。リベラルにとっては，このような諸判決を下す裁判官たちを，人民によって排除することができないことは異論のないところである ── 何故ならば，パートナーシップ論にしたがえば，多数派は，完全なパートナーシップの条件が合致した場合のみ，その意志を行う資格があり，したがってリベラルの考えによれば，論争となっている憲法上の諸判決は，このような条件の合致を保障する助けとなっているからなのである。

　テリー・シャイボー ── 彼女は第3章で述べたとおり，14年間に亘って永続的な植物状態にあった若い女性である ── に関する

第5章　民主主義は可能か？

ドラマで明らかになったように，裁判官たちは，他の方法でも同じく保守派を激怒させることがある —— それは，シャイボーの夫の申立てにもとづいて，フロリダ州裁判所の判事が，彼女を生存させてきた栄養チューブの取り外しを命じた時であった。保守派の連邦議会は，この決定に対する再審期間中，栄養チューブを元の状態に戻させる権限を連邦判事に付与することを目論んで，緊急の立法を行なった。たまたまこの事件に任命された連邦判事は，栄養チューブを元に戻すことも，フロリダ州の裁判所の判決を覆すことも拒絶した。第4巡回区控訴裁判所は，一般には極めて保守的な裁判所と見なされているが，直ちに連邦判事のこの判決を支持し，連邦最高裁も同じく速やかに，この判決に介入することを拒絶した。著名な共和党議員たちは，これを裁判官たち全員の不服従と見なして激高し，表明を発表した。彼らの主張によれば，ひとたび連邦議会が自らの意志を明らかにした以上，彼らの意志を執行するのが裁判官の務めだというわけである —— 何故ならば，連邦議会は国民の多数派によって選出され，かつそれを代表しているからである。トム・ディレイ（Tom Delay）は，その時連邦下院の多数派のリーダーであったが，彼は，裁判官たちはそのような従属的地位ゆえに弾劾されるべきである，と主張した。他の共和党の議員たちは，彼の扇情的な主張には賛同しなかったものの，彼らもまた，議会を通して表明される人民の意志が至高のものであり，それが裁判官の反対によって侵害されるべきではないのは当然である，と考えていることが明白となった。翻ってリベラルは，共和党の反応に激怒した —— リベラルの主張によれば，共和党は，裁判官の独立と法の支配を排除しようとしたのである。民主主義の性質に関する不一致点が，この論争を通して明確に現れた。政府の立法部門が有する，司法部門に対するより大きな民

主的正統性 ── 民主主義に関して，多数決主義の概念という首尾一貫した説明を前提とした主張 ── について，保守派はそれを当然と考え，リベラルはそれを拒絶したのである。

　裁判官たちはまた，最近のもう 1 つの重要な憲法ドラマの中心にいるが，ここで争いとなっているのは，彼らを任命する方法であり，一旦任命されてしまった後の彼らの権限ではない。共和党は今日連邦上院を支配しているが，どのようなテーマでも，その討論を終了させるための，いわゆる議事妨害（filibuster）打切りに必要な60票に足りていない。ブッシュ大統領は，第 1 期目の大統領任期中には，裁判官任命の際の承認手続における熾烈な争いを避けるために事前協議をしてはどうか，という連邦上院の民主党リーダーたちのアドバイスを無視した。彼はかわりに何の協議もなく，ウルトラ保守の陣営を喜ばせるだけの目的のために，ウルトラ保守の多数の裁判官たちを指名した。上院の民主党議員たちは，とりわけ不適格と見なした何人かの候補者たちの任命を阻止するために，フィリバスターを用いることに成功した。そこで共和党のリーダーたちは，一旦拒絶されたブッシュ政権が指名した全ての候補者 ── どんなに反動的であり不適格であるかに関わりなく ── を，共和党の多数派が承認するために，裁判官任命に関するフィリバスター行使の可能性を廃止する目的で，上院のルールを修正するという脅しをかけた。両政党から 7 人ずつ選ばれた，14人の影響ある上院議員たちは，妥協をすることに賛同した ── それは少なくとも一時的にはその計画を棚上げし，かわりに民主党は，ブッシュ政権が指名した何人かの裁判官たちの承認を阻止する目的のためには，フィリバスターを使わないことに同意するというものであった。しかしその妥協は曖昧な条件で成り立っており，いつでも崩壊する可能性がある。

第5章　民主主義は可能か？

　共和党の指導部がフィリバスターは非民主的であると主張するのは，41人の少数派の議員が，指名に対する最終的投票を拒否することによって，上院の多数の意志を無視することを許容しているということにある。彼らの主張は，民主主義に関する多数決主義の概念に訴えるものである。実際には，彼らの主張は，例え我々がその概念を認めたとしても，その根拠は薄弱なものだ——何故ならば，上院は多数決主義によって成り立つ機関ではないからである。各州は，その人口の多少に関わりなく2人の上院議員を選出しており，更に民主党の上院議員は，数において劣勢であるにも関わらず，実際上は，今日共和党の上院議員の数よりも多くの人口を代表している。しかし共和党の議員たちが，フィリバスターを非民主的であると呼ぶ時に，彼らが念頭においているものが，多数決主義の概念であることは明らかだ。フィリバスターを擁護する民主党——そして，そのような戦術を破壊することにナーバスになっている穏健共和派は，やがて自らが少数派になる日が来るということを知っているからであるが——は，彼らの立場を正当化するために，パートナーシップ概念の精神に訴えるのである（※2016年1月現在，上院100議席中民主党は44議席，無所属2議席，共和党は54議席で過半数を占める。）。彼らの主張によれば，上院は熟慮する機関として存在しているのであり，性急な多数決主義にもとづく立法に対して，少数派を擁護するように設計されており，フィリバスターは，多数派政党に対し，次のような要請——多数派政党は，少数派政党が守らなければならないと考える基本的な利益を，ただ単に無視すればよいというものではない——をすることを通して，その目的によく奉仕してきたのである。

　既に述べたとおり，民主主義の性質に関する人々の見解は，彼らが抱く他の政治的目的を最も良く実現する手段と考えるべきも

のが何であるか，によって鼓舞されがちだ。司法積極主義への政治的熱狂は，20世紀の初頭においては全く異なったものであり，その時は経済的に保守的な連邦最高裁は，進歩的な社会的規制を違憲とすることを目指していた。その時保守派は，私的所有権を尊重することが真の民主主義にとって不可欠なものである，という主張をするために，少なくともパートナーシップ概念のようなものに訴え，そしてリベラルは，社会進歩に対する裁判所の妨害行為を排除するために，多数決主義の概念を採用していた。近年は，保守派の裁判官や連邦最高裁の裁判官たちは，例えばハンドガンを公立学校の近くで合法的に売ることができるか否かという問題について，州が決定できるようにするために，州の権限を強化して連邦議会の法律を違憲とすることに，またもや積極的になってきている。したがってリベラルは，民主主義に関する多数決概念の想定される美徳を，再発見し始めている。南部民主党が20世紀中盤に，公民権法を葬り去るためにフィリバスターを用いたとき，リベラルはそれを憎悪した。やがて，アメリカの政治に，何らかの予告できない急激な変化が訪れるようになってきたならば，彼らは再びフィリバスターを憎むようになるかもしれない。しかしながら，民主主義に関するこれら2つのヴィジョンの選択は，その選択する政治がどのように変動しようとも，政治道徳にとって死活的なものであり続けるであろう。それが死活的であるのは，本章の最初で私が提示した問題 —— 我々の政治的対話の混乱した状態は，我々の民主的な資質を損なうものなのか否か ——は，我々がどのような選択をするかにかかっているからなのである。

第5章 民主主義は可能か？

● 多数決ルールには何らかの価値があるのだろうか？

　選挙における多数決の原則ほど，よく知られているものはない。仮にあるグループが，何らかのテーマについて，一致した行動を取ることになったものの，その行動についての意見が一致せず，集団的決定をしなければならない場合に，グループの各メンバーが有している一票の投票権を行使し，最大多数の投票を獲得する意見を集団の決定とすることが正しい手続であるという考えは，人々にとっては極めてありふれたものである。しかしながら，この考えが広く受け入れられている理由ははっきりしない。仮に多数決ルールの原則が，決定に際してのあらゆる文脈において適用可能な，基本的で本質的な公正さを保持しているとされるならば，それは，民主主義に関する多数派主義に対して，極めて強力な論拠を提供するものとなる。その場合には，民主的な手続に関するそれ以外のどんな見解であれ，それは，ある人々——ある重要な問題についての多数派の人々——から，公正にみて彼らが得る資格のあるものを，欺いて奪い取るものとなろう。しかしながら仮に多数決主義が，より優越的な社会的諸条件に合致した場合のみ公正とされるならば，その場合，多数決ルールは，パートナーシップ論の論拠——少なくとも今日それはリベラルが選好しているように思われる——を提供するものとなる可能性があろう。

　事実，あるグループのメンバーが何をすべきかという問題について，グループに不一致がある場合に，多数決が常に集団的決定の適切な方法であると考えるのは，重大な誤りだ。旅行者たちが，外洋で救命ボートにとじ込められて，そのボートが沈みかけており，1人——誰でも良い——がボートから海に飛び込むか投げ出

229

されない限り，ボートが沈んでしまう場合を考えてみよう。そのグループは，誰を犠牲者にすべきかを，どのようにしたら決定できるのであろうか？　その場合，くじ引きをするか，或は他の何らかの方法で運命を決めることは，完全に公正なように思われる。その方法によれば，各人は生き残る同一の機会を与えられる。しかしながら，グループの投票は，極めて悪いアイデアのように思われる —— 何故ならばその場合には，親族とか友人関係とか敵意とか嫉妬とかの，相違をもたらしてはならないその他の力が，決定的なものとなろう。我々は同様に，重大な政治的決定を行う場合に，くじ引きを行うことがある。徴兵をする場合に，誰を徴兵すべきかの住民投票をしたりはしない。我々はくじ引きによって選択する。恐らくは政治において，このような機会をより多く用いるべきなのである。古代アテネ国の人々は，彼らの指導者をくじで選出したのであり，我々が同じ方法で代表者を選出したとしても，その質が落ちることになるということは自明ではない。

　あるグループのメンバーたちが，何をなすべきかだけではなく，何らかの問題について，グループの決定が必要か否かについても，意見が一致しない場合がある。あるグループで，結婚以外の同意にもとづく性的関係が不道徳なのか否か，という問題が持ち上がったとしよう。多数派の意見を無視する人々を何らかの方法で罰するためには，その問題に対する集団的決定が望ましい，と考える人々がいるかもしれない。しかしながら，集団的決定が適切であるということを否定する人々もいる —— 彼らの考えによれば，そのようなことは人々が自ら決定すべき事柄なのである。集団的決定が適切か否か，を決定するために投票を実施するならば，それは後者の見解に対する問題を回避することになろう。仮に後者の意見が正しいとするならば，まさにそのような問題の決定を多

数派に許容することが，不公正なこととされよう。

　したがって，多数決ルールが常に適切な意思決定手続である，というものでは決してない。そこで次に，全く異なった提案を検討することにしよう。多数決ルールが政治的に適切なものとされるのは，それが唯一の公正な手段であるという理由からではなく，それがより賢明かつ良い政府を創り出すという，より実際的な理由によるというものである。ここに，偉大な数学者であったコンドルセ（Condorcet ※1743～1794）によって発展させられた，その論拠を示す時代がかった公式（venerable formal version）がある。彼は，グループの各々のメンバーが，何らかの問題について単独で熟慮のうえ，正しい解答をする確率が50％以上の可能性があるとされる場合，そのグループが正しい解答に到達する機会は，最多数を獲得する解答を求めることによって最大化されることを証明した。しかしながら，それが基本的に道徳的な問題である場合には，我々はそのような前提をおく権利を全く失うことになる。反対にますます多くの人々が，歴史上だけでなく，実際今日世界中で，これらの道徳的な問題について，正しく振る舞うのではなく間違った振る舞いをしている，と我々は皆考えている。とりわけアメリカ人たちが，今日これほど真っ二つに激しく分裂している時期に，自らが他の人々よりも正しいことをしてきたとか，している可能性があるなどと考えるならば，その傲慢さは耐えられないほどのものであろう。

　ここに数学的には見劣りするものの，実際にはより説得的な多数決ルールの論拠となる，もう1つの別な説明がある。我々が，多数決によって指導者や政策を選択しなければならないのは，我々が指導者に対して，私益ではなく公益（common good）の追求を望んでいるからであり，如何なる政策が実際のところ公益に

属することなのか否かは，その政策がどれだけ多くの人々に便益をもたらすかという事柄による，というわけである。バスケットボールのコートか音楽ホールのどちらがより公益に適うかは，どれだけ多くの人々がどちらを望むか次第である。したがって立法者たちが，公益がどこにあるかを知り，それに向かって努力することを保障する最善の方法は，それぞれの地域における多数派に対して，それが望む代表者を選択することを認めることなのだ。これが，多数決主義の政府の効率性に対しての，極めてよく知られた論拠であり，全ての政治的な問題が，バスケットボールのコートや音楽ホールの間の選択と等価である場合には，これは強力な論拠となろう。しかしながら，問題がそのようなものでないことは言うまでもない —— 本書において我々が議論してきた課題は，深い道徳的問題に関わるものであり，多くの人々をどのようにしたら楽しませるか，ということに関する戦略ではない。

したがって，人々の間に不一致がある場合にはどんな時でも，多数決が集団的決定に至る比類なき公正な方法であるとか，多数決がこれらの決定をなすに際して，常に最も正しい (accurate) とか効率的な (efficient) 方法であると考えることはできない。しかしながら，少なくとも次のように言うことはできないであろうか —— 集団的な政治的決定がなされなければならず，かつ，そのような決定を偶然に委ねることが，非合理的なものとされる可能性がある場合には，多数決ルールが唯一の公正な決定方法ではなかろうか？ 次のようには言えるかもしれない —— その場合に多数決ルールが比類なく公正なのは，各人が第三者と同様に，自らに影響を与える決定に同じ影響力を持つことが認められているからである —— と。そのような主張が，如何ほどかの僅かな意味を有するのは，仮に政府が全てタウンミーティングや電子投票に

第5章　民主主義は可能か？

よって成立しているような場合かもしれない。しかしながら代議制政治においては，政治的決定に対する人々の影響力は，無数の理由から決して平等なものではない —— 反対にそれは驚くほど不平等なものにならざるを得ない。どんな瞬間においても，何十万もの人々が，選挙と任命によって選ばれた公務に就いており，これらの人々の最低レベルの政治的権限ですら，彼らの同朋である私的生活に留まっている大部分の市民たちよりも，遙かに大きなものであろう。大統領は全ての市民と同様に，次の大統領選挙における勝者の決定に1票のみの投票権を持つに過ぎないのだから，全ての市民は最終的には大統領と平等な影響力を持っていると言ってみても，何の答えにもならない。それは本末転倒である —— 大統領や彼に任命された公職者たちは，数年間に亘って驚くべき権力を付与されるのであり，したがって，あなたや私たち国民には，彼らを妨げるような何らの権力も持ち合わせていない。保守派の見解によれば，わが国の裁判システムが非民主的なのは，5人の裁判官たちの力が人民の多数派の力を打ち負かしている (trump)，ということにある。しかしながら —— 第一期のブッシュ政権が極めて劇的に示したように ——，たった1人の大統領が1任期中に独力でできることは，もはや決して取り返しのつかないほど多くのものであり，かつ連邦最高裁の裁判官たち全てが，アメリカ合州国の全歴史を通して共同で行ったこと以上に，良かれ悪しかれ，遙かに巨大な影響を与える可能性のあるものである。

　代議制の政治体制は，投票権が形式的に平等である場合ですら，それによって，ごく一部の者が，残りの全ての者よりも遙かに広範な政治的権力を持つことになるという意味において，まさに最も劇的なものである。政治的力には，また極めて大きな差異がある —— 何故ならば，ある者は他の者よりも遙かに豊かであったり，

233

討論においてより説得的であったり，より多くの友達や家族を持っていたり，或は2大政党の対立がより均衡した状態の州に住んでいる結果，投票の僅かの差がより大きな差を作る可能性を持ったりするからである。これらは皆，平等な政治的権力という考えが何故神話なのか，ということのよく知られた理由である。しかもそれは魅力的な神話ですらない——何故ならば，マーティン・ルーサー・キング Jr.（Martin Luther King. Jr.）が，あなたや私が持つのと同じ程度の政治的影響すら持つことを，我々は望もうとはしないからである。実際のところ，国家や州の政治的決定に対してすら，我々大部分の者が，何らかの形で行使することができる政治的権力が，どれほど**少ないか**（little）ということを思い出す時，そのようなごく微量の権力の数的な平等の問題などは，全く取るに足らないことのように思われる。

　他のところで私は，特定の個々人の政治的な権力を同定する測定方法を提案したことがある^(注2)。我々が，何らかの政治的な論争の事柄について，誰の意見も全く分からない場合に，あなたの意見や投票の際に，あなたがどのような投票をするかを知っている場合を想定してみよう。このような情報のみによって，あなたの意見が優勢となる確率——哲学者たちが主観的確率（subjective probability）と呼ぶところのもの——は，どの程度改善されることになるのであろうか？　この問題が国家的課題である場合——例えば相続税は減税すべきか否か——，主観的確率の増大の表現には，極めて多くの小数点以下のコンマを必要とすることになろう（※ほとんど増加の確率はない）。かわりに，同性愛は犯罪化すべきか否か，そしてその問題は連邦最高裁によって判

注2）Dworkin, *Sovereign Virtue*, 第4章参照。

断すべきか否かという問題を想定してみよう。今度もまた，あなたの意見のみを知っている場合に，主観的確率が変動するのは，最高裁判事に誰が任命されるべきかとか，裁判官たちがどのような判断をするかについて，世論が何らかの影響を与えていることによる。しかしながら今度もまた，その変動は微細なものであり，したがって ── ここが死活的に重要な論点であるが ──，我々には，予めその変動が，前者 ── その問題が多数決主義の政治に持ち込まれた場合 ── よりも，後者 ── その問題が裁判所に持ち込まれてきた場合 ── の方が，より少ないものとなるか否かを知るすべが全くない。民主主義に関する多数決主義の概念は，そのような問題を裁判所に委ねることを非難するが，その立場を正当化するような，平等な政治的権力に関する如何なる原則にも依拠することができていない。

したがって我々は，多数決ルールがまさに政治において比類なき公正な意思決定手続である，というよく知られた考えを廃棄しなければならない。救命ボートや徴兵のような状況の中では，それは極めて不公正に思われる，そしてまた何らかの事柄について，いやしくも集団的決定に委ねられるべきか否かという問題の場合には，それは問題を回避してしまう。更に言うならば，多数決ルールは，真実に近づくための殊更に健全な方法ではなく，かつ，代議制の政治制度を備えた大きな政治共同体においては，平等な政治的権力を保証するものに親和的なものでない。したがって我々は，重要な結論を導き出すことを余儀なくされている。**民主主義に関する多数決主義が欠陥を持っているのは，それ自身では，何が民主主義にとって善（good）であるのかの説明ができていないからである。単に数に物を言わせるばかりでは，それ自身では，政治的な決定に何らの価値（value）を貢献することにもならな**

235

い。多数決ルールが政治共同体に適切であるという前に，如何なる条件が，そのような政治共同体に合致しかつ擁護されなければならないかということを説明する，より深い洗練された考え方が必要とされている。

パートナーシップ民主主義
——その概略的なスケッチ

そのためには，本書を通して私が言及し賞賛してきた，人間の尊厳に関する概念にたち戻る必要がある。この間の3章を通して私は，尊厳に関する2つの原則が，人権，政府における宗教の役割，そして課税に関する政策に果たす実質的なインプリケーションについての見解を詳述してきた。私はこれらの見解を，現代におけるリベラルな立場の再表明の基本をなすものとして提示している。しかしながら言うまでもないことだが，これら2つの原則を抽象的には承認しながらも，これらの原則の持つインプリケーションについては，私に対してだけでなく，相互に意見が不一致であり続けている人々もいる。したがって我々に不一致がある限り，我々は，集団的決定に至る正しい手続についても，同時に考える必要がある。我々はいわば，これら2つの原則が持つ，実質的のみならず手続的なインプリケーションについても検討する必要がある。これらの原則は，如何なる政治制度 —— そしてまた，これらの制度に必要な公務員を選任するための如何なる選挙制度 —— の構造を推奨しているのだろうか？

〈平等な配慮〉

大抵の人々は，人間の尊厳に関する第1の原則がもたらす帰結 —— 政治共同体は，その領域内で暮らす全ての人々の生に，平等な配慮を示さなければならない —— を承認している。したがって

我々は，政府が一部の者のためだけに特別の配慮をするのではなく，全ての者に平等な配慮を持って行動することを確保するために，最大限の努力をしなければならず，そしてそれは，広範かつ概ね平等な選挙によって，最もよく達成することができる。広範囲の人々によって選出された政府は，ごく少数の人々のみによって選出され，かつそのような人々にのみ責任を持つ政府よりも，特別な特権や圧政から弱者を擁護することにおいて，遙かによい仕事をするであろう。しかしながら，このような広範な選挙に対する帰結主義者的な正統化は，人々の投票が果たす平等な効果に関して，やみくもに数理上の正確さを崇拝することには何らの根拠も提供しない。反対に，選挙区の手直しや変更によって，代議制がより効率的なものになる余地が増大し，最終的な議会意志──例えば政治的に孤立させられていた少数派の力を結集することによって──が，全ての人々に対する平等な配慮を，より良く反映する機会を有するものに改善される可能性を持つことになろう。そのような正統化はまた，多数派に対して，彼らが望む時はいつでも，憲法の基本的構造──平等な配慮を保証するものとして，最も良く設計されているように思われる──の変更を許容することには，何らの根拠を提供するものでもない。我々は，選挙によって選ばれた議会ではなく，裁判官たちによって解釈されるべきものとされている憲法の中に，ある種の個人的な権利を埋め込み，更にその憲法の変更を，圧倒的な多数によってのみ可能とされる旨を規定することによって，平等な配慮をより一層保護することができるようにしようとしている。

　このような，アメリカ合州国の憲法構造に対する帰結主義的な正統化においては，手続的公正さと実質的公正さとの間には，何らの深い或は明確な区別を許容する余地が存在しないものとされ

る。そこでは，多数決主義の概念を支持する人々が考えるように，政治権力の配分における平等を尊重する政治的合意と，資源や機会の配分における平等を尊重する立法政策との間には，何らかの根本的矛盾があり得ることが想定されていない。反対にこの正統化においては，政治的合意が真に手続的平等を示すものか否かに関する正しいテストは，その合意が人々の生に関する配慮について，実質的な平等を尊重する政策を生み出す可能性があるか否か，を問うことが前提とされている。しかしながら私はここで，そのような帰結主義的な正統化では考えられていない，もう1つの更に重要な価値原則を主張する必要がある。我々は，我々の政治が示す平等な配慮を実現する目的で，地域割りやフィリバスター，更には大小に関わりなく，各州に2人の上院議員を選任するような他のあれこれの手段を代表制に加えることができる。しかしながら我々は，市民を侮辱する方法や，彼の運命に対する配慮を欠くことを意味するようなどのような理由であれ，平等な投票権を否定することによっては，市民の如何なる政治的な権限を減少させることもできない。そのような行為は，人間の尊厳という民主的な概念に対する，最も乱暴かつ理不尽さの象徴とされる可能性を持った侵害行為とされよう。

〈自己統治〉

　ここで我々は，人間の尊厳に関する第2の原則がもたらす帰結 ── 政治的な合意は，人々が自らの生に関する価値を同定する個人的責任を尊重しなければならない ── を検討する必要がある。私はたった今，多数派は少数派に対して自らの意志を強制する，一般的若しくは自動的権利を有してはいないと主張した。では如何なる状況の下でならば，多数派はそのような権利を有しているのであろうか？　私は第4章で，そして今しがた，平等な配慮は

第 5 章　民主主義は可能か？

政治的正統性の必要条件であると述べた。しかしながら，それ単独では，十分条件となることはできない。何故ならば，人々は他者に対して強制的権限を行使する —— 例えそのようにすることが，これら他者の利益になる場合ですら —— 道徳的権利を有していないからである。それは尊厳に関する第 2 の原則に対する，明白な侵害となろう。民主主義が，そのような難点（objection）に対する有効（effective）な解答と言われているのは，民主主義が**自己統治**（self-government）を意味するとされているからなのだ ——民主主義は，人々が自らを支配する政治形態である。仮に私がそれらの決定に何ら関与しないにも関わらず，私自身が他者の権威に屈服することは，私の尊厳を損ねることになろうが，私が平等なパートナーとして，これらの決定に参加している場合には，私の尊厳は何ら損ねられていないということが，その解答の前提とされていることなのである。

　これは死活的に重要な前提である。仮にこれによって何らかのことが説明可能であるとするならば，それは，民主的な政府が何故に正統性を有するのかということの説明である。それはまた，民主主義に関するパートナーシップ論の真髄でもある —— 我々が問うべき問題は，その概念を構築する際に，仮に違った状況の下で，同朋である多数派の意志に従うことが，彼の尊厳と矛盾しないとされるためには，如何なる権利が彼に留保されなければならないかということである。選挙権者かつ被選挙権者として政治的決定に参加する権利が，本質的なものであることは明白である。たびたび検討してきたように，彼自身の運命に対する多数派の平等な配慮も同様である。ところで我々は，第 3 章でもう 1 つの死活的な条件について議論した。宗教やそれと比肩し得る倫理的価値の果たすべき役割が，ある人の生において如何なるものである

239

かを決定する際に、いやしくも他者の強制的権威に従属することは、個人の尊厳と矛盾するものであり、したがって、パートナーシップ論は多数派に対して、これらの問題において、その意志を強制しないという何らかの保障を要求する。したがってパートナーシップ論においては、独力で倫理的価値を選択することを、個人の自由として保護する憲法上の権利は、民主主義を危険にさらすものではなく、むしろ民主主義を擁護する試みとされる。

このパートナーシップ概念の簡単なスケッチは、我々の憲法体制の基本構造に極めて合致するものだ。パートナーシップ論は、その対抗概念である多数決主義よりも、より良く憲法の基本構造に合致している――何故ならば、私がこの2つの概念を明確にする中で述べたとおり、我々の政府は、完全な多数決主義を採っておらず、かつそれを意図したこともなかったからである。我々は代議制の政府を有しており、ほぼ普通選挙に近い成人の選挙を行い、かつ理に適った随時の選挙を行っている。しかしながら我々は、これらの選挙における数理上の平等な効果を主張しておらず、我々の立法機関には、上院やフィリバスターのように、多数決主義の原則を執行するのではなく、それを制限するものもある。我々の主張は、選挙民の参政権は、各人の平等な価値と、彼自身の生の責任を承認することと矛盾する理由によって否定されたり、損なわれたりしてはならないということだ。我々は、憲法に基本的な自由を埋め込むと共に、裁判官に対しては、例え多数者の意志に反することがあろうとも、これらの権利を執行する権限を付与している。このような方法で、我が国の主要な制度は、仮に我々が、完全なパートナーシップ民主主義を構築しようとする政治的な意志を有しているならば、それをすることが可能な構造を提供している。

第5章　民主主義は可能か？

　しかしながら我々は，今日パートナーシップ民主主義を有していない。第4章で私が主張したとおり，我々の法は，貧困層に対する平等な配慮を示すものとはなっていない —— 我々の失敗は一目瞭然であり，それは，民主的正統性という我々の要求を危険にさらすものである。我々はまた他の意味でも，同様に完全なパートナーシップ民主主義に欠けている —— 多くの黒人や他の少数派に属するアメリカ人たちは，依然として偏見とステレオタイプによって，事実上選挙権を剥奪された二級市民としての生活を余儀なくされている。しかしながら本章のテーマは，これらの欠陥の実質的な諸形態にあるのではない。それはまさに我々が，公務員を選出するプロセスを通して，真の民主主義の基本的要件を満足させるという選挙手続の欠陥なのだ。**仮に我々が公的な政治対話を，意見が不一致な，相互に尊重し得るパートナー間の意見交換と見なすならば，その討論を妥当なものとして構築することが必要とされることになる。我々の堕落した政治は，侮辱的かつ残酷なだけではない —— それらは民主的ですらない。それはある意味で，我々の最も必然的な失敗である —— 何故ならば，仮に我々の政治がより質の高いものであるならば，我々は他の方法によって，より良いものとすることを望むことが可能だからである。**

● 我々は何ができるのだろうか？
　　——まず，教育

　これまでの章で私は，人間の尊厳に関する諸原則のリベラルな解釈を反映した具体的な提案を通して，私が探求してきたこれらの原則の説明を試みてきた。第2章では，人権に関する新しい概念にもとづいて，テロリスト容疑者の拘束に対する取り上げ方について提案し，第3章では，寛大な世俗社会は，その市民たちの

241

宗教活動に対する願望やニーズをどのように取り扱うべきかについて説明し，第4章では，社会の全ての成員に対して，平等な配慮を示す再分配的税制プログラムのモデルについて構想した。言うまでもなくこれらの提案は1つの例証にすぎず，何らかの完璧な政治プログラムを提供しようとするものではない。ここでは同じような視点に立って，私が本章で擁護してきた独特の手続的要請を例証するために，更にいくつかの提案をすることになろう。

　学者たちやその他の批評家たちは，我々の政治がどれほどひどい（bad）状態になっているかを知っており，それを改善するために今日まで，よく考え抜かれた夥しい種類の提案がなされてきている。例えば私が先に引用したアッカーマンとフィッシュキンの本は，国政選挙の直前に熟慮の日（Deliberation Day）と呼ばれる新しい国の休日を創設して，選挙民たちが希望する場合には，お互いに選挙の討論集会に参加できるようにすることを提案している（p212参照）。一体どれほどの人々が，新しい休日をそのように使うことを望むかは疑わしいが，あらゆる提案は詳しく検討されるべきであろう。私はここでより過激な提案をいくつか試みることになるが，しかしながらその提案が直ちに理解されることは更にありそうにはないものの，少なくとも可能な限り早急に政治的討議に付すべきであろう。諸君たちが私のこれらの提案を読んだならば，古い物語——ニューイングランドに住んでいる農夫が，彼の農場からボストンにはどのように行ったらいいのか，と旅人たちに問われた際に，農夫は，「もし私がボストンに行こうとしたならば，ここから動かないよ（ここがボストンだからな）」と言ったという——を思い出すかもしれない。ああ悲しいかな，しかし我々はここにいるのであり，我々はこの場所をより良いものとしようとする望みを捨てるわけにはいかない。

第 5 章　民主主義は可能か？

　我々は，とりわけ3つの重要な種類の改革——教育，選挙制度，そして憲法の解釈方法——を検討しなければならない。教育の改革は，もし我々がそれを達成することができるならば，伝統に対して，最も効果的で最も破壊的でないものとなろう。しかしながら，その困難の巨大さはよく知られたものである。2004年の大統領選挙の直前に，ある医療技師が，私のテーブルの上にあるニューヨーク・レビュー・オブ・ブックス（*The New York Review of Books*　※アメリカの権威ある書評誌で，主としてリベラル派が執筆陣に加わっている）のコピーを見かけて言ったものである——それは，私がケリーに投票することを意味するのでしょうね——と。彼はケリーに投票するつもりがないといい，その理由を次のように説明した。彼はこの問題が複雑であることを知っていた——彼は例えば，多くの教育を受けた人々が，グァンタナモ基地やその他の場所での囚人たちに対する扱いは正義に反する，と考えており，同時に，ブッシュの減税施策が経済的には極めて愚かであると考えていることを知っていた。しかしながら彼はまた同時に，このような判断に全く不賛成な，自らを専門家と考えている人々がいることも知っており，したがって彼自身は，これらの事柄を独力で判断することが全くできなかった。そこで彼はブッシュに投票することにした——何故ならば，彼は信心深く，そしてブッシュもまた信心深いことを知っていたからである。彼は，私に問う——彼はそれ以外に一体何ができたというのであろうか？——と。

　我々はもはや，このように思慮深い多くの選挙民を，そのような耐え難く，かつ非民主的な状態に置く二流の学校教育を許してはならない。もっとも困難かつ緊急の課題は，全ての高校のカリキュラムに，現代政治学（Contemporary Politics）のコースを組

み入れることである。そのカリキュラムで生徒たちに教えるべきものは、我々の政府の仕組みやアメリカの歴史が祝福される物語を持っている、などという公民科の授業ではない。私が意図しているものは、今日最も論争となっている政治的な問題 —— 例えば本書で議論してきたテーマのように —— を取り上げて、議論するコースのことである。ここでの主たる教育目的は、生徒たちに対して、これらの問題が複雑なものであることを理解させ、生徒たちがこれらの問題をめぐって、家庭や友達との間で容易に見出す、異なったさまざまな立場を理解させ、これらの問題について、良識かつ尊敬し得る主張とはどのようなものであるべきか、を理解させることでなければならない。主たる教育戦略は、生徒たちが受け入れることが期待されている諸原則 —— それは例えば今日アメリカでは共通の一致点がある、と私が考えている、人間の尊厳に関する2つの原則 —— のさまざまな解釈に即して、これらの論争を位置づける試みでなければならない。そのコースでは、西欧の政治哲学の古典に関して、保守派並びにリベラル派の伝統双方からみて適切に簡略化された試験 —— トマス・アクィナス (Aquinas)、ロック (Locke)、カント (Kant)、ロールズ (Rawls) やハイエク (Hayek) の思想を、必要ならば主として二次的資料を通して理解されるもの —— を含むことが適切であろう。資料や授業が、高校生の能力に合致したものでなければならないのは言うまでもないが、我々は彼らの能力を過大評価するよりは、過小評価しがちのように思われる。インターネットの共有ファイルの複雑さを理解することのできる生徒たちは、定言命法 (Categorical Imperative ※カントが主張した有名な定理) を理解することに、何の困難もないに違いない —— 実際には、定言命法を勉強することが、共有ファイルに偏りがないか否かの判断の助け

第5章 民主主義は可能か？

となることであろう。

　現代政治学のコースは，とりわけ教授方法について，教師間や学校内での広範な合意が形成されるまでは，それを授業することは極めて手腕を問われかつ困難なものとなろう。教師たちは，味気ない言葉の陳腐さを避けつつ教育をしなければならず，したがって，前者に失敗することが後者を無意味に帰してしまうのと同様になることを，教師たちは理解しなければならないであろう。しかしながら，仮に学校を卒業した生徒たちが，次の事柄 —— 敬虔な人が，それにも関わらず，何故に寛大な宗教国家ではなく，寛大な世俗国家を選好すべきなのか，或は大多数の人々が宗教を信じている国において，無神論者が，何故に公的な宗教の祝福が適切なものであると考えなければならないのか —— の理由をやがて理解するならば，それは我々の政治をどれほど改善することになるかということを考えてみよう。或は仮にこれらの生徒たちが，彼らの国家が，全ての市民に平等な配慮をすべき義務を負っているか否か，仮にそうだとした場合，その義務は再分配の税制や社会福祉のプログラムに如何なるインプリケーションを与えることになるであろうか，を自問するようになる場合を考えてみよう。或は仮に彼らが，自国民と外国人に対する国家の取扱いにおいて，道徳的に如何なる相異が許容されるべきかを考えることが問われた場合はどうだろう。或は仮に彼らが，マサチューセッツ州の同性婚の裁判でのマーシャル判事の法廷意見を実際に読みかつ議論をし，そして仮にマーシャル判事の判決に不同意の際に，その理由の説明を求められた場合はどうだろう。或は仮に彼らが，何が科学的な理論なのか，そして生命の創造に関する「知的デザイン」理論は，彼らが科学として適切と考えている分類基準に如何なる点で合致しているか，を検討することが求められているとし

245

たらどうだろう。

　言うまでもなく，このような提案がかなりの程度に政治的困難に満ちているということを，私は承知している。テキストの選定が激しい論争を呼び，地域の政治団体や宗教団体による介入の危険は，実際のところ極めて大きなものとなろう。仮にこのような試みが全くなされないならば，誰にとっても ── 教育委員会や学校長そしてとりわけ教師たち ──，遙かに安易なことであろう。しかしながらそれにも関わらず，それは恥ずべきことであろう。仮に我々が，国家がただ民主的な装いを続けることを許すならば，我々は子供たちに対して，許し難い欺瞞をしていることになる。公的教育は民主主義の学校である，という考えが何ら新しいものでないことは確かである ── それは巨大な影響力を持った，ジョン・デューイ（John Dewey）の教育哲学の真髄をなすものであった。私の提案の新しさはその内容と野心にのみあり，それは，真の民主主義が必要としているものに対するより現実的な見解と，それを我々が提供することができない限り，我々が払うべき正統性のコストによってのみ鼓舞されるものなのである。

● 選　挙

　我々はそれと同時に，指導者を選ぶ選挙制度を改革すべきである。選挙法 ── 政治資金や選挙運動や候補者選定手続や投票手続の規制法 ── は，法理論の洗練された成長部門である。私はここで，法が今日辿るべき根本的な方向性を，例示的にいくつか提案してみようと思う。ここまで私は，私の提案を詳細に述べる試みをしてこなかったし，それらの提案を実施するにあたっての，実際的或は政治的障害についても，検討を試みることはなかった。

しかしながらこれらの障害の大部分は，もはや明らかである。また私は，これらの個々の提案がもたらすことが明らかな問題の詳細——第3の或はより少数の政党の候補者の扱いを含め——についても，検討を試みてこなかった。私のこれらの提案が，不可避的にもたらすであろう当然の反論が説得的かどうか，ということを主として検討するために，ここではその提案を概略的に論じることにしよう。思考停止は，新しい方向性に対する障害の中の最も強力なものである。そこで，次のような私の具体的な提案を検討してみよう。

〈公共選挙チャンネル（Public Election Channels）〉

議会は，大統領選挙期間中の継続的な選挙番組放送を提供するために，2つの特別なチャンネル（テレビ局）を創設し財政支援をすべきである。これらの放送番組は，厳格に平等な時間と公正な番組規制に服するが，それ以外の点では，自らのニュース番組や広報やトークショーやニュース解説をすることは自由とされるべきである。大統領候補者たちは，これらのチャンネルによって報道され組織された定期的な記者会見に出席することが義務づけられ，これらの記者会見においては，（記者たちからの）引き続いての広範囲な質問が許容されるべきである。選挙戦での討論はこれらのチャンネルで報道かつ組織され，またこれらの討論のルールは，候補者の同意によって変更されることのない規制に服するべきである。著名なジャーナリズム学部の学部長たちが職責上務める超党派の選挙放送局委員会は，チャンネル放送局長を指名し，公平かつ平等な時間基準を管理する広範な権限を持つべきである。

〈民間テレビ局並びに関連会社の規制〉

特定の候補者若しくはそのために運営されるテレビやラジオ放送は，その資金源が候補者の出資によるものか否かに関わりなく，

全て厳格に制限されるべきである。テレビによるよく知られた方法による政治コマーシャルは、一定の制限にもとづく放送 —— 政治コマーシャルは、3分間という最小時間内でなされなければならず、そのうち少なくとも2分間は、公職の候補者その人か若しくはその支援組織の責任者が、直接カメラに向かって話しかけなければならない —— を除いて、全て禁止されるべきである。

〈批判の権利〉

大統領選挙期間中、主たる地方テレビやケーブルテレビ局は、毎週30分間プライムタイムの時間帯を提供して、自局放送で前週なされたレポートや政治的な発言に関して、主要な政党に対して、各々その間違いや偏見と考えるべきものについて、訂正する機会を付与するべきである。政党は、前もって主張すべき資料のテープ提供が義務づけられ、その上で放送局側は、提出された資料の報道が義務づけられるが、希望すればそれらに対する反論の準備が認められることになる。

法律家たちは諸君に対して、私のこれらの提案には1つの共通点 —— 私の提案は、合州国憲法修正1条が保障する表現の自由に違反するものであり、全て違憲とされる —— があるというであろう。私はこのような意見に対しては、1つの法的な見解として、少なくとも私のこれらの例示的な提案のいくつかに関して、反論することになろう。私の考えでは、修正1条の諸原則を選挙法に適用する、連邦最高裁の判決のいくつか —— その中には、選挙資金の制限は違憲であるという、よく知られかつ極めて遺憾とすべき判決も含まれている —— は、それがなされた時に間違っていたばかりか、今日においてもその間違いが残されたままなのだ[注3]。しかし、私の当面の関心事は憲法にあるのではなく、政治的原則にある。表現の自由は、ただ単に我々の憲法典の条文に

第5章 民主主義は可能か？

留まるものではない —— 表現の自由は，今日世界中で，同様の国内的国際的文書の中で承認されている，重要な人権である。修正1条の背後にある，道徳的・政治的諸原則 —— そのような特定の自由を，憲法上の地位として正当化している原則 —— は，私が構想しようとしている類の選挙の際の表現規制によって，侵害されることになるのであろうか？

我々はここで，表現の自由の権利に関して私が第3章で提起した，それと対をなす宗教の自由の権利に関する問題を問わなければならない。そのような特別な方法で，言論の自由の保障を正当化する，より根本的な原則や政策とは，どのようなものなのだろうか？　このような問題を研究してきた，憲法学者や政治哲学者による膨大な文献があるが，その大部分は，唯一の答えは存在しないという重要な指摘をしている。言論の自由は，極めて多様で重要な諸原則や政策に奉仕する。しかしながら，我々のここでの議論においては，2つの事柄が最も重要な点である。第1に，言論の自由は，人間の尊厳の第2の原則 —— 個人が自らの生の中に自らを同定し，その価値を求める責任 —— に関して，人々が自らの個人的責任を擁護するために保持しなければならない，諸権利の死活的一部をなしているのである。第2に，その自由は，民主主義に関する何らかの説得的な (plausible) 概念 —— 既に述べたとおり，我々が選好すべきパートナーシップ概念にとって本質的なであることが明らかである —— の構築のために，死活的に重要な条件なのである。したがって，我々の問いは次のようなものでなければならない —— 私が提案した選挙制度の根本的な改革は，

注3）選挙運動資金判決は Buckley v. Vallejo, 424 U.S.1（1974）—— その判決が誤りであるという私の議論については，（注2）*Sovereign Virtue*, 第10章参照。

249

このような言論の自由を擁護するために必要とされる根本的な理由のいずれかを危うくすることになるのか否か —— と。

　人が他者に対して，自らの良心や信念を語ることを妨げられることは，とりわけ深刻な害がもたらされることになる。人々は，他者との間の会話や交流を通して，最も効果的に自らの倫理的道徳的人格を発展させる。人が自ら信じるもののために発言すること —— 証言や宣誓をすること —— は，どのような場合でも，大多数の人々にとっては，信念の本質的な一部を形成するものである —— それは，信念に関する全ての事象の一部をなすものだ。ある人が他者に対して，自らを特定の信念や信仰を持つ者として同定することは，自己自身の創造の一部をなすものであり，それは，我々の個人的責任の中核に位置づけられる，自己創造過程の一部をなすものである。人が政治的発言を沈黙させられることが，とりわけて侮辱的であるのは，それが自己統治における，完全なパートナーとしての役割を否定されるからだ。したがって我々は，政治的発言を規制する危険性に対しては，それがどのようなものであれ，とりわけ鋭敏でなければならない。

　しかしながら我々は，そのような危険に幻惑されてはならない —— 我々は，ここで提案されている個々の規制の効果について，より綿密に検討すべきである。政治家候補者個人が，大統領選挙期間中テレビに向かって，代役ではなく彼自らが話しかけ，かつ単にCMソング付きで笑いかけるのではなく，彼自身の信念を説明し擁護することを義務づけられることが，彼の人格に危害をもたらしたり，他者に対する自らの信念形成の達成を，危機に陥れることなどはあり得ない。このような規制が，彼の信頼や誠意に，何らかの危害をもたらすこともあり得ない —— それは，歪曲や言い逃れをより困難にすることによって，まさに彼の資質を向

上させることができる。テレビ局が，自らの意見ではなく，明らかに他者を代表する意見に関して，そのコメントを選挙報道として放送することを義務づけられることが，テレビ局の報道責任者の倫理的道義的誠実性に対する脅威になったり，テレビ局のオーナーや株主に対する脅威となったりすることなどあり得ない。これらの規制は，経費のかかるものとなるかもしれない。テレビ局が政治的コマーシャルをやめ，かつ政治的反論のために，プライムタイムの番組時間帯を犠牲にすることによって失うお金は，かなりのものとなるであろうが，これらの損失を公的補助金によって補うことは，適切なこととされるであろう。しかしながら，それは別な問題なのであり，言論の自由とは何ら関わりのないものである。テレビで，タバコやお酒の広告をすることを禁止したり，薬に正確な検査を求める広告を義務づける法律によって，個人の人格の完全性が脅威にさらされる，と考える者は誰もいない。我々の政治が今日民主主義に与えている被害は，このような，禁止されるべき広告によってもたらされている健康被害と同様に，深刻なものである。

　既に述べたとおり，表現の自由を擁護する第2の理由もまた，それと同様に重要なものである。仮に人々が，知的な決定をするために必要とする情報を奪われたり，公職にある者たちの活動記録を効果的に判断するために，必要な批判を回避させられたりした場合，人々は自己統治をしていることにはならない。しかし私が提案する規制が，そのような帰結をもたらすことはない。反対にそれらの規制は，公衆が要求する情報をより効果的な方法で得る機会を増進するように設計されている —— 何故ならば，その情報は，歪曲されたり不分明なものとされたりすることが，より少ないからだ。このように提案される規制がもたらす類のテレビ政

治が，多くの人々の嗜好からみて，より魅力の少ないものとみなされるであろうことは確かだ。彼らが，3分間の政敵との討論のために，俗受けする政治的調子で，容赦ない個人攻撃をすることを好んでもおかしくはない。仮に我々が，多数決主義の民主主義概念に魅力を感じているとしたならば，それは深刻な異議申立と見なされるかもしれない。我々は，人々が所与の政治にどのようなものを望むかについて，可能な限り多様な選択肢を持つ資格があると考えるべきというわけである。しかしながらパートナーシップの概念からみた場合，現在の政治においては，あまりにも多くのことが危機にさらされている。仮に選挙の公正が，投票に先立つ討論の性格に依存しているとするならば，その場合民主主義において，彼らの政治は娯楽に満ちたものであるべきなどという権利を，彼らは断じて保持してはいない。

● 憲法と最高司令官

　本章では民主主義の手続について論じてきた —— 私の主張は，我々は多数決主義という，民主主義に関するよく知られた理解を排除すべきであるというものであった。多数決主義が魅力的に見えるのは，それが内容と手続を分離し，内容について不一致の人々が，それにも関わらず，その相違をどのようにしたら公平に解決することに同意できるか，ということに焦点を当てているからである。しかしながら，そのような一見利点とされているものは，ひとたび我々が次の事実 —— 多数決ルールには，何ら独立した公平さに関する美徳がなく，一定の内容に関する条件が既に特定され満足されている場合にのみ，公平さに関するそのような主張が生起される —— を理解したとき，たちまちにして消滅してし

まう。哲学者たちは長い間，政治的公平さについて，純粋な手続的説明をすることを望んできたが，望むべきものは何もなかったのである。

このように，最初から一貫して，私は本書において民主主義について論じてきた。第1章で述べた，人間の尊厳に関する基本的な倫理原則は，民主主義的価値の源泉である。第3章で，教会と国家に関する議論の中で析出した自由は，仮に我々が民主主義を持つことを欲するならば，擁護しなければならない。第4章で論じた，平等な配慮も同様である。これらの民主主義に関する内容上の問題と手続的な問題とを，厳格に分離できるならば，より議論が整理されたものとなることは認めるが，しかしながら，政治的価値は最終的には，一元的に統合された（unitary）ものであり，分離できるもの（plural）ではない。本章のはじめで，前章までの私の主張に対する1つの回答 ── 例えそれがどれほど，かろうじてのものであれ（※ブッシュ大統領の再選を通して），アメリカ人たちが，我々の政府の統治方法に，外見上は同意していることを指摘することで，私の批判に対する答えになろう ── を想定してみた。しかしながら，今や明らかになったように，それは全く無意味な回答である ── 何故ならば仮にブッシュ政権の政策が，私が批判するような意味で間違ったものならば，人々が同意しても，それを治癒することはできないからである。

本書全体を通しての私の関心事は，憲法や国際法よりは，政治的原則に向けられてきた。しかしながら本書を終えるにあたって，我々の憲法について，いくつかのことを述べることにしよう。何故ならば憲法典は，アメリカの最も偉大な政治的利点 ── 他の極めて多くの諸国が，今日彼ら自身のために確保しようと必死に努力している利点 ── の1つだからである。憲法は，個人の諸権利

を保障しているだけでなく，その保障が極めて抽象的な条文によってであることから，その諸原則の最良の解釈をめぐって，法律家や一般人たちが絶え間なく討論することを可能としている。我々は本書の各章で，憲法の抽象的な文言に遭遇してきた —— 私は，デュー・プロセス条項，平等条項，表現の自由や宗教活動の自由，更には国教樹立の禁止条項に言及した。好むと好まざるとに関わりなく，このような今日では神秘的で古風な意味を持つ文言が，法理論や政治哲学のための舞台を作ってきたのである。それらの条文が提供している保障は，完全なものには程遠い —— 神秘的で古風な文言は，結局のところ時代物であり，現代の問題を念頭において整序されたものではなかった。連邦最高裁は，実際的な目的に従って，その文言がどのように解釈されるべきかについての最終決定をするが，その法域の及ぶほとんど全ての時代に亘って，その記録は重大な間違いで汚されている。我々は皆 —— 赤陣営も青陣営も同様に ——，裁判所が将来どのような方向に向かうかを懸念している。しかも，我々が今日最も遺憾としている過去の判決の大部分が，違法な行政決定や立法を覆すことを拒否した裁判所の判決の中に見出されることは，注目に値するが，それにも関わらず我々が認めなければならないのは，裁判所は同時にまた，反対方向にも誤りを犯してきたのであり，本来すべきでなかったにも関わらず，政府の他の部門の判断を覆してきたということである。

依然として我々は，仮に我々が憲法を有していなければ欠落しているであろう種類やレベルの公的議論をする機会を，憲法によって与えられている。我々は憲法を持つことによって，既に述べたように，我々に必要とされている議論の重要な部分を，法的即ち政治的な原則の洗練された言葉ですることが可能とされてい

第5章 民主主義は可能か？

る。本書で私が論じてきた問題のいくつかは、このような方法——例えば宗教について、我々が政治や公的な生活の中で論じてきたような論争のために、法廷は最上のフォーラムの場所を提供してきた——で、法律専門家の間だけではなく、大抵の新聞やよく知られた雑誌の公的な議論においてもなされてきた。第2章で私が提起した問題——更なるテロリストの攻撃に対する防衛の試みとして、我々は、人間の尊厳にとって不可欠なものと考えてきた、諸個人に対する保障を捨て去ることが許されるのか否か、そしてまたそれはどの程度のものなのか——については、我々は未だ憲法上の論争を始めたばかりである。しかしながらそれは、我々がかつて経験した中で、最も重要な論争の1つになるかもしれないものである。ブッシュ政権は、我々の防衛に必要であると考えたときには、政府が自由にさまざまな種類の法的な制限を行うことができるという、前例のない政府権限を要求している。ブッシュ政権が要求してきたものは——明確に法によって拷問が禁止されているにも関わらず——、囚人を拷問する権限であり、拷問することが予想される他の諸国に、囚人を"返す(rendition)"ことを命じる権限である。ブッシュ政権はまた、大統領や彼のスタッフが、安全に必要と判断した場合はいつでも、外国人の間だけではなく、アメリカ人の間でも同様に、密かに盗聴をする権限を要求してきた——しかもそれは、裁判官の令状や議会の監視が何ら伴わないものであった。大統領の主張によれば、彼がそのような方法で超法規的な活動をすることが許されるのは、憲法が大統領を軍の最高司令官と規定しており、したがって政府のどの機関も、戦時における大統領の権限を制限したり、その権限に疑義を挟む憲法上の権利がないからというものだ。問題とされている"戦争（※テロとの戦争）"——仮にそれが終わるとして

も，何十年もの間続くことが予想される——に我々が思いを致すならば，この主張は殊の外驚くべきものである。唯一の組織——連邦最高裁——が，アメリカの価値と自由に対する，この深刻な脅威を抑制する実際上の権限を有している。

諸君は私が，政治的モラルという重大な事柄を，憲法判断をする裁判官たちに委ねることに，熱意を燃やし続けてきたことに驚くかもしれない。アメリカのロースクールの私の同僚の大多数が，そのような情熱を共有した時代があったが，彼らは主として青（※民主党）の文化に属しており，彼らの賞賛は，第二次世界大戦後の数十年間に亘る，連邦最高裁による個人の自由に対する堅実かつ進展する保障によって鼓舞されたものであった。彼らの裁判所に対する信頼は，今日では，反対方向への右翼の積極的活動という氷雨によって損なわれてしまっている。極端な保守主義者の裁判官であるアントニン・スカーリア（Antonin Scalia ※2016年2月死去）とクラレンス・トーマス（Clarence Thomas）判事は，今日ブッシュ政権によって新たに任命された裁判官たち——ジョン・ロバーツ（John Roberts）長官とサミュエル・アリート（Samuel Alito）判事は，これらの裁判官たちと信念や政策を共有している，と広く信じられている——と共同歩調をとってきている。連邦最高裁——今や少なくとも，もう一世代に亘って保守派の支配に入りつつある——は，これらの個人の権利の前進面を廃棄するばかりか，政府組織中のバランスに，革命的な変革をもたらすとみなす他ないこと——連邦議会から州議会への権限移譲や，ブッシュ政権が要求する，前例のない至高の権限を拒否するのではなく承認する——の実現に着手するであろう，という憂うべき兆候がある。

私はこのような，今後予想される——ほとんど不可避のことで

はないにも関わらず —— 連邦最高裁の右への急激な変化を憂えている。しかしながら，我々が民主主義の多数決概念を満足すべきものと考えず，そのかわりにパートナーシップ概念を採用しなければならないと考えるならば，その場合，連邦最高裁が有する権限を備えた裁判制度が，後者の理念の実現に果たす貢献に，我々は思い致さなければならない。我々が裁判所の判決に不同意な場合にはいつでも，裁判所の判断を非民主的なものとして非難すべきではない。しかしながら私は，イデオロギッシュな政府が，若いイデオロギッシュな裁判官たちを任命し，国家がそれまで常にそうであったように，中道に戻った後も，彼らの裁判官としての任期が，長い間数世代に亘って続くということを憂慮している。裁判官の任命は，より一層政治的になってきており，大統領たちはそれを特定の選挙民たちのために，戦略的に用いている。大統領たちは同時に，かつての大統領が出会ったような意味での驚きという憂き目にあわないように，一層注意を払っている。ドワイト・アイゼイハワー（Dwight Eisenhower）は，任期中に2つの大きな失敗をし，それらはいずれも連邦最高裁に関するものであった，と言っている。彼の意味するところは，アール・ウォーレン（Earl Warren）長官とウイリアム・ブレナン（William Brennan）判事の任命に関することであり，彼らはどちらも最高裁入りするや，極めてリベラルな裁判官になってしまった。大統領たちは今日遙かに注意深くなっており，そのようなミスはもちろん全くあり得ないとは言えないにしても，ますますありそうになくなっている。

　私はここで次のような改革を提案したい —— 我々は憲法を修正して，連邦最高裁の裁判官の任期を制限する条項を入れるべきであり，恐らくは最大限15年を任期にすべきである（※2016年3月

現在，アントニン・スカーリア判事の死去に伴い 8 人の判事のうち，4 人の判事が在任15年以上となっている）。確かに，我々の最も偉大な裁判官たちの何人かは，それより遙かに長い任期を務めてきたし，また裁判においては，多くの事柄と同様，経験が物を言うのであり，習うよりは慣れろということは理解できる。同時に，裁判官の引退が予め決められている場合には，事件をどの時期に裁判所に提起するかについて，訴訟当事者に戦略的な決定を許すことになることも理解できる。それでも私は，何十年にも亘って，イデオロギッシュな裁判官たちが任務を遂行する危険はあまりにも大きく，我々はそのような危機を冒すことを続けるべきではないと考える。仮に，連邦最高裁の裁判官たちの任期制限が実現された場合，任期制限が，改革後に任命された裁判官にのみ適用されるべきことは当然であろう。その上で我々は，退任する裁判官たちの処遇を考えなければならないことになろう —— 彼らの何人かは，回想録を書くにはあまりにも若すぎるからである。彼らは，会社役員や法律事務所のパートナーや公職に就くことは認められないであろう —— 仮のそのようなことが可能とされるならば，裁判官時代に不正行為が生じる危険があまりにも大きくなるからだ。しかし彼らは，下級審裁判官に任命されることが可能であり，仮に品位失墜がそれ程大きくないならば，ロースクールで教鞭を執ることが可能であろう —— その場合，ロースクールでの唯一の堕落は，彼ら自身の法廷での意見に対して，害のない賞賛の傾向を示すことがあり得るぐらいであろう。

● エピローグ（Epilogue）

　私の希望は，我々が議論を始めることであり，そのために私は最善を尽くしてきた。私の希望は，諸君が赤の陣営であれ青の陣営であれ，私が論じてきたことの中に何らかのものを見出すことであり，ただ単に賞賛したり憎んだりすることではなかった。私は手始めに，人間の尊厳に関する2つの原則 ── 後につけ加えたいくつかの精密点を含めて，ここで再論することが可能である ── を論じた。これらの原則は，まず第1に，各人の生はそれぞれが本来的かつ平等な価値を有しており，第2に，各人は自らを同定しその価値を実現するために，彼若しくは彼女自らの生について，奪うことのできない個人的責任を有している，ということである。私の主張は，ほとんど大多数のアメリカ人たち ── なおかつ，同様の政治的文化を持つ，他のほとんど大多数の諸国の市民たち ── が，これらの2つの原則を承認することが可能であり，実際そのどちらの原則をも一貫性を持って拒絶するためには，彼らは自らが持つ倫理的若しくは宗教的誓約を放棄せざるを得なくなる，というものであった。私の主張は，これらの原則が，今日極めて深い政治的分裂状態にあるアメリカ人たちに欠けているもの ── 不名誉なことには，我々に今日欠けている真の政治的議論 ── を構築することを可能とする，共通の基盤の提供に貢献できる，ということであった。

　抽象的原則は，具体的例証なくしては有用とはならないものである。そこで私は，これらの2つの原則が，特に今日激しい政治的論争となっている4つの問題 ── 人権とテロリズム，公的生活の中の宗教，税金と経済的資源の再分配，そして民主主義の特質

と手続――にどのように関連しているかを示すことによって，私の主張の擁護を試みてきた。数年もすると，我々は全く異なった論争にはまりこんでいるかもしれない――我々は，ハリケーン・カトリーナ（※2005年9月米国南岸に上陸し，ルイジアナ，ミシシッピ，アラバマなどの各州に壊滅的な被害を与えた）や，代替的最低税制（alternative minimum tax）や，同性婚に関する議論を止めてしまい，遺伝子工学や地球温暖化，或ははるか遠くの最貧国における人々の絶望的な貧困に対する我々の責任について，より真剣に議論を始めることになるかもしれない。しかしながら，人間の尊厳に関する2つの原則の基本的な重要性は変わらないままであり，それらは依然として，我々の関心事であり続けることであろう。これらの原則は，それ自身政治的なものではないが，しかしながら，それらは際だった政治的インプリケーションを持ったものである――何故ならば，これらの原則を認める人なら誰でも，同時に政府が，自らが主権を要求する国民全てに対して，平等な配慮を提供できない場合や，人々に対して，自身の生の個人的責任を行使するために必要とされる権利を保障できない場合には，政府はその正統性を危険にさらしていることを認めなければならないからである。

　私は，今日のリベラリズムの最良の解釈を構成するものと考えている政治的な立場を擁護するにあたって，これらの人間の尊厳の重要性に依拠した。とりわけ，私の提案は次のようなものであった――人権に関する適切な理論の要求によれば，国家は，自国の法や伝統が自国民に対して禁止する方法で，何人に対しても傷つけてはならず，また寛大な世俗国家のみが，倫理的な価値に関する市民の個人的責任を尊重するのであり，更に正統な国家は，集団的保険原理という伝統的な政治的理想にもとづいて構想され

エピローグ

た税制を通して，事前の平等を追求しなければならず，民主主義は，単なるむきだしの多数決ルールではなく，政治的討論と尊重という文化を要求する── と。これらの議論のそれぞれの場面で，私は，私の擁護するリベラリズムに反対する人々 ── 左側からも右側からも ── と論争をし，これらの2つの原則に関する異なった解釈を始めることを通して，異なった結論に至る議論の道筋を構築してきた。

　私は，これらの相反する議論がたどる方向を提示することに最善の努力を払ってきた。多くの人々は次のように考えている ── 個人のプライバシーや市民的自由や法的保障条項に対する関心を弛緩させることは，不公正なものではなく，我々の安全に対する真の恐るべき恐怖に対して，敏感な反応をしているにすぎず，また大多数のアメリカ人たちが神を信じその強調を望んでいることを前提とすれば，政治や政府における新しい宗教の強調は，公平そのものであり，効率と共に公平さは，成果に対する報酬という税制を要求し，たとえ審議型の民主主義（deliberative democracy）を論ずる少数の知的な人々が，より知的なブランド好みであるとしても，アメリカ人たちには，自分たちが最も気心の知れたもの（congenial）と考える類の政治を持つ資格がある ── と。私の提案は，このように極端に異なった政治的立場 ── 私が与するリベラルな原則か，或はより保守的な考え方か ── のいずれが，人間の尊厳に関する2つの原則に充填された，より深い価値を包摂しかつ表現することになるか，を議論しようということである。私はこのような議論を，私の立場にしたがって提示してきた。私の主張に反対の人々は，私の行った議論よりも，より強力な反対意見を構築することが可能であり，それがなされることが私の希望である。

しかしながら，そのような反論をする人々の中には，異なった戦略を選好する者もいるかもしれない。仮に彼らが，実際に自ら支持する政治的立場が，これらの２つの原則のあれこれと矛盾していることを発見したり，或はそうではないかと思うようになるならば，その場合彼らは，自らの政治的立場を変更するのではなく，２つの原則を斥けることを選好するかもしれない。それは必ずしも容認できない戦略とはいえない。我々はしばしば，実際の帰結を検討することによって原則の検証をし，その上でこれらの帰結を受け入れることができない場合には，その原則を排除するものである。しかしながらこの戦略は，本件のケースでは致命的な間違いを犯すことになろう――何故ならば，私が述べる原則は，我々大多数の者にとっては，あまりにも深く，我々の全体の価値構造の前提となっており，したがって，我々はそれらを廃棄することなど事実上できないからである。（その場合）我々は，徹底的に偽りの生を持ち，それを送っているとせいぜい独り言を言うのがやっとなのだ。どのように自らの生を送るかということが極めて重要であるという考え，或は，どのような生を送るかは最終的には我々自身の責任である，という考えを放棄することは，我々には不可能なことなのである。
　そのような考えを全く無視するという異なった方法で，私の考えに反論を加えようとする読者がいるかもしれない。多くの人々は，彼らの確固たる政治的選好に対して，哲学的な挑戦をすることになど何の関心も持っていない。彼らは，このような選好と，生と尊厳に関する原則――彼らが不快なものとして排除しようとしている――とを対峙させることができるか否かを自問することなど望んでいない，というわけだ。彼らは，彼らの政治を，道理に適った決定という事柄としてではなく，野球ファンのひいき

チームに対する態度のように、あからさまな忠誠さ（flat allegiance）という事柄と見なしている。彼らは、猿顔のブッシュが地面に手を引きずって歩いている漫画や、『リベラルとの対話の仕方（仮にあなたが必要になった場合には）── *How to Talk to a Liberal (If You Must)*』というタイトルの本を喜ぶというわけである[注1]。真の議論や内省など、彼らには思い浮かぶことすらない。彼らは、厳格な知的すみ分けを通して、このような精神状態に到達している ── 彼らは、価値や尊厳に関する彼らの個人的な理念を、政治からよく隔離された、彼らの人格の隔離部屋の中に閉じ込めている。彼らは、人生の価値について完璧にヒューマンな考えを抱くことができ、その上で、社会的な福祉プログラムを削減することを約束する政治家たちに投票する ── 彼らは、彼ら自身の宗教的信念についての自らの責任を主張することができ、その上で、キリスト教徒の国を創造することを約束する政治家たちを賞賛する、というわけだ。

　このような隔離は、道義的に無責任なものである。我々の大多数の者にとっては、政治は我々の生のための主要な道徳上の舞台である。我々が集団的に投票したり、政治活動をすることによる選択の帰結は、巨大なものであり、我々に全面的な個人的誠実さを求めるこのような選択を直視しないということは、恥ずべきことである。第1章で私は、我々が他者の尊厳 ── 他者の生の価値と他者の生の責任 ── に対する関心が不適切な場合、我々は自らを侮辱していることになると述べた。我々がそのことに無自覚であるとき、我々はそのような形で自己を侮辱していることになる ── そのようなすみ分けをするということは、深刻な道徳的敗北

注1) Ann Coulter, *How to Talk to a Liberal (If You Must)* (Crown Forum, 2004)。

であるばかりか，同時に個人の尊厳に関する深刻な敗北である。本書は，多くのアメリカ人たちが，社会に影響を与えるという自尊心に価値を見出していることを前提としたものなのである。

　アメリカに真の民主主義をもたらすことは可能なのだろうか？ここまでは，それが可能とは思われないという多くの理由を，私は提示してきたので，諸君が，私の明らかな悲観論を支配しているものは，私の提案した多くの改革の実現が，政治的にほとんど不可能であることに起因していると考えるかもしれない。しかしながら，本書を終えるに際して，私が諸君に言わなければならないことは，私自身はおそらくは強情なほどの楽観論を維持しているということである —— 何故ならば，我々の国にはあまりに多くの優れた点や賢明さが存在しているからである。私の考えでは，我々は今日，我が国の歴史の中でもとりわけて悲惨かつ危険な時代のただ中にある。しかしながら，仮に諸君がより長期的展望を持つならば，いくつかの点で私の希望を共有することになるだろう。過去2世紀に亘って，善意と知性と野心を持ったアメリカ人たちが世界中に与えてきたものの多くは，今日最善とされるものなのである。

　我々は世界に対して，宗教的異端者や無神論者を含む少数派の権利を擁護する憲法 —— 他の諸国の羨望の対象とされてきたものであり，かつ今日，少なくとも間接的にではあるが，ますます彼らを鼓舞し続けている —— の思想を提供してきた。我々は世界に対して，第2次世界大戦後に，国家的寛大さという教訓を提供し，その上で，国際組織と国際法に対する新しい熱意の中でのリーダーシップを提供した。我々は世界に対して，20世紀中葉のヨーロッパに衝撃を与えた考え —— 社会的正義は社会主義の独占物ではない —— を提供した。我々は平等主義的 (egalitarian) 資本主

エピローグ

義という思想を提供し，ニューディール政策によって，仮にその達成が制限されるならば，深刻な事態が引き起こされることになるということを提供した。これらは，世界の残りの諸国に住んでいる多くの人々が考えている思想と理想であり，そして我々がまさに今日捨て去ってしまった思想と理想でもある。しかしながら，我々の国家の特質の中にある尊厳を愛する根源は，このような方法で，我々を導くことを許容してきたものであり，決して色褪せることのあり得ないものである。私が本書で討論を呼びかけてきたものであり，諸君は本書の最後にあたって，私が今やそれを確信している，ということに思いが至るであろう。その通りだ。しかしながら，あなたが討論すべき人々との信頼なくしては，討論は無意味なものである。

訳者あとがき

　本書はロナルド・ドゥオーキン（1931年〜2013年）の著"*Is Democracy Possible Here?-Principles for a New Political Debate*"（2006年）の全訳である。ドナルド・ドゥオーキンについては今さら紹介するまでもないが，以前拙訳（共訳）『ライフズ・ドミニオン（1993年，訳1998年）』では，「ロナルド・ドゥオーキンは，1969年からH.L.A.ハートの後任としてオックスフォード大学法理学講座で教鞭をとり，更に1976年からはニューヨーク大学で法学教授を兼任して今日に至っており，この間数多くの論文を発表すると共に，"*Taking Rights Seriously*"（1977年，『権利論』木下毅・小林公・野坂泰司訳，1986〜2001年／増補版2003年，木鐸社），"*A Matter of Principle*"（1985年，『原理の問題』森村進・鳥澤円訳，(2012年，岩波書店))，"*Law's Empire*"（1986年，『法の帝国』小林公訳，1995年，未来社），"*Freedom's Law*"（1996年，『自由の法』石山文彦訳，1999年，木鐸社）等の著書を公にし，それらは英米の法哲学界，法学界全体に強い衝撃を与え，かつ今日の我が国の法学界にも影響を与えているものである」(加除訂正)と記している。

　ドゥオーキンはその後も，"*Sovereign Virtue*"（2000年，『平等とは何か』小林公他訳，2002年，木鐸社），"*Justice in Robes*"（2006年，『裁判の正義』宇佐美誠訳，2009年，木鐸社）等の著作を公にしており，本書はそれに続くものであり，2005年春のプリンストン大学での講演が基になっている。ちなみに本書の後2008年，ドゥオーキンは，"*The Supreme Court Pharanx: The Court's New Right-wing Bloc*"，2011年"*Justice for Hedgehogs*"，2013年

"*Religion without God*"(『神なき宗教』(森村進訳(2011年,筑摩書房))等の単著を次々に公にし,他にも多数の編著,論文を世に問うていたが,2013年,惜しくも他界された。

本書には,晩年のドゥオーキンのアメリカの現状に対する強い危機感が満ちあふれたものとなっている。

本書の概略は,各章の冒頭に要約したとおりであるが,ドゥオーキンが本書を執筆した当時(2005年〜2006年),2004年大統領選挙がアメリカ国内に激しい対立を巻き起こし,保守リベラル双方はとりわけアメリカの安全,文化,課税等の分野で激しい対立をくり返していた。ドゥオーキンは本書の冒頭で,このような現状を踏まえて,アメリカの政治の現状に対する危機感をあらわにして,「アメリカの政治はぞっとする段階にある。我々は,ほとんど全ての分野について恐ろしく意見を異にしている。テロリズムと安全,社会的正義,政治と宗教,誰が裁判官にふさわしいか,そして民主主義とは何かについて。しかもこれらの不一致は穏やかなものではない —— お互いに相手側の意見を一顧だにしない。我々はもはや民主政治のパートナーではあり得ない —— 我々の政治はむしろ戦争の一形態なのである(本書3頁)。」,「民主主義は,真剣な政治的討論がなくとも,それにも関わらず,仮に何をなすべきかについて幅広い合意があるならば,健全であり得る。仮に合意がなくとも,討論の文化があるならば,民主主義は健全であり得る。しかしながら深く厳しい分裂と真の討論が欠如している場合,民主主義は健全性を持続することができない。何故ならばその場合,民主主義は単なる数の専制になるからである(10頁)」と述べた上で,「全ての人々が尊重することのできる,より深い,個人的政治的道徳の諸原則にもとづいて議論する方法を見出す必要がある。私の希望は,これらの諸原則を見出すと共に,現在解

訳者　あとがき

決不可能な政治的分裂と考えられているテーマにおいてさえも，これらの諸原則にもとづいた議論が可能となるような方法で述べること（「はじめに」）」を本書の課題として設定しているのである。

　ドゥオーキンのこれらの指摘は，アメリカのみならず我々の国の民主主義にとっても深刻な警鐘であるが（特に日本の場合，2013年以来，政権による，いわゆる安保法制の強引な制定をめぐる国論の分裂），このような指摘は，決してアメリカの民主主義に対する特異な見方ではなく，同様の指摘は従来からなされてきた。例えば，フランスの政治思想家であったA・トクヴィルが，19世紀初頭にアメリカを旅して著した『アメリカの民主政治』（1835＝1840年，*De la democratie en Amérique*,『アメリカの民主政治』上中下，井伊玄太郎訳1987年，講談社学術文庫など）では，「私はアメリカほど真の精神の独立と討論の自由の少ない国を知らない。（中略）アメリカでは，多数者は思想の周囲に恐るべき柵をめぐらしている。この限界内では自由であるが，その限界から外に出ようとすると不幸がふりかかってくる。それは，彼が火刑を恐れねばならないというほどのものではないけれども，その限界外に出ようとすると，いつでもあらゆる種類のいやがらせや迫害とたたかわねばならないのである。彼にとっては政治生活はとざされ，できなくされるのである。（訳（中）179頁）」と述べて，アメリカ民主主義の画一性と多数決主義の欠陥を批判していた。

　また，イギリスの政治学者でありフェビアン協会のメンバーでもあったハロルド・ラスキも，『アメリカの民主主義』（1948年，*American Democracy: A Commentary and an Interpretation*,『アメリカ・デモクラシー』第1〜3巻，東宮隆訳，1952年〜55年，みすず書房）で，「およそアメリカ国民ほど，同じ書物を読み，同じゲームを遊び，人間関係において同じ友好的な外観を持つことについ

て，たやすく説得されうるような国民は他にない。自分の隣人たちと，ものの見方が離れているという意識に同じ苦痛を感じるにしても，アメリカ人ほどその苦痛を痛切に感ずる国民はいない。(中略)およそアメリカ国民ほどスローガン的にものごとを考える国民が果たしてこれまであったかを私は疑う（622頁）」と述べているが（もっともラスキは続けて，アメリカには，画一化の妖怪に抵抗するノン・コンフォーミズムの伝統があり，労働組合，教会，婦人団体などの自発的集団の活発な教育宣伝活動が，ビック・ビジネスと結びついた大新聞や放送に対抗する力をもち，そのため「民衆に投げられる（マス・コミの）網を逃れるものがいつも何かある」と指摘してはいる。），これはトクヴィルの前述の指摘の100年以上後に，マスメディアの発達した現代社会におけるアメリカの民主主義の問題点を再確認したものといえよう（これは，何もアメリカにかぎられたことではなく，わが国でも多かれ少なかれ共通の現象がみられるところであろう）。

　一般に近代国家を理念的な純粋な型で捉えてみると，ここでは統治者が特別の権威を飾る道具を一切用いず，もっぱら法の執行者として実質的価値と一応無関係に，法の形式的妥当性の基礎上に政治的支配が行われるのを建前とする。そこでは権力はもっぱら法的権力として現れ，したがって初めから内面性に属する領域への侵入は断念され，ここでは思想，学問，宗教の自由といういわゆる「私的自治の原理」が承認され，何が真理か，何が正義かはこの私的自治の領域に属する諸問題であり，国家権力の決定すべきものでないとされる。かくて法とか政治はもっぱら外部的なもののみに関わり，宗教とか思想はもっぱら内部的なもののみに関わるというのが近代国家の少なくとも本来の建前なのである。ところがこういう近代国家の建前は，いわゆる立憲や国家の段階

訳者　あとがき

においては妥当するが，19世紀以後に，通信機関，交通機関に加えてマスコミの急激な発達により，思想を伝達する手段が厖大になり，これらの通信，交通機関の発達と大衆の大規模の登場という条件が，再び現代において新たなる変貌をみせることになってきた。

こうして，近代国家によって一旦分離された，外面と内面・公的なものと私的なもの・法的＝政治的なものと文化的なものとが再び区別できなくなってくる。かくして，丸山眞男が第二次世界大戦直後の1946年に述べたように，「われわれは古典的な近代国家におけるように，私的内面的なものと公的外部的なものとを劃然と分離しうる時代には既に生きていないという現実から目を蔽ってはならない。（中略）今日は内面性に依拠する立場自体が，好ましからざる政治的組織化に対抗して自主性を守り抜くがためには，必然にまた自己を政治的に組織化しなければならぬというパラドックスに当面している。その際政治的なものの範型——効果本位とか，対立の単純化（敵・味方の二分法）とかいったような——に，ある程度まではどうしても我が身をはめ込むことを余儀なくされる。もしこの煉獄を恐れて，あらゆる政治的動向から無差別に逃れようとすれば，却って最悪の政治的支配を自らの頭上に招く結果となろう。殷鑑は遠くない筈である」（丸山眞男『現代政治の思想と行動』新装版373頁，1964年，未來社）。

更にまた今日の状況についてN・クラインは，2002年，「資本主義社会にフェンスや壁はつきものであり，それは泥棒から財産を守る唯一の手段だ。しかし最近では，フェンスを打ち立てる際の二重基準がますます明らかになってきている。（中略）個人の富に対する市場の尊敬も，アメリカのエンロンの労働者には関係がなかった。上層部が必死になって自分のもち株を売り払ってい

たときも,彼らは自分たちの退職金には手をつけられず,締め出しを食らった。一方で,いくつかの大事な壁が攻撃にさらされていた。民営化が進むなかで,かつて公共空間と私的な空間の間にあった壁——学校への広告の進出を阻み,医療システムから営利活動を締め出し,メディアがグループ企業の単なる宣伝道具と化すことを防いでいた壁——のほとんどが取り払われたのだ。こうして,すべての公共空間のドアはこじ開けられ,市場に再び囲い込まれた。」「一見,罪のなさそうな『グローバル化』という理想により推し進められる経済はいま,生活のあらゆる側面にしみこみ,私たちのすべての活動と自然の資源を,だれかが計画し,所有すべき商品に変えている。香港を拠点に活動する労働問題の専門家ジェラード・グリーンフィールドが指摘するように,資本主義の現在の段階では,貿易とはもはや『海外により多くの商品を売る』ことのみではない。かつてはみなの『共有物』であり,売り物ではないと考えられていたものまでを,あらゆる業種で『商品』に変え,市場の成長へのあくなき要求を満たすために利用することでもある」(2002年,*Fencesand Windows*『貧困と不正を生む資本主義を潰せ』松島聖子訳2003年,16頁,はまの出版)。

　ドゥオーキンは,このような問題に対する真の論争を可能とするための議論の骨組みとして,第1章ではその前提を,人間の尊厳に関する2つの原則——第1に,各人の生はそれぞれが本来的かつ平等な価値を有しており,第2に,各人は,自らを同定しその価値を実現するために,彼若しくは彼女自らの生について奪うことのできない個人的責任を有している——に求め,これらの原則は大多数のアメリカ人たちのみならず,同様の政治的文化を持つ大多数の諸国の市民たちが承認可能であり,仮にこれらの原則を実際に一貫性を持って拒絶するためには,自らが持つ倫理的若

訳者　あとがき

しくは宗教的誓約を放棄せざるを得なくなるであろうと主張する。その上で，第2章以下で，この2つの原則が，アメリカで特に今日激しい政治的論争となっている4つの問題——人権とテロリズム，公的生活の中の宗教，税金と経済的資源の再分配，そして民主主義の特質と手続——にどのように関連しているかを示している。即ち第2章では，人権に関する新しい概念にもとづいて，テロリスト容疑者の拘束に対する取り上げ方について提案し，第3章では，寛大な世俗社会がその市民たちの宗教活動に対する願望やニーズをどのように取り扱うべきかについて述べ，第4章では，社会の全ての成員に対して，平等な配慮を示す再分配的税制プログラムのモデルについて構想し，第5章では，民主主義に関する2つのアプローチを提示し，多数決主義はそれ自身では，何が民主主義にとって善（good）であるかの説明ができないという欠陥を有していることを指摘した上で，民主主義にとってのパートナーシップ論の重要性を説いているのである。このように，ドゥオーキンはこれらの原則が，今日極めて深い政治的分裂状態にあるアメリカ人たちに，彼らにとって欠けている真の政治的議論を構築することを可能とする，共通の基盤の提供に貢献できるものであると主張する。

　現実の政治経済状況を見ると，グローバリズムのかけ声のもとに，20世紀最後半にはじまったアメリカの産業金融資本を中心とした，すさまじいばかりの市場原理主義，新自由主義は，ドゥオーキンが本書執筆頃には最高潮に達した観があったものの，2008年にはじまる金融危機の中で後退を余儀なくされた。しかしながらこれらの考えは，世界中の多くの国々の自然，社会，文化を破壊し，とりわけ儲けることを人生最上の目標とする市場原理主義は，我々社会に巨大な貧富の格差のみならず，倫理的，社会

273

的，人間的営為を軽んずる考え方を広く蔓延させ，深刻な爪跡を残している。

その結果が周知の通り2011年にアメリカのウォール街で発生したオキュパイ運動であり，2013年にはフランスの経済学者トマ・ピケティの『21世紀の資本』(Le Capital) がアメリカで大ブームとなって激しい論争を巻きおこし，2014年にはわが国でも大きな反響を呼び，2015年に入るとイギリスの経済学者アンソニー・アトキンソンの『21世紀の不平等』(Inequality) が話題となる等，格差と貧困が大きな問題として自覚されているのである。

今日の社会における，このような社会の非倫理化，社会的紐帯の解体，文化の軽薄化，そして人間関係自体の崩壊という危機的状況の中で，ドゥオーキンは，すべての人々の人間的尊厳が守られ，魂の自立が保たれ，市民的権利が最大限に享受できるような，真の意味におけるリベラリズムの理念に立脚した社会を提言しているといえよう。

ドゥオーキンは言う――「アメリカに真の民主主義をもたらすことは可能なのだろうか？（中略）我々は今日，我が国の歴史の中でもとりわけて悲惨かつ危険な時代のただ中にある。しかしながら，仮に諸君がより長期的展望を持つならば，いくつかの点で私の希望を共有することになるだろう。過去2世紀に亘って，善意と知性と野心を持ったアメリカ人たちが世界中に与えてきたものの多くは，今日最善とされるものなのである。（中略）これらは，世界の残りの諸国に住んでいる多くの人々が考えている思想と理想であり，そして我々がまさに今日捨て去ってしまった思想と理想でもある。しかしながら，我々の国家の特質の中にある尊厳を愛する根源は，このような方法で我々を導くことを許容してきたものであり，決して色褪せることのあり得ないものなのであ

訳者　あとがき

る。私が本書で討論を呼びかけてきたものであり，諸君は本書の最後にあたって，私が今やそれを確信している，ということに思いが至るであろう。その通りだ。しかしながら，あなたが討論すべき人々との信頼なくしては，討論は無意味なものなのである（266-265頁）。」

　もともと理想を求めるユートピア思想は，夢想や幻想ではなくて，現実に対する切迫したトータルな批判意識の所産なのである。我々はドゥオーキンと共に真の討論を可能とする社会の構想を練り上げていく努力をすべきであろう。

　尚本書を読むにあたって，簡単に入手可能な邦語（訳）文献を後掲したので参照されたい。今回も私の事務所の（元スタッフ）阿部静香さん，星野綾子さんには大変な助力を得ており（二人には，私の口述をパソコンに直ちに打ち込むという困難な作業を担当していただいた），改めて感謝する次第である。

　私は2006年，本書を手にして一読し，ドゥオーキンのアメリカ民主主義に対する深い危機感と，それにもかかわらず強い希望に深い感銘を受け，気がついてみたら，事務所のスタッフの協力を得て翻訳メモを作成していたのでした。その後諸般の事情から，翻訳メモは長期に亘りそのままにされていたのですが，この度信山社の稲葉文子さん，今井守さんの格段の御助力により出版をすることができました。残念ながらこの間にドゥオーキンは他界され，翻訳本をお渡しする機会がなくなり，慙愧に堪えません。ドゥオーキン先生の墓前に翻訳書を捧げることで，謹んで哀悼の意を表したいと思います。ドゥオーキン先生安らかに。

　　2016年初春

訳　者

【参考文献】

飯山雅史（2008）『アメリカの宗教右派』中央公論新社

ウォルツァー，M.（1992），古茂田宏訳（2006）『アメリカ人であるとはどういうことか――歴史的自己省察の試み』ミネルヴァ書房

大塚秀之（2007）『格差国家アメリカ――広がる貧困，つのる不平等』大月書店

クルーグマン，P.（2007），三上義一訳（2008）『格差はつくられた――保守派がアメリカを支配し続けるための呆れた戦略』早川書房

コーエン，G.A.（2000），渡辺雅男・佐山圭司訳（2006）『あなたが平等主義者なら、どうしてそんなにお金持ちなのですか』こぶし書房

シンガー，P.（2004），中野勝郎訳（2004）『「正義」の倫理――ジョージ・W・ブッシュの善と悪』昭和堂

シプラー，D.K.（2004），森岡孝二ほか訳（2007）『ワーキング・プア――アメリカの下層社会』岩波書店

スティグリッツ，J.E.（2002），鈴木主税訳（2002）『世界を不幸にしたグローバリズムの正体』徳間書店

セネット，R.（2006），森田典正訳（2008）『不安な経済／漂流する個人――新しい資本主義の労働・消費文化』大月書店

ダール，R.A.（2006），飯田文雄ほか訳（2009）『政治的平等とは何か』法政大学出版局

立岩真也（2009）『税を直す』青土社

仲正昌樹（2008）『集中講義！アメリカ現代思想――リベラリズムの冒険』日本放送出版協会

ネーゲル，T.（1986），中村昇ほか訳（2009）『どこでもないところからの眺め』春秋社

バウマン，Z.（2000），森田典正訳（2001）『リキッド・モダニティ――液状化する社会』大月書店

バーダマン，J.M.（2007），水谷八也訳（2007）『黒人差別とアメリカ公民権運動——名もなき人々の戦いの記録』集英社

ハーヴェイ，D.（2005），渡辺治監訳（2007）『新自由主義——その歴史的展開と現在』作品社

ファーロング，A.／カートメル，F.（1997），乾彰夫ほか訳（2009）『若者と社会変容——リスク社会を生きる』大月書店

藤本龍児（2009）『アメリカの公共宗教——多元社会における精神性』NTT出版

ポーリン，R.（2003，2005），佐藤良一・芳賀健一訳（2008）『失墜するアメリカ経済——ネオリベラル政策とその代替策』日本経済評論社

マーフィー，L.／ネーゲル，T.（2002），伊藤恭彦訳（2006）『税と正義』名古屋大学出版会

水野和夫（2008）『金融大崩壊——「アメリカ金融帝国」の終焉』日本放送出版協会

ヤング，J.（2007），木下ちがやほか訳（2008）『後期近代の眩暈——排除から過剰包摂へ』青土社

冷泉彰彦（2008）『民主党のアメリカ 共和党のアメリカ』日本経済新聞出版社

ロールズ，J.（2001），田中成明ほか訳（2004）『公正としての正義 再説』岩波書店

ピケティ，T.（2013），山形浩生他訳（2014）『21世紀の資本』みすず書房

クライン，N.（2007），幾島幸子・村上由見子訳（2011）『ショック・ドクトリン』岩波書店

サンデル，M.（2012），鬼澤忍訳（2012）『それをお金で買いますか』早川書房

アトキンソン，A.（2015），山形浩生・森本正史訳（2015）『21世紀の不平等』東洋経済新報社

〈索　引〉

あ行

アイゼンハワー, ドワイト ……257
アクィナス, トマス ……………244
アッカーマン, ブルース ……212, 242
アファーマティブ・アクション
　……………………………………53
アリート, サミュエル …………256
安　全……………………3, 41, 74
イラク戦争 …………………46, 69
ヴァージニア権利章典 …………112
ウィルズ, ギャリー ………………92
ウォーレン, アール ……………257
エホバの証人……………………112
オーウェル, ジョージ ……………63
オコナー, サンドラ・デイ ………98

か行

科学(science) …………………137
格差原理…………………………170
仮想的な社会契約 ……………182
仮想保険 ………187, 191, 192, 198
カトリック…………………………3, 31
監視活動 ……………………41, 44
寛大な宗教国家……94, 103, 109, 121
寛大な世俗国家……94, 103, 109, 121
カント, イマニュエル ………28, 244
基本的人権 …………………58, 70
強制尋問……………………………44
共和党…………………… 3, 151, 226
キリスト教再生派 ………………88
切り札……………………… 53, 218
キング Jr., マーティン・ルーサー
　……………………………107, 234
ギングリッチ, ニュート …………7,
　　　　　　　　　　　　106, 123
グァンタナモ基地 ………43, 45, 49,
　　　　　　　　　67, 69, 82, 243
クリントン, ビル ………………194
経験テスト…………………………57
ケインズ, ジョン・メイナード
　……………………………………196
ケーシー判決……………………118
ケネディ, アンソニー …………103
ケネディ, ジョン …………………87
ケリー, ジョン・F. …………3, 154
憲法修正1条 ………………95, 249
原理主義 ……………………87, 97
言論の自由…………………………79
公共的理性………………………105
拘禁政策 ………………… 44, 66, 68
公正さ(fairness) ………………153
拷　問……………………… 62, 255
個人的責任 ………… 16, 32, 116,
　　　　　　　　　155, 171, 175
ゴンザレス, アルベルト …………63
コンドルセ………………………231

さ行

サッチャー, マーガレット ……165
死刑制度……………………… 64, 65
自己統治…………………………238
事後(ex post)の平等 …………177,
　　　　　　　　　　178, 188, 197
事前(ex ante)の平等 ……177, 182,
　　　　　　184, 185, 187, 192, 193, 198
市民権………………………………78
自由(freedom) ………110, 114, 118

自由(liberty) …… 101, 110, 113, 114, 118, 120, 127, 128, 143
宗　教 …… 3, 11, 26, 32, 33, 255
宗教保守派(宗教右派) …… 95, 102
従　属 …… 125
シャイボー，テリー …… 89, 124, 224
ジャクソン，ロバート …… 77
ジュネーブ条約 …… 48, 73
人格的優越主義 …… 26
進化理論 …… 130
人　権 …… 11, 50
人的判断(personally judgmental) …… 117, 128
人頭税 …… 165
スカーリア，アントニン …… 257
スティグリッツ，ジョセフ …… 152
正　義 …… 173, 194
税　金 …… 149, 160, 172, 177, 181
正統性(legitimacy) …… 157, 173, 194
セーフティーネット …… 196
憎悪表現 …… 55
ソロー，ヘンリー・デーヴット …… 114

た行

胎　児 …… 129
ダーウィン，チャールズ …… 132
ダグラス，ウイリアム・O. …… 103
多数決主義 …… 217, 221, 223, 232, 238, 252
ダンホース，ジョン …… 90
チェイニー，ディック …… 3
知的デザイン(intelligent design)(理論) …… 89, 132-134
中　絶 …… 35, 91, 100, 129
ディレイ，トム …… 89, 225
デューイ，ジョン …… 246

デュー・プロセス条項 …… 254
テロリスト …… 6, 41, 48, 66, 80, 212
テロリズム …… 3, 41
同性愛 …… 100, 119, 141, 234
同性婚(同性愛結婚) …… 6, 9, 35, 91
道　徳 …… 34
討　論 …… 8
トーマス，クラレンス …… 256
トルストイ，レフ …… 21

な行

ニューディール政策 …… 152, 183, 265
人間の尊厳 …… 17, 28, 54, 61, 64, 70, 76, 108, 116, 155, 168, 172

は行

ハイエク，フリードリヒ …… 244
配分的正義 …… 126
パターナリズム …… 62
パートナーシップ(論) …… 217, 220, 223, 227, 229, 240, 257
ハリケーン・カトリーナ …… 149, 260
判断テスト …… 57
非人的判断(impersonally judgmental) …… 117, 125, 128
表現の自由 …… 50, 70, 249, 251, 254
平等条項 …… 254
平等な(equal)配慮 …… 156, 160, 166, 168, 174, 178, 194, 197, 236
貧困層 …… 161, 175, 206
ビン・ラディン，オサマ …… 3
フィッシュキン，ジェームズ …… 212, 242
フィリバスター …… 226
フェビアン(Fabian)協会 …… 183
フェミニズム …… 144
福音主義 …… 88

事項索引

福音派 …………………… 6, 13
ブッシュ，ジョージ・W. ……3, 8, 42, 48, 66, 78, 87, 88, 124, 137, 149, 194, 215, 220, 233, 255, 267
フリスト，ウィリアム …… 132, 137
ブレア，トニー …………………69
ブレナン，ウイリアム ………… 257
プロライフ(pro-life)運動 ………91
分配上 ………………………… 115
米国愛国者法 ……………………41
ベースライン(baseline)(テスト)
 …………………………… 64, 70
ベネディクト16世 ………………76
包括的文化 ………………………4
保険プール(insurance pool)の
 比喩 ………………………… 182
保守派 ………… 13, 44, 46, 50, 128, 153, 154, 166, 173, 192, 198, 201, 202, 206, 224
ホッブス，トマス ………… 182
ポルノグラフィ ………………… 122
ホロコースト ………………… 56, 60
本来的価値 ………………… 15, 26

ま行

マーシャル，マーガレット …… 9, 246
マードック，ルパート ………… 214
マーバーガー，ジョン ………… 137
ミル，ジョン・スチュアート …… 96

民主主義 …………… 214, 217, 219, 226, 239, 249, 264
民主党 ……………… 3, 154, 226, 228
無知のヴェール ………………… 183
名　誉 …………………………… 74

や行

ユダヤ教 …………………………95
良き生 ……………………………25
ヨハネ・パウロ2世 ……………95
ヨーロッパ人権条約 ……………79

ら行

ライス，コンドリーサ ……………43
理性(reason) …………………… 136
リベラル ……… 3, 12, 29, 44, 50, 105, 130, 153, 155, 172, 188, 197, 224, 263
良心的兵役拒否 ………………… 118
倫　理 …………………… 34, 102
累進税率 ……………………… 153
レーガン，ロナルド ……………87
レモン(Lemon)・テスト …… 97, 103
ロー対ウェイド事件 ……… 90, 118
ロック，ジョン ……………… 112, 244
ロバーツ，ジョン ……………… 256
ローマ・カトリック ……………88
ローレンス対テキサス事件 …… 119
ロールズ，ジョン ………… 105, 169, 183, 244

〈著者紹介〉

ロナルド・ドゥオーキン（Ronald Dworkin）

1931年マサチューセッツ州ウースター生まれ。ハーバード大学、オックスフォード大学モードリン・カレッジ、ハーバード・ロー・スクールで学ぶ。法律事務所（Sullivan & Cromwell）に勤務した後、イェール大学教授に就任。1969年オックスフォード大学法学部教授に就任、法理学講座で教鞭をとり、同大学を退職後、ユニヴァーシティ・カレッジ・ロンドン法学部教授となる。1976年からはニューヨーク大学教授も兼任。2013年2月14日、ロンドンにて81歳で死去。

〈主要著作〉

- Taking Rights Seriously, (Harvard University Press, 1977). 〔『権利論(1-2)』（木下毅・小林公・野坂泰司訳, 木鐸社, 1986年-2001年／増補版, 2003年)〕
- Law's Empire, (Belknap Press, 1986). 〔『法の帝国』（小林公訳, 未來社, 1995年)〕
- A Matter of Principle, (Harvard University Press, 1985). 〔『原理の問題』（森村進・鳥澤円訳, 岩波書店, 2012年)〕
- A Bill of Rights for Britain: Why British Liberty Needs Protection, (Chatto & Windus, 1990). Life's Dominion: An Argument about Abortion and Euthanasia, (Harper Collins, 1993). 〔『ライフズ・ドミニオン――中絶と尊厳死そして個人の自由』（水谷英夫・小島妙子訳, 信山社出版, 1998年)〕
- Freedom's Law: the Moral Reading of the American Constitution, (Oxford University Press, 1996). 〔『自由の法――米国憲法の道徳的解釈』（石山文彦訳, 木鐸社, 1999年)〕
- Sovereign Virtue: the Theory and Practice of Equality, (Harvard University Press, 2000). 〔『平等とは何か』（小林公・大江洋・高橋秀治・高橋文彦訳, 木鐸社, 2002年)〕
- Is Democracy Possible Here?: Principles for a New Political Debate, (Princeton University Press, 2006).
- Justice in Robes, (Belknap Press, 2006). 〔『裁判の正義』（宇佐美誠訳, 木鐸社, 2009年)〕
- Justice for Hedgehogs, (Belknap Press, 2011).
- Religion without God, (Harvard University Press, 2013). 〔『神なき宗教：「自由」と「平等」をいかに守るか』（森村進訳, 筑摩書房, 2014年)〕

〈訳者紹介〉

水谷 英夫（みずたに ひでお）

1973年東北大学法学部卒業。弁護士（仙台弁護士会所属）

〈主 著〉

『夫婦法の世界』（共編、信山社、1995年）、R. ドゥオーキン著『ライフズ・ドミニオン──中絶と尊厳死そして個人の自由』（共訳、信山社、1998年）、『セクシュアル・ハラスメントの実態と法理』（信山社、2001年）、『介護福祉職 働き方のルール』（旬報社、2001年）、『労働の法』（信山社、2003年）、『ジェンダーと法Ⅰ──ＤＶ・セクハラ・ストーカー』（共著、信山社、2004年）、『職場のいじめ──「パワハラ」と法』（信山社、2006年）、『ジェンダーと雇用の法』（信山社、2008年）、『職場のいじめ・パワハラと法対策』（民事法研究会、2008年）、『感情労働と法』（信山社、2012年）、『感情労働とは何か』（信山社、2013年）、『職場のいじめ・パワハラと法対策（第4版）』（民事法研究会、2014年）、『予防・解決職場のパワハラ・セクハラ・メンタルヘルス』（日本加除出版、2014年）、『現代家族の法と実務』（共著、日本加除出版、2015年）、『Q&A 新リストラと労働法』（日本加除出版、2015年）、『ＱＡ労働・家族・ケアと法［理論編・実例編］──真のWLB（ワーク・ライフ・バランス）の実現のために』（信山社、2016年）

民主主義は可能か？
──新しい政治的討議のための原則について──

2016(平28)年3月30日　　　第1版第1刷発行

著　者　ロナルド・ドゥオーキン

訳　者　水　谷　英　夫

発行者　今井　貴・今井　守

発行所　信山社出版株式会社

〒113-0033 東京都文京区本郷 6-2-9-102
営業 TEL 03-3818-1019　FAX 03-3811-3580
編集 TEL 03-3818-1099　FAX 03-3818-0344

印刷／製本　松澤印刷／渋谷文泉閣

©2016, R.ドゥオーキン，水谷英夫. Printed in Japan.
落丁・乱丁本はお取替えいたします。
ISBN 978-4-7972-5593-5　C3332 p.296
5593-012-010-005 310.000 政治学・法哲学　a105

法と哲学 創刊第1号

井上達夫 責任編集

大村敦志 解題

穂積重遠 法教育著作集 〔全3巻〕
われらの法

来栖三郎著作集 〔全3巻〕

我妻洋・唄孝一 編

我妻栄先生の人と足跡

安全保障関連法
―変わる安保体制―

読売新聞政治部 編著

軍縮辞典

日本軍縮学会 編

信山社

◆ 生と死、そして法律学　町野 朔 著

◆ 医事法講座シリーズ　甲斐克則 編

2015.9 新刊
医事法講座 第6巻
臓器移植と医事法

◆ 国際法原理論
ハンス・ケルゼン 著／長谷川正国 訳

◆ 民主主義と政治的無知
イリヤ・ソミン 著／森村 進 訳

◆ オランプ・ドゥ・グージュ
―フランス革命と女性の権利宣言―

オリヴィエ・ブラン 著／辻村みよ子 監訳

信山社

Life's Dominion: An Argument About
Abortion, Euthanasia, and Individual Freedom

ライフズ・ドミニオン
―中絶と尊厳死そして個人の自由

ロナルド・ドゥオーキン 著

水谷英夫＝小島妙子 訳

法律学の森シリーズ
変化の激しい時代に向けた独創的体系書

新　正幸　憲法訴訟論（第2版）
大村敦志　フランス民法
潮見佳男　不法行為法Ⅰ～Ⅲ
豊永晋輔　原子力損害賠償法

生存の条件―生命力溢れる地球の回復
旭硝子財団 編集　　ビジュアルで分りやすい！

信山社